2015年度浙江省社科联省级社会科学学术著作出版资金资助出版(编号：2015CBZ08)

浙江省社科规划一般课题(课题编号：15CBZZ08)

当代浙江学术文库
DANGDAI ZHEJIANG XUESHU WENKU

社会转型下的中国『媒介审判』现象研究

付松聚 著

中国社会科学出版社

图书在版编目（CIP）数据

社会转型下的中国"媒介审判"现象研究/付松聚著．—北京：中国社会科学出版社，2016.5

（当代浙江学术文库）

ISBN 978-7-5161-7925-3

Ⅰ．①社… Ⅱ．①付… Ⅲ．①传播媒介—研究—中国 Ⅳ．①G219.2

中国版本图书馆 CIP 数据核字（2016）第 070563 号

出 版 人	赵剑英
责任编辑	田　文
特约编辑	丁　云
责任校对	张爱华
责任印制	王　超

出　　版	中国社会科学出版社
社　　址	北京鼓楼西大街甲 158 号
邮　　编	100720
网　　址	http://www.csspw.cn
发 行 部	010-84083685
门 市 部	010-84029450
经　　销	新华书店及其他书店
印　　刷	北京君升印刷有限公司
装　　订	廊坊市广阳区广增装订厂
版　　次	2016 年 5 月第 1 版
印　　次	2016 年 5 月第 1 次印刷
开　　本	710×1000　1/16
印　　张	13.5
插　　页	2
字　　数	229 千字
定　　价	49.00 元

凡购买中国社会科学出版社图书，如有质量问题请与本社营销中心联系调换
电话：010-84083683
版权所有　侵权必究

前　言

　　近年来，我国"媒介审判"现象成为新闻界和法律界共同关注的一个热门话题，而且很多学者对此的争议之声不断。笔者认为所谓"媒介审判"现象是指媒体在对进入司法程序中的司法案件进行报道时，抢先对案件进行讨论、分析、攻击、侮辱与案件有关的法官、当事人及其他诉讼关系人，甚至得出预测性结论，令受众产生"先入为主"的印象，造成直接地或间接地影响司法审判的现象。我国"媒介审判"现象实质上是媒体行使舆论监督职能时的"异化"，有损于司法审判独立和司法公正，这对当下我国建构和谐有序的民主法治社会产生不利的影响。

　　本论著立足于新闻传播学和法学两个领域，开篇对我国"媒介审判"现象的整体研究状况进行了梳理和整合，对其相关概念进行了界定，在此基础上，进一步梳理了我国"媒介审判"现象的流变过程和成因。鉴于我国"媒介审判"现象有别于西方的"媒介审判"，笔者着重分析了我国"媒介审判"现象的传播模式及其机理。考虑到我国"媒介审判"现象的负面影响要远远大于其存在的现实意义，所以问题的关键在于如何有效地防范"媒介审判"现象的发生，这也正是本论著研究的重点和核心。尤其在媒体对策方面，笔者就如何进行客观报道，进而防范"媒介审判"现象方面提出了务实有效的解决办法，这对从事新闻报道的记者有着很好的借鉴意义。

　　本论著的理论支撑点有新闻传播学中的"议程设置"理论、"模式"建构理论、"沉默的螺旋"理论、"舆论场"理论等。本论著的研究方法从整体而言，主要采用定性的研究方法，具体包括：文献研究方法、个案研究方法。在文献研究方法方面，通过大量的相关文献进行归纳总结。这种研究方法集中体现在著作的文献综述部分。在个案研究方法方面，精选有代表性的典型案例进行细致入微的研究，从而得出普遍性的结论。以上两种研究方法贯穿本论著的每个章节。

"博学之,审问之,慎思之,明辨之,笃行之。"谨限于本人学识有限,本论著不当之处望各位专家指正。

付松聚

2015 年 5 月 4 日

目　　录

第一章　转型社会中的经济发展与价值迷失 …………………（1）
　第一节　转型中的媒体：发展与浮躁并行 …………………（2）
　第二节　转型中的司法：公平与正义的呼喊 ………………（12）
　第三节　媒体与司法的博弈："媒介审判"现象 ……………（18）

第二章　什么是"媒介审判"现象 ……………………………（21）
　第一节　"媒介审判"现象的渊源 ……………………………（22）
　第二节　"媒介审判"现象的定义界定 ………………………（33）
　第三节　"媒介审判"现象的别称 ……………………………（37）
　第四节　"媒介审判"现象的典型特征 ………………………（40）

第三章　我国"媒介审判"现象的学术研究争议焦点 ………（47）
　第一节　我国存在"媒介审判"现象吗 ………………………（48）
　第二节　"媒介审判"现象是舆论监督吗 ……………………（52）
　第三节　"媒介审判"现象损害司法独立吗 …………………（56）

第四章　我国"媒介审判"现象的历史流变 …………………（58）
　第一节　媒体本位功能缺失时期 ……………………………（58）
　　案例一："胡风反革命集团案" ……………………………（59）
　　案例二："渤海二号沉船事件" ……………………………（60）
　第二节　传统媒体舆论监督繁荣时期 ………………………（61）
　　案例一："夹江打假案" ……………………………………（65）
　　案例二："张金柱案" ………………………………………（67）
　　案例三："张二江案" ………………………………………（73）
　第三节　网络媒体舆论监督凸显时期 ………………………（75）
　　案例一："刘涌案" …………………………………………（80）

案例二："哈尔滨宝马案" ……………………………………（83）
　　案例三："抚顺幼女小兰受残害案" ……………………………（83）
　　案例四："富士康状告记者案" …………………………………（84）
　　案例五："邱兴华案" ……………………………………………（84）
　　案例六："邓玉娇案" ……………………………………………（86）
　　案例七："罗彩霞案" ……………………………………………（87）
　　案例八："药家鑫案" ……………………………………………（88）
　　案例九："李天一案" ……………………………………………（89）

第五章　我国"媒介审判"现象的成因 ……………………………（93）
第一节　宏观层面：我国特殊的转型期社会 …………………（93）
　　一　社会机制的残缺性 …………………………………………（93）
　　二　社会矛盾的多发性 …………………………………………（93）
　　三　公众心态的盲从性 …………………………………………（94）
第二节　微观层面：司法、媒体和公众的博弈 ………………（95）
　　一　司法层面 ……………………………………………………（95）
　　二　媒体层面 ……………………………………………………（98）
　　三　社会其他层面 ……………………………………………（104）

第六章　我国"媒介审判"现象的传播模式及其机理 …………（107）
第一节　"媒介审判"现象的传播模式 ………………………（107）
第二节　"媒介审判"现象的传播机理 ………………………（108）

第七章　对我国"媒介审判"现象的理性思考 …………………（116）
第一节　中西"媒介审判"现象特色对比 ……………………（116）
第二节　"媒介审判"现象存在的现实意义 …………………（120）
　　一　"媒介审判"现象存在的现实语境 ………………………（120）
　　二　"媒介审判"现象存在的现实意义 ………………………（121）
第三节　法治视野下"媒介审判"现象的负面效应 …………（125）
　　一　干扰司法独立 ……………………………………………（126）
　　二　践踏司法公正 ……………………………………………（127）
　　三　有损法院威信 ……………………………………………（128）

  四　造成"新闻侵权" …………………………………………（128）

第八章　我国"媒介审判"现象的防范对策 …………………（131）
第一节　强化和完善司法体制改革 …………………………（134）
  一　推进法院体制改革，增强法院和法官的独立审判权 …（135）
  二　完善和落实审判公开制度，增加司法审判透明度 …（136）
  三　借鉴西方司法审判经验，灵活运用司法实践 ………（139）
第二节　积极构建良性的媒体生态 …………………………（140）
  一　加强媒介自律建设，提倡"第三种规范" ……………（141）
  二　遵循客观报道规律，改进案件新闻报道 ……………（142）
  三　遵守案件报道法规，提升从业者的法律修养 ………（148）
  四　呼吁新闻法的尽快出台 ………………………………（151）
第三节　构建媒体与司法合作机制 …………………………（153）
  一　在求同存异中增进互信 ………………………………（154）
  二　在信息交流中加强互动 ………………………………（154）
  三　在平等协作中给予互惠 ………………………………（155）
第四节　加强公民的媒介素养教育 …………………………（155）
  一　多渠道提升公民媒介素养教育 ………………………（156）
  二　提倡媒体向公民开放 …………………………………（157）

第九章　我国"媒介审判"现象的经典文献 …………………（159）

结　语 ……………………………………………………………（200）

参考文献 …………………………………………………………（202）

后　记 ……………………………………………………………（205）

第 一 章
转型社会中的经济发展与价值迷失

当前，我国处在一个深刻的社会转型体制中。对于社会转型的概念界定，不同的专家有不同的看法。有些学者认为社会转型是社会形态的转变，即"指中国社会从传统社会向现代社会、从农业社会向工业社会、从封闭性社会向开放性社会的社会变迁和发展"。有些学者认为社会转型是社会结构变动。持这一观点的学者认为："社会转型的主体是社会结构，它是指一种整体的和全面的结构状态过渡，而不仅仅是某些单项发展指标的实现，而是包括结构转换、机制转轨、利益调整和观念转变。"本论著所要界定的社会转型是指我国在从计划经济体制向社会主义市场经济体制转变的伟大进程中，人们的行为方式、生活方式、价值体系都会发生明显的变化。其实，从1978年至今，我国发生了真正意义上的社会转型，开启了社会体制改革的序幕，也步入了快速发展阶段。结构转型和体制转型几乎同步并行，相互交织，涉及社会所有构成要素系统的相应变化与调整，是社会主义市场经济体制逐步确立的过程，也是经济政治和思想文化等领域全面性的社会改革时期。[①] 目前，我国正处于社会转型的关键时期，各种社会改革的复杂局面开始逐步显现，各项改革事业进入了攻坚阶段。我国经济发展依然保持强势，经国家统计局初步核算，2014年中国国内生产总值为636463亿元，按汇率折算越过10万亿美元大关，在世界仍居第二位。而根据国际货币基金组织按购买力平价法的测算，2014年中国国内生产总值为17.6万亿美元，超过美国的17.4万亿美元，成为世界第一大经济体。社会快速转型期出现的巨大变化渗透在我国社会生活各个领域，这些变化在速度、广度、深度、难度上都是前所未有的。站在经济发展的浪潮中，有时人们感觉到经济发展太快，以至于我们的思想和价值判断跟不上经济发展的节拍。在这样的不合拍的思维定式下，强烈的社

[①] 郑杭生：《改革开放30年：快速转型中的中国社会》，《社会科学研究》2008年第4期。

会转型会给社会带来诸多发展中所无法回避的问题。具体来说，面临的这些问题有：贫富差距引致的社会结构失衡问题、环境污染问题、社会心态失衡问题、腐败问题等。基于本论著的研究议题，我们要解决的是社会转型给媒体与司法带来的变化和影响，这是本论著的关注焦点。

第一节　转型中的媒体：发展与浮躁并行

当代世界大众传媒业已经发展成为全球最重要的支柱产业之一，也必将日益成为中国未来经济增长的一个关键性因子。中国媒体产业被人称为中国市场红利蛋糕中"未开垦的处女地"和"最后的晚餐"，如何在市场的资源争夺战中分得一杯羹，将会加剧媒体资源的进一步竞争。随着民间资本的注入，这种竞争将更加激烈和白热化。回顾我国媒体产业化的进程，发展中有停滞和驻足，也有高歌突进。总体而言，新中国成立以来，我国媒体产业经历了三次大变动：吃皇粮阶段（1949—1978年），传统媒体改革阶段（1979年—20世纪90年代末），网络媒体萌生、发展阶段（20世纪90年代末—至今）[①]。在每个阶段，媒体的发展步伐都是不一样的。在吃皇粮阶段，媒体发展滞后，在随后的传统媒体改革阶段和网络媒体萌生、发展阶段媒体发展呈现跳跃式的状态。

在吃皇粮阶段，考虑到我国社会主义的国家性质，以及当时的政治和经济形势，媒体体制被赋予很强的政治属性，因此，我国的媒体核心定位主要侧重宣传工具，媒体的政治属性占绝对高位置，政治因子是主导因子，政治化成为媒介宏观生态的主要特征。媒介紧紧围绕着国家政治权力并绝对服从和服务于政治权力，成为政治宣传的工具和实施国家权力的手段。基于此，媒体在行政级别上隶属于各级党委政府，性质上属于事业单位，媒体运行所需经费来自于政府的财政拨款，所需人才、物资也纳入政府的统一调配。媒体事业单位地位决定了媒介传播的行政色彩浓厚，将受众看作是宣传教育的对象，在传播方式上注重由上而下的单一传播，至于传播效果就不在考虑的主要范围。

1978年，我国财政部批准《人民日报》等首都8家报纸实行企业化管理的报告，这是中国传媒业出现转机的一件重要大事。在随后的日子

[①] 王仁仲、王勇：《论我国媒介生态变迁的三个阶段》，《今传媒》2013年第1期。

里,"事业单位、企业化管理"的传媒体制构成了当代中国大众传媒体制演变的基调,也拉开了我国传统媒体改革的序幕。在这一过渡阶段的媒介宏观生态中,政治因子仍在发挥着重要的作用,但随着经济社会转型,经济因子的影响力逐步上升,并成为主导性因子,媒体的政治化生态开始向市场化生态过渡。在这一阶段,媒体开始从"吃皇粮"的神坛上走下来,开始注重市场的企业化运作,开始认识到传播本位的重要性。媒体传播理念从单一的说教式传播方式转变到以受众的需要为中心,最大限度地满足受众的需要,并确立了以受众为中心的传播关系。1979年财政部颁发《关于报社试行企业基金的管理办法》,认可了媒体所具有的企业属性。我国第一条报纸商业广告来自于1979年1月4日出版的《天津日报》。1979年1月28日,上海电视台播出1分35秒的"参茸补酒"的广告,成为中国电视史上第一条商业电视广告。1993年,中共中央和国务院发布《关于加快发展第三产业的决定》将报刊经营列入"第三产业",再次确立了媒体的市场属性。我国媒体广告业从1979年复苏起步,此后20年几乎以每年40%的高增值率突飞猛进,成为媒体收入的主要来源。1994年,《羊城晚报》首创的社长领导下总编辑和总经理负责制,开创了我国媒体"三驾马车"体制,成为我国媒体目前普遍采用的领导体制。1996年,广州日报报业集团挂牌成立,成为我国第一家传媒报业集团,随后各地纷纷创建传媒报业集团。1996年,无锡广播电视集团挂牌成立,成为我国第一家影视广电集团。随后,湖南、山东、上海、江苏、北京等地的广电集团纷纷成立。此外,一些媒体还尝试创办文化企业,实行多元化经营,拓宽收入来源,不断增强市场化生存的能力。

2003年,文化体制改革将"文化事业"和"文化产业"区分开来,并区别对待,传媒业也相应地区分为"公益性文化事业"和"经营性文化产业",为我国传媒产业化发展提供了广阔的制度空间,使得媒介跨地区、跨媒体发展成为可能。《新京报》、《每日经济新闻》、《第一财经日报》等一批跨地区报纸开始发展壮大。在电视方面,湖南卫视跨地区经营青海卫视,东方卫视跨地区经营宁夏卫视。在跨媒体经营方面,随着媒介融合的深入,跨媒体经营已经成为媒介产业化的重要趋势。上海文广新闻传媒集团旗下的"第一财经"是我国第一个真正意义上的跨媒体经营的企业,其搭建起统一品牌下的包括广播、电视、报纸、网站在内的四大媒体平台,还积极涉足财经数据产品提供以及财经公关服务领域。当前,

"第一财经"正在成为一个拥有跨媒体信息传播渠道的财经资讯以及财经服务提供商。1994年,上海东方明珠股份有限公司挂牌上市,成为我国第一家传媒概念股。1999年3月25日,湖南电广实业股份有限公司挂牌上市,成为中国电视传媒第一股。1999年6月,《成都商报》间接控股上市公司四川电器,组建博瑞传媒,成为中国报业第一股。2001年5月,中国证监会发布的《上市公司行业分类指引》中,将传媒与文化产业定位上市公司13个基本产业门类之一,下含出版、声像、广播电影电视、艺术、信息传播服务业五大类。这一政策的出台,为大规模的传媒业资本运作铺平了道路。

1993年12月6日《杭州日报·电子版》的正式启动,拉开了中国网络传播的序幕。在这一阶段,传统的传播理念发生着根本性的变化,信息传播者和接收者的界限开始模糊,以双向、即时、互动传播为特征的网络新媒体颠覆了所有传统媒体的传播方式,改变了人们接收信息的习惯,传播技术逐渐成为媒介环境的主导因子。自1995年1月12日《神州学人》杂志开中国出版刊物上网之先河后,同年12月20日,《中国贸易报》首先开通网络版,成为新闻上网的先行者。到1995年底,中国第一批网络媒体的总数达到七八家,其中包括《中国计算机报》。1996年是中国互联网商业化快速发展的一年,也是中国网络媒体呈现出强劲发展势头的一年。1月2日,《广州日报·电子版》和《中国证券报·电子版》在网上正式发行。1月13日,《人民日报》综合数据库国际平台经过3个月的调试,开始正常运行,读者可以在互联网上阅读当日出版的《人民日报》、《人民日报·海外版》和《市场报》的全文和部分图片。到1996年底,有30多家报纸在互联网上发行了电子版,另外,有20多家杂志也上了网。在广播、电视以及通讯社方面,1996年10月广东人民广播电台建立自己的网站,1996年12月中央电视台建立自己的网站,同时中国新闻社香港分社也上了网。1997年1月1日,《人民日报》正式开通了在互联网上的网站,定名为《人民日报·网络版》。中国新闻社的《华声月报》社于1997年4月申请了自己的独立域名,随即制作了五个专栏共10多万字的网络版,正式定名为"《华声报·电子版》",于5月25日亮相互联网。新华社于1997年11月7日正式开通自己的网站。1998年,报纸上网掀起了新的热潮。据中国记协报纸电子网络版调研会统计,到1998年底,全国电子报刊总数为127家。到1999年底,全国上网报纸1000多家,上网的广播电视机构近200家。到2000年底，在全国总共1万多家传播媒体中，共有2000多家媒体上了网。此外，还有一些非传统媒体兴办的网络媒体也越来越引起人们的关注。门户网站"网易"与"搜狐"在1998年开通了新闻频道，与国内的多家著名媒体建立了合作。新浪网于1998年12月成立后，在1999年4月改版成功，推出了大型的新闻中心。这些网站在国家政策许可的范围内，每天发布并随时更新国际、国内、社会、娱乐、财经等各种新闻信息，页面浏览量迅速增长。此类网络媒体还有FM365、263首都在线等。当下，以手机媒体、数字电视、微博、微信为代表的新媒体（New Media）风起云涌。根据中国互联网络发展统计中心截至2014年12月的统计数据，中国网民规模达6.49亿，全年共计新增网民3117万人。互联网普及率为47.9%，较2013年底提升了2.1个百分点。截至2014年12月，中国手机网民规模达5.57亿，较2013年底增加5672万人。网民中使用手机上网人群占比由2013年的81.0%提升至85.8%。

在网络媒体阶段，国家政策的导向也为我国媒体产业的迅速发展铺设了快速路。2007年，党的十七大报告提出了信息化与工业化融合发展的命题，为互联网及移动互联网行业发展创造了良好的环境；2010年，国务院新闻办公室发表《中国互联网状况》白皮书，明确提出"积极利用、科学发展、依法管理、确保安全"是中国政府的基本互联网国策；2011年，十七届六中全会通过的《中共中央关于深化文化体制改革，推动社会主义文化大发展大繁荣若干重大问题的决定》，提出发展现代传播体系，加快构建技术先进、传输快捷、覆盖广泛的现代传播体系，推进电信网、广电网、互联网三网融合，建设国家新媒体集成播控平台；2012年，《国家"十二五"时期文化改革发展规划纲要》提出，作为加强传播体系建设的重要组成部分，新兴媒体建设和文化传播渠道建设成为重要一脉；2014年8月20日，中央全面深化改革领导小组第四次会议审议通过了《关于推动传统媒体和新兴媒体融合发展的指导意见》（以下简称《意见》）。《意见》指出，整合新闻媒体资源，推动传统媒体和新兴媒体融合发展，是落实中央全面深化改革部署、推进宣传文化领域改革创新的一项重要任务，是适应媒体格局深刻变化、提升主流媒体传播力、公信力、影响力和舆论引导能力的重要举措。推动媒体融合发展，要遵循新闻传播规律和新兴媒体发展规律，强化互联网思维，坚持正确方向和舆论导向、坚持统筹协调、坚持创新发展、坚持一体化发展、坚持以先进技术为支撑。推动媒体融合发展，要将技术建设和内容建设摆在同等重要的位置。推动媒体融合发展，要按照积极推进、科学发展、规范管理、确保导向的要求，推动传统媒体和新兴媒体在内容、渠道、平台、经营、管理等方面深度融合，着力打造一批形态多样、手段先进、具有竞争力的新型主流媒体，建成几家拥有强大实力和传播力、公信力、影响力的新型媒体集团，形成立体多样、融合发展的现代传播体系。根据2014年10月29日正式下发的《关于在新闻网站核发新闻记者证的通知》精神，我国逾200家一类资质新闻网站采编人员，从2015年初开始正式纳入统一管理，分批获得新闻记者证。包括中央地方重点新闻网站、全国性行业新闻网站等。在此之前，人民网、新华网、央视网、中国经济网、中国日报网以及国际在线（中国国际广播电台的网站）共6家中央新闻网站，已进行核发新闻记者证的试点，并逐步扩大试点的范围。

纵观改革开放30多年来我国新闻媒介改革与发展，我国媒介价值取向的变化过程经历了这样的过程：从恪守单一的政治传播价值观，到逐渐引入并注重经济传播价值观，并开始提倡文化多元化；从单一的以传者为中心的传播模式，逐渐向以受者为中心的模式转变，发展到主客体并重的混合式传播模式，即"喉舌"论与满足受众需求合二为一。但是，在社会转型的过程中，在社会阶层结构、观念、经济体制等各方面的转变影响着媒介价值取向的变迁同时，媒介价值取向的变迁也在影响与推动着社会转型的进程。① 目前，我国正处于一个由计划经济时代到市场经济过渡的时期，也是由一元社会到多元社会发展的阶段。在这样的背景下，市场元素也慢慢渗透到媒体的枝枝节节，于是，一直号称"人民的代言人"和"社会的瞭望者"的记者们不再局限于计划体制下的束缚，开始品尝到市场带给他们的物质大餐。物质利益的诱惑让媒体的记者们开始浮躁起来，拜金主义开始盛行，这一点可以在媒体的日常报道中看到痕迹。超级富豪私生活的揭露和明星的八卦新闻几乎充斥着媒体的各个角落，各种商业元素也渗透到媒体的一系列链条中，让纯净的新闻开始游离在市场与经济利益的边缘。"久而久之，形成了一个新闻媒体在内容、选题和信源上的倒金字塔：被报道者越来越多地来自富人俱乐部，被采访者也越来越多

---

① 王瑞：《浅析社会转型下价值取向的变迁》，《今传媒》2013年第5期。

地来自富人俱乐部,这就意味着弥漫在这个媒体新环境空气中的信源越来越被富人俱乐部所控制。"① 那些记者们在物质利益的诱惑下,开始不务正业,心猿意马,守不住摊子。民间一些关于记者的荤段子无不形象地说明了记者在百姓中的威信已经降到了最低的限度。比如"五子记者":拿帖子,赶场子,碰杯子,领袋子,凑稿子等。在这场由市场所带来的物质盛宴的争斗中,媒体虽然得到了一些经济利益,但失去的是无法弥补的"湿地",即媒体的公信力和大批潜在的受众。当前,我国媒体价值取向存在一些问题,具体表现在以下几个方面:

一是娱乐无极限。中国媒介对于娱乐的认知经历了一个漫长的过程。在20世纪80年代初期,我国媒介对于娱乐还处于麻木和排斥状态。到了90年代中后期,媒介对于娱乐的认知开始提高,到了现在,娱乐的泛化几乎成了所有媒体人的共识。当然,在娱乐泛化思维范式的影响下,其不良伴生物低俗化也就有了滋生的土壤。传媒低俗化,主要指大众传媒在信息传播活动中有意或无意地放弃自身的社会责任,片面迎合部分受众的低级趣味和庸俗需求,从而出现大肆炒作名人隐私、满足受众猎奇心理、注重感官刺激、渲染色情暴力等不良倾向。眼下,从传统的平面媒体、电子媒体到现代数字媒体,传媒低俗化倾向非但未得到有效遏制,反而呈愈演愈烈之势。一些媒体在"低俗就是幽默"、"肉麻就是有趣"、"庸俗就是时尚"、"恶俗就是能耐"等错误理念指导下,频频制造传媒乱象。美国传播学家波兹曼认为,"如果一个民族分心于繁杂琐事,如果文化生活被重新定义为娱乐的周而复始,如果严肃的公众对话变成了幼稚的婴儿语言,总之人民蜕化为被动的受众,而一切公共事务形同杂耍,那么这个民族就会发现自己危在旦夕,文化灭亡的命运就在劫难逃。"②

二是报道的片面化。从目前的传媒表达趋向来看,媒介报道片面化是最为常见的问题。媒体往往盲目追求趣味性,以偏概全,对新闻事实进行简单的一面报道,很少考虑这篇报道与其他相关报道的关系,更少思考该报道在传媒整体表达中可能产生的负面效果。比如在2011年针对大学生的就业报道,有媒体以"1500名硕士竞聘猪肉连锁店员工"、"大学生争抢殡仪馆工作"为标题进行大肆炒作,有意强化"硕士"与"卖猪肉",

---

① 李希光:《畸变的媒体》,复旦大学出版社2003年版,第13—14页。
② [美]尼尔·波兹曼:《娱乐至死》,广西师范大学出版社2004年版,第202页。

"大学生"和"殡葬"的反差，暗示"硕士生毕业找不到工作，只能摆摊卖猪肉"和"大学生争着抢着要去殡仪馆工作"，给应聘毕业生造成了巨大的舆论和心理压力。再如有些电视媒体对于家庭暴力的报道，往往把矛头针对施暴者的暴力行为，忽视被施暴者的语言暴力。当大量镜头对准施暴者时，电视镜头里充斥了被施暴者的言语谩骂和施暴者的无奈。此外，还有网络评论，非理性的谩骂之声充斥着网络环境。这些问题，无不折射出目前我国传媒工作者对媒介责任思考的匮乏，也反映出记者编辑群体对于复杂新闻事件把握时的肤浅和麻木，这无疑对社会和谐产生不良影响。

三是放大的隐私。新闻媒体作为"社会之公器"，担当反映民众呼声、惩恶扬善、推进社会进步的主要职责。因此，从某种意义上而言，媒体在推进社会民主化进程方面起着非常重要的作用，特别在社会公共空间的构建方面，理应扮演先锋者的角色。但是，现在的媒体为提高收视率和发行量，将更多的目光投向了私密空间，隐私报道的盲目炒作成了媒体生存的制胜法宝。我们生活在一个人们充满好奇并且爱打听别人隐私的时代，隐私的价值、谨慎的态度和信赖的基础被表现狂所破坏和肆虐。我们有时会问"我们怎么会这样"，而根源无不与媒体有关，其中典型的例子就是大量低俗的真人秀节目的涌现。他们将各种怪异及非主流文化现象压缩在电视屏幕和报纸版面上，严重影响了青少年的价值观和人生观。特别是我们的媒体对隐私的过分报道无疑压缩了公共空间的领地，不利于社会民主的推进，这是记者缺乏社会责任感的典型表现。其实，当一个人很容易地说出自己的隐私时，那么就很难认可这种隐私的价值，而没有了价值，人们之间的关系就缺乏了深度和真义，丰富我们生活的精神和感情纽带也就烟消云散了。

四是有偿新闻不断。近些年来，记者为了非法经济利益铤而走险，以各种名义大搞有偿新闻。据新华网2014年6月18日新闻播报，国家新闻出版广电总局向社会通报了8起典型案件，具体情况如下：其一，《河南青年报》违法违规案件查处情况。经查，2013年7月，《河南青年报》以文件形式向包括采编人员在内的报社全体员工强制摊派发行任务。该报社还与部分单位达成所谓"宣传协议"，由上述单位付费在该报刊登新闻报道。2014年3月，河南省新闻出版局对该报社给予警告、罚款2万元的行政处罚，责令报社限期整改。河南省纪委驻团省委纪检组已给予《河南青年报》社社长严重警告处分。其二，《西南商报》记者张豪违法违规案件查处情况。经查，2013年9月至10月，《西南商报》记者张豪利用职务便利，洽谈旅游宣传事宜，并以某广告公司代表的名义签订合同，向重庆某镇政府摊派了4万元广告费。2014年4月，四川省新闻出版局对张豪作出警告、罚款的行政处罚，并对西南商报报业传媒有限公司做出警告、罚款的行政处罚。目前，张豪已被注销新闻记者证，并列入不良从业记录，限制从事新闻采编工作。其三，《南方日报》记者胡亚柱违法违规案件查处情况。经初步查明，2011年6月至8月，《南方日报》记者胡亚柱利用职务便利，伙同法治网广东频道刘维安等人收受某企业钱物共计31.5万元。此外，在2011年9月至2012年3月期间，胡亚柱和刘维安还伙同他人在茂名、深圳、河源等地以报道负面新闻相要挟，多次索取他人钱物共计17.8万元。2013年5月和6月，胡亚柱、刘维安分别被依法刑事拘留，同年6月和9月分别被批准逮捕。新闻出版广电行政部门拟依法吊销胡亚柱的新闻记者证，将胡亚柱、刘维安列入不良从业记录，终身禁止从事新闻采编工作。其四，《茂名晚报》记者周翔违法违规案件查处情况。经查，2010年7月至2013年6月，《茂名晚报》记者周翔利用职务便利，以曝光环境污染、生产事故、违规建房等负面新闻相要挟，先后收受13家单位和个人"封口费"共2.6万元。2014年3月，茂名市茂南区法院以受贿罪和行贿罪两罪并罚一审判处周翔有期徒刑2年零3个月，没收全部赃款。新闻出版广电行政部门拟依法吊销周翔的新闻记者证，并将其列入不良从业记录，终身禁止从事新闻采编工作。其五，《山西市场导报》记者于健康违法违规案件查处情况。经查，2013年8月，《山西市场导报》记者于健康伙同他人赴山西兴县，对某石材厂拍照并编写"情况反映"送交该县环保、纪检等部门相要挟，索要钱款共计5万元。同年12月，襄汾县人民法院以敲诈勒索罪判处于健康有期徒刑2年，缓刑3年，并处罚金人民币5000元。新闻出版广电行政部门拟依法吊销于健康的新闻记者证，并将其列入不良从业记录，终身禁止从事新闻采编工作。其六，《忻州日报》记者郭利军违法违规案件查处情况。经初步查明，2013年8月，假记者王某某、孙某某以曝光忻州某中学违规收取赞助费相要挟索要7万元。《忻州日报》记者郭利军与孙某某、王某某相互配合并前去领款。8月27日，警方将王某某及前往收取钱款的郭利军抓获，9月2日孙某某被刑事拘留，9月25日上述三人被批准逮捕。目前，案件已进入法院审理阶段。新闻出版广电行政部门拟依法吊销郭利军的新闻记者证,并将其列入不良从业记录,终身禁止从事新闻采编工作。其七,《健康导报》记者杨林生违法违规案件查处情况。经初步查明,2014年以来,陕西《健康导报》记者杨林生多次通过打电话、上门等方式,以曝光负面新闻相要挟,向余某索得现金2万元。杨林生于4月25日被陕西榆林警方刑事拘留,于5月7日被批准逮捕。新闻出版广电行政部门拟依法吊销杨林生的新闻记者证,并将其列入不良从业记录,终身禁止从事新闻采编工作。其八,《河南工人日报》记者魏豪违法违规案件查处情况。经初步查明,2013年8月以来,《河南工人日报》记者魏豪帮助他人讨债,并担任某广告公司相关负责人。魏豪还利用记者职务便利,以刊发负面报道相要挟,从事广告、赞助等经营活动。新闻出版广电行政部门拟依法吊销魏豪的新闻记者证,并将其列入不良从业记录,限制从事新闻采编工作。从上述通报可以看出,这些新闻单位和新闻从业人员在"封口费"、宣传费等方面出现了严重的违规违纪问题,在社会上造成了恶劣影响,严重危害基层单位和群众切身利益,严重扰乱社会主义市场经济秩序,严重损害新闻媒体公信力,严重败坏新闻工作者形象。

五是新闻官司激增。媒体具有舆论监督功能,这是媒体的职责。但是,由于媒体打着舆论监督的幌子而造成的新闻官司现象呈现上升之势。我国最早的新闻官司出现在1985年的上海。自1987年1月1日《中华人民共和国民法通则》生效后开始出现第一次浪潮,主要特点是"小人物"告大报。1990年至1992年出现第二次浪潮,主要特点是大明星告小报。从1992年起开始出现第三次浪潮,主要特点是工商法人告新闻媒体。据不完全统计,自1985年以来,新闻官司案立案的已超过千起,其中以媒体侵犯公民名誉权和舆论监督为主。比如陕西《消费者导报》于1991年8月14日以显著的版面登出本报记者的报道:"剽窃技术,伪造证书,非法倒卖,偷漏国税,熊小伟骗人不计其数。"被批评的青年发明家、西北工业大学教师、华西电子研究所所长熊小伟于同年8月27日向西安市中级人民法院提出诉讼。法院经过1年零8个月调查取证,认定报道内容失实,构成对原告的侵害。判决陕西《消费者导报》赔偿人民币100万元。特别是随着网络媒介的崛起,网络媒介所引发的网络舆论与司法的冲突更是比比皆是,达到了登峰造极的地步。纵观目前我国的新闻官司,大多是个人或单位(原告)诉记者及新闻媒体(被告)侵犯了其名誉权、隐私权或肖像权。根据我国《民法通则》、1993年《最高人民法院关于审理名誉权案件若干问题的解答》和1998年《关于审理名誉权案件若干问题的解释》等法律条文的规定，新闻官司主要是指侵害人通过新闻传播媒介向公众传播不真实的情况，或情况虽真实，但属于法律禁止传播的事实，或使用侮辱、诽谤性语言，从而侵害了公民或法人的人格尊严，造成精神上的损害。

六是虚假新闻泛滥。在现时代，新闻的真实性问题似乎成了尘封历史的老古董，如果有人谈起新闻的真实性问题，必然招致异样的眼光。想想也是，现在的新闻界亦远非从前，在轰轰烈烈的市场氛围下，功利主义盛行，一切围绕传播效果最大化的媒体大战似乎天天在上演，其惨烈程度不言而喻。媒体浮躁了，新闻走样了，这似乎都是情理之中的事情。但是，严峻的现实又让我们警醒，失真的新闻蒙蔽了善良人的眼睛，爱心变成了"史上最毒的针"，刺伤了无辜的心；失真的新闻混淆了视听，堂堂国人竟然成了"罪犯"。凡此种种，不一而足。从2001年开始，《新闻记者》杂志每年推出年度虚假新闻评点报告，这已经是第14次。2014年的中国新闻业在转型发展的过程中不乏亮点，但是困惑与惶恐却在难以遏止地蔓延。此次发布的2014年度虚假新闻典型案例包括："马航MH370航班失踪事件"，由于权威信息源缺位，当时从中央媒体到各地媒体信息乱飞，反映出一些媒体在重大事件报道中存在短板；国内部分纸媒以及权威媒体网站以"网传"为依据刊播"郭美美澳门欠2.6亿赌债"的不实报道，反映出媒体因不察受欺骗的问题；"京畿地沟油黑色产业链"案例，反映媒体阴差阳错陷入被动；"孤儿杨六斤的励志故事"案例，反映媒体适得其反伤诚信；媒体张冠李戴闹笑话所引发的"碰瓷男惨遭女司机径直碾轧事件"案例；因不实报道引发的"浑水泡面事件"，反映媒体打假失实反被"打"；"湘潭产妇手术台上死亡"案例，反映报道失当惹风波；因媒体视觉形象遭误读引发的"上海地铁老外晕倒乘客无一相助"案例；因无良公司乱炒作引发的"'95后'女网友用身体换旅行"案例；因理解偏差闹乌龙引发的"中国'落榜'世界空气最差20城"案例。可以预言，随着新媒体的崛起，虚假新闻将会是今后新闻传播界的常态现象。

总之，我国媒体在深刻的社会转型发展中，机遇与挑战并存，价值追求与价值迷失并存，这必将对我国的媒介生态造成深远的影响。

第二节 转型中的司法：公平与正义的呼喊

上一节谈了媒体，本节再说司法在社会转型中的变化。我国司法的变化与我国的法治社会建设紧密相连。新中国成立以来，我国的法治建设经历了一个曲折的发展过程。1954年新中国第一部宪法，既是治国安邦的总章程，也是国家法制建设的良好开端。但从1957年夏季开始，随着反右斗争的扩大化和法律虚无主义的盛行，法制建设逐渐停步。在"文化大革命"期间，社会主义法制遭到严重破坏。"文化大革命"结束后，我国的法制建设重新起步，并得到迅速蓬勃的发展。中国共产党十一届三中全会提出"加强社会主义民主，健全社会主义法制"，确立了健全法制的16字方针即"有法可依，有法必依，执法必严，违法必究"。1982年，制定了新中国历史上的第四部宪法，为改革开放和现代化建设奠定了雄厚的法制基础。随后，法律体系逐渐形成，法学教育初具规模，法律逐渐从书本走进生活，并在社会生活中发挥着越来越重要的作用。1996年，党中央明确提出"依法治国，建设社会主义法治国家"的基本方略，并将其写入宪法和政府工作报告。自1997年党的十五大以来，党中央提出和确立了依法治国、依法执政和依法行政的治国理政原则，同时也提出和确立了法治国家、法治政府和法治社会的法治建设目标。2002年，中共十六大报告继续强调了"建设社会主义法治国家"的方略。习近平同志2012在纪念现行宪法公布施行30周年大会上的讲话和2013年在主持中共中央政治局第四次集体学习时的讲话中，首次提出和强调了"坚持依法治国、依法执政、依法行政共同推进，坚持法治国家、法治政府、法治社会一体建设"。2013年11月15日，《中共中央关于全面深化改革若干重大问题的决定》全文公布，明确提出了建设法治中国，确保依法独立行使审判权和检察权，改革司法管理体制，推动省以下地方法院、检察院人财物统一管理，探索建立与行政区划适当分离的司法管辖制度。同时，健全司法权力运行机制，改革审判委员会制度，完善主审法官、合议庭办案责任制，让审理者裁判、由裁判者负责。深化司法体制改革，是为了建设公正高效权威的社会主义司法制度，这是司法改革的方向定位。建立公正司法，就是要彰显文明，惩处邪恶，不让诚信者吃亏，坚持法律面前人人平等，让人民群众在每一个司法案件中都感受到公平正义。

"一次不公正的审判，其恶果甚至超过十次犯罪。因为犯罪虽是无视法律——好比污染了水流，而不公正的审判则毁坏法律——好比污染了水源。"这是就《中共中央关于全面推进依法治国若干重大问题的决定》（以下简称《决定》）起草情况向党的十八届四中全会作说明时援引了英国哲学家培根的这句话。事实使然，如果司法这道防线缺乏公信力，社会公正就会受到普遍质疑，社会和谐稳定就难以保障。司法公正是法院审判工作的生命和灵魂，是每一个法官的神圣职责，也是依法治国的重要标志。"法者，平之如水，"这是《说文解字》对"法"的注解。正义是法律的基础价值，公正则是司法的灵魂所在，以公正的逻辑代替武力的逻辑是法律本质的全部所在。在司法核心价值观的体系中，公正起到统领作用，"无公正则无法律"。公正一旦丧失则灵魂不在，廉洁不保，为民也就成为空谈。当前，国家把司法公正作为司法核心价值观，具有极其重要的时代意义，也是对社会要求的回应。

但是，已处于转型期的司法体制，社会条件与以往大有不同，司法公正面临的条件正在发生着变化：①

一是社会矛盾凸显。目前，社会正处于转型期间，社会阶层的严重分化和大浪淘沙式地整合，各种思想观念纷纷闪现，而且在不断地碰撞和交汇中企图抢占各自的思想阵地。当然，各种观点都是基于各自不同的利益主体，他们在相互斗争中形成有利于自己的利益格局。随着社会逐渐开放，封闭社会早就被历史无情地抛弃，传统的社会秩序被打破，城市和农村呈现一体化趋势，人员流动性也在加强，许多以前不曾出现的问题也随之而来，诸如教育不公、"看病难问题"、农民工权益保障及城市拆迁问题等等。由于这些社会问题处理难度较大，人们经常处于一种前所未有的焦虑、恐慌、不安和浮躁等负面情绪的支配之下。在这些负面情绪的影响和支配下，当遇到纠纷时人们对公正的渴望更加强烈，更希望能获得公正的解决，而不是有所偏颇。同时，随着社会转型深入铺开，积聚多年的社会矛盾逐渐显露和爆发，导致社会矛盾和问题非常集中而又不易于解决。比如最近几年群体性社会事件问题的突发、多发就是社会矛盾集中爆发的结果，也是社会转型过程中的"阵痛"。总之，现在的社会矛盾纠纷正在增多，正处于一个矛盾多发期和高发期，如何确保司法公

---

① http：//www.lafy.gov.cn/main.php？sub＝article_ view&id＝112

正的有效实现是个亟待解决的问题，关系着国计民生和整个中华民族的今后发展大计。

二是政治体制改革提速。民主政治是法治的前提，一个民主高度发达、法制体系非常完善的社会，必定也是公民的法律意识比较健全的社会。同经济体制改革和经济发展相适应，我国以建设有中国特色的社会主义民主政治为目标，按照民主化和法制化紧密结合的要求，正在积极推进政治体制改革。举世瞩目的党的十八届三中全会，通过了《中共中央关于全面深化改革若干重大问题的决定》（以下简称《决定》）。《决定》在政治体制方面，集中了第四、第八至第十的四个部分共计 14 个条目以及其他相应的论述，按照紧紧围绕坚持党的领导、人民当家作主、依法治国有机统一，加快推进社会主义民主政治制度化、规范化、程序化，建设社会主义法治国家，发展更加广泛、更加充分、更加健全的人民民主的根本要求，研究制定了全面深化改革的总体方案，向人们释放了以更大勇气和智慧推进政治体制改革的信号。十八届三中全会提出的全面深化的政治体制改革，所涉及的范围之广、力度之大，可谓前所未有，令人耳目一新。政治体制改革的深化，依法治国的强化，这对于唤醒人们的法治意识、培育人们的法律意识、不断增强人们的民主意识和法治观念、激发人们参与法治的热情具有十分重要的意义。因此，在今后不断完善的民主政治进程中，人们对司法需求、法律诉求将进一步增强，对司法公正将有更高的诉求。

三是新型案件倍增。政治经济学告诉我们，经济基础决定上层建筑，经济的发展为法治的建设提供了物质条件，也必然为法治建设提出新的问题。伴随着改革开放向纵深处发展，越来越完善的市场经济体制，极大地促进生产力的发展。在市场经济条件下，出现了案情复杂、社会关注度高的新型案件。在解决这些案件时，人们首先想到的就是司法的公正性问题，无公正则无司法，也就丧失了人们对司法公正的期待性。特别是新型案件，由于以往没有判例和相关的审判经验可供借鉴，在审判中对案件公正的要求和标准更严，需要办案法官具备更高的综合素质。比如"许霆案"就是社会转型中出现的新型案件。2006 年 4 月 21 日晚 21 时许，许霆到广州市天河区黄埔大道西平云路 163 号的广州市商业银行自动柜员机（ATM）取款，同行的郭安山在附近等候。许霆持自己不具备透支功能、余额为 176.97 元的银行卡准备取款 100 元。当晚 21 时 56 分，许霆在自动柜员机上无意中输入取款1000元的指令，柜员机随即出钞1000元。许霆经查询，发现其银行卡中仍有170余元，意识到银行自动柜员机出现异常，能够超出账户余额取款且不能如实扣账。许霆于是在21时57分至22时19分、23时13分至19分、次日零时26分至1时06分三个时间段内，持银行卡在该自动柜员机指令取款170次，共计取款174000元。许霆告知郭安山该台自动柜员机出现异常后，郭安山亦采用同样手段取款19000元。同月24日下午，许霆携款逃匿。广州市商业银行发现被告人许霆账户交易异常后，经多方联系许霆及其亲属，要求退还款项未果，于2006年4月30日向公安机关报案。公安机关立案后，将许霆列为犯罪嫌疑人上网追逃。2007年5月22日，许霆在陕西省宝鸡市被抓获归案。案发后，许霆及其亲属曾多次与银行及公安机关联系，表示愿意退赔银行损失，但同时要求不追究许霆的刑事责任。从2007年"许霆案"入选中国十大法治事件中，人们舆论的焦点经历了很多从未涉及的领域，从当初仅仅局限于"许霆案"法律有罪无罪的争议，到构成何罪的辩论，到人大代表的调研，到法检领导的表态，到法学专家的法律分析，再到法院判决的法律效果与社会效果的统一，到《"许霆案"深层解读》一书的出版，再到最后法律界对"许霆案"等新型案件的法理思考，无不让我们看到"许霆案"在中国法治进程中所具有的重要意义。

四是司法腐败丛生。腐败是为谋求个人私利而滥用公共权力的行为。亨廷顿认为："腐败是指国家官员为了谋取个人私利而违反公认准则的行为。"腐败的基本形式是"政治权力与财富的交换。"腐败以权力商品化为主要特征。从一般意义上看，腐败是与公共权力联系在一起的。司法腐败是指非法使用司法权力谋取私利的行为。据数据显示，2008—2012年间检察机关严肃查处执法司法不公背后的职务犯罪，立案侦查行政执法人员36900人、司法工作人员12894人（其中检、法两家不足600人，其他都是公安、监狱、海关等机关的司法工作人员）。习近平总书记在《在十八届中央政治局第十六次集体学习时的讲话》（2014年6月30日）中指出，党的十八大以后，我们面临的反腐败斗争形势复杂严峻，一些领域腐败现象易发多发，一些腐败分子一意孤行，仍然没有收手，甚至变本加厉。从已经查处的案件和掌握的问题线索来看，一些腐败分子贪腐胃口之大、数额之巨、时间之长、情节之恶劣，令人触目惊心！有的地方甚至出现了"塌方式腐败"！依法办案、秉公执法是司法的天职，但在司法队伍中确实存在着以钱买法、以情买法、以情易法、办人情案、关系案、交易案等问题。司法腐败严重损害了司法公信力,使司法公正存在重大隐患。

五是群众法律观念增强。在过去,受传统因素的影响,人们抱有"贱讼"、"耻讼"的观念,谈法院而色变,对法院有畏惧心理。当当事人的合法权益受到非法侵害时,总是采取"和为贵,忍为高"的方式处理,宁可委曲求全,也不愿诉诸法院。即使是寻求法律途径解决,当事人往往关心的也是审判结果,忽视审判的法律意义。现在,我国经济飞速发展的成果已经惠及普通人民,人民的物质生活水平在迅速提高。国家正在大力推进精神文明建设,加大对教育投入,加强基础教育设施的建设,注重提高人们的文化素质。在此情形下,人们的文化水平得到很大提高,法律知识和法律意识比以前大大增强。当遇到纠纷时,人们不再委曲求全而是主动寻求法院解决纠纷,积极运用法律维护自己的合法权益。根据目前的司法实际,人们已不满足于法院"消极、被动、机械地行使司法权",不满足"人民法官坐堂问案、机械执法、消极诉讼的审判风格",而是要法官深入到实际,深入到群众中去,通过调查了解,掌握事实真相,人们不但要求实现实体公正,而且也开始重视程序公正。

在上述异常复杂的环境中,司法公正也面临着困境和无奈:

其一,司法难以做到真正独立。我国的司法独立原则一直很难真正实现,从根本上说与国情有关。中国传统社会在宗法制度等因素的影响下,"国家"完全私有化,当时的状况是:"集权而非分权、知识的统治、非专业化知识的统治、没有对抗的司法。"[①] 我国《宪法》第126条规定:"人民法院依照法律独立行使审判权,不受行政机关、社会团体和个人的干涉",这为我国法院依法独立行使审判权提供了宪法依据。要实现司法公正,法院要始终保持中立地位,对任何一方不偏不倚。法院在裁判案件时受到任何干扰,中立地位就可能会丧失,从而影响其司法独立性并导致裁判不公的后果,司法正义就难以实现。我国司法独立仅指法院系统的整体独立,不包括法官的个人独立。但在司法实践中,我国目前司法独立的地位仍受到来自许多方面的挑战。在对外方面,司法独立主要是承受来自于党政机关的压力。由于政府控制着司法的财政权,法院在审判工作中难

---

① 苏力、贺卫方:《20世纪的中国:学术与社会》(法学卷),山东人民出版社2001年版,第176—185页。

免不会不受制于行政机关。有的部门和领导缺乏法治意识，仍有浓重的"人治"、"官本位"思想在作祟，对法治是"口中有行中无"，无视司法独立的存在而对法院审判工作横加干预。在对内方面，鉴于上下级法院之间的级别关系与监督关系，法院办案可能会承受来自于上级单位的影响。虽然我国的司法独立不包括法官独立，但在法官办案中，外部会有当事人找关系、朋友"打招呼"、"递条子"等影响法官独立办案行为的存在，内部可能会有同事寻求"帮忙"，领导非正常过问案件的办理，这些现象的存在都会直接或间接地影响法官的独立性。另外，由于网络传播的无界限性及即时性，法院在审判工作中也要注意网络炒作、媒体舆论等对司法独立的干扰，防止舆论左右司法审判现象的发生。

其二，司法权威面临挑战。司法权威是指司法机关应当享有的权威和公信力，公信力是树立司法权威的重要方面。司法的权威性首先要依赖于司法的公正性，当司法实现高度公正的时候，人们自然会对司法产生信赖和尊重。当司法权威树立以后又会促进司法公正的实现。司法权威与司法公正的关系诚如德国学者鲁道尔夫·封·耶林所言："正义之神一手提着天平，用它衡量法；另一只手握着剑，用它维护法。剑如果不带着天平，就是赤裸裸的暴力；天平如果不带着剑，就意味着软弱无力。两者是相辅相成的，只有在正义之神操剑的力量和掌秤的技巧并驾齐驱的时候，一种完满的法治状态才能占统治地位。"① 但是我国目前的司法权威处于一种较低层次甚至是缺失的状态，人们对于司法公正和效率持怀疑态度，对法院裁判文书的有效性持怀疑态度，导致生效判决得不到有效执行，"执行难"等突出问题。

其三，司法人员综合素质良莠不齐。就目前而言，我国司法队伍的整体素质良莠不齐，客观上难以保证司法审判的质量。因此，主审法官责任制的落实还应考虑当前法院体制、队伍现状等因素，需要一个渐进而又不断发展的过渡阶段。一些审判人员政治理论、业务技能和职业道德不高，专家型、复合型优秀法官数量不多，对法院审判工作的开展也是一大挑战。

总之，我们呼唤公平正义，但公平正义并不是招之即来的事物，它需要真诚的耐心，需要正确的方式，需要司法体制的完善。

---

① http://court.gmw.cn/html/article/201104/01/2879.shtml

第三节　媒体与司法的博弈："媒介审判"现象

当下，这是一个媒体深刻影响人们生活的时代。在现代社会，传媒之于人们的日常生活就如空气一般，人们无时无刻不受到它的影响。如果我们从社会控制以及社会秩序形成的角度出发，就会发现，在今天的社会中，以报纸、杂志、广播、电视等形式出现的大众传媒，其影响力正呈现愈来愈强化的趋势；① 与此同时，这又是一个司法介入社会生活越来越广泛的时代。司法涉及诸多阶层和方面的利益，存在着利益博弈的过程，即通过对各种权力和权利、责任和义务的分配和界定来体现公平与正义。在这样的时代背景下，传媒与司法两股影响社会的因素必然出现交织的时刻，两者的关系难免呈现出统一与冲突的曲折过程。

法国著名社会学家布尔迪厄认为每个领域都有自己的"场"，比如"新闻场"、"司法场"、"政治场"、"科学场"等。布尔迪厄在谈及"新闻场"与"司法场"等其他场的关系时指出，由于"司法场"最容易受到以权力为象征的"政治场"的影响，而"新闻场"对"政治场"日臻突出的影响力正逐渐加深，因此，"新闻场"与"司法场"的距离相对于"新闻场"和其他场而言是最近的，如图1—1，这从理论上说明了传媒与司法的结缘存在着必然性。② 其实，在新闻学科还没有单列之前，很多高校的新闻专业都挂靠于法学专业，随着学科门类的细分化，才由法学门类转入到文学类。随着新闻学专业呈现蓬勃发展的势头，新闻传播专业才完全从法学和文学学科门类中分离出来，走上了单独发展的新型学科。

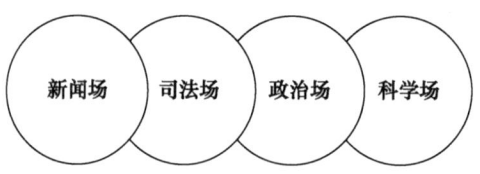

图1—1　"新闻场"与其他场的关系

---

① 贺卫方：《传媒与司法三题》，《法学研究》1998年第6期。
② 李文明：《新闻评论的电视化传播：〈焦点访谈〉解读》，四川大学出版社2003年版，第316页。

但是，布尔迪厄又告诉我们："每个场就是一个结构的空间，一个实力场——有统治者和被统治者，有在此空间起作用的恒定的、持久的不平等关系——同时也是一个为改变或保存这一实力场面进行斗争的战场。"①不论是"新闻场"还是"司法场"，都是"一个独立的小世界，有自身的法则，但同时又为它在整个世界所处的位置所限定，受到其他小世界的牵制与推动。"② 由此可见，传媒与司法由于各自领域的特点，两者也呈现不可调和的矛盾。一方面，司法活动对传媒具有天然的排斥性，这主要由于传媒与司法在各自运作特点上存在固有的差别。由于司法审判工作注重程序性和保密性等特点，这与具有开放性、透明性为特点的传媒便构成了一对矛盾，两者具有相互排斥性；③ 另一方面，传媒对于司法的舆论监督具有天然的侵犯性，这主要与媒体的传播活动具有开放性、及时性、典型性等特点有关。媒体容易通过揭露司法腐败和司法不公形成舆论热点，从而自觉或不自觉地对司法独立构成侵犯。

从终极目的来考究，新闻媒体和司法机关是两种重要的社会规制力量，二者共同致力于社会正义的实现以及社会福祉的提升。在实践中，一方面，新闻媒体促进司法机关的公正审判，比如 2009 年，网络热炒的"杭州飙车案"、"湖南罗彩霞案"、"湖北邓玉娇案"等案件由于有了新闻媒体的介入，最后都有了比较满意的结局；另一方面，司法机关保护新闻媒体的正常运行以及在其受到损害后进行救援。但是在有些情况下，二者在深刻的社会转型中，基于价值判断和经济利益驱使，两者不可避免会发生这样或那样的冲突，比如沸沸扬扬的"许霆案"，由于新闻媒体的"同情报道"，以致审判结果背离了法律的规定，破坏了法律的确定性。这使得我们不得不思考，新闻媒体和司法机关之间到底是一种什么样的关系？二者之间冲突的成因是什么？应该构建一种什么样的机制才能促进二者之间的良性共存？其实，这涉及本论著所关注的一个研究问题，那就是"媒介审判"现象。"媒介审判"现象是最近几年出现的新生事物，是媒体与司法领域中一个矛盾的集中体现，也是媒体与司法引发冲突的最典型

---

① 李文明：《新闻评论的电视化传播：〈焦点访谈〉解读》，四川大学出版社 2003 年版，第 326 页。

② ［法］布尔迪厄：《关于电视》，辽宁教育出版社 2000 年版，第 44 页。

③ 洪伟：《大众传媒与法制》，上海三联书店 2005 年版，第 306 页。

的外在表现形式。

"媒介审判"现象在我国的出现，立刻引起新闻传播界和法学界的广泛关注。面对这一现象，人们不禁会产生如下疑问："媒介审判"现象来自何方？我国存在"媒介审判"现象吗？我国"媒介审判"现象的成因如何？等等。本论著除了将会对上述问题进行基础性的梳理和整合外，更为重要的是从理性和多元化的视角思考了我国的"媒介审判"现象，并将对如何有效防范"媒介审判"现象进行独到的分析和探讨。

需要特别声明的是，本论著所列举的"媒介审判"案例不是来自个人的凭空臆想，而是基于"中国知网"大量论文中所论及的案例，而且这些典型案例仅仅作为学术研究之用，不涉及其他任何因素。此外，由于"媒介审判"的学术争议较大，因此本论著仅仅对"媒介审判"现象进行研究，绝非西方严格意义上的"媒介审判"。

第 二 章
什么是"媒介审判"现象

近些年来，无论是我国新闻传播界还是法律界的教授或学者都对"媒介审判"现象比较关注，"媒介审判"现象逐渐成为学术界研究的重点和焦点。中国人民大学著名学者陈力丹教授早在2002年的《中国新闻传播学研究概述》一文中专门提到了"舆论监督和司法公正的问题"，间接提到了媒体在进行舆论监督时的失范行为，意指"媒介审判"现象。[①] 随后，他在2004年正式把"媒介审判"现象列入"2004年新闻传播学研究的十二个新鲜话题"之一。[②] 在2008年由复旦大学著名学者童兵教授主编的《中国新闻传播学研究最新报告》中，专门对传媒与司法的关系研究问题进行了专项论述，并提到了"媒介审判"现象。笔者在中国知网"中国期刊全文数据库"、"中国博士学位论文全文数据库"、"中国优秀硕士学位论文全文数据库"、"中国重要会议论文全文数据库"、"中国重要报纸全文数据库"中对"媒介审判"关键字进行了全年跨库检索，时间从1998年到2014年，采取等距抽样的方法，时间跨度为2年，对"媒介审判"的相关研究论文进行统计，具体的操作是以"媒介审判"、"媒体审判"及"舆论审判"为关键字，在内容方面涉及和谈到的论文为计数标准。结果如下：1998年20篇，2000年39篇，2002年45篇，2004年118篇，2006年209篇，2008年166篇，2010年176篇，2012年185篇，2014年181篇。笔者根据这些数据绘制出图2—1。从图中可以看出，关于"媒介审判"现象的研究就目前而言，仍然是个热门话题，并呈现逐渐上升的趋势。

下面，本论著将围绕"媒介审判"现象的渊源、内涵及特征展开，以此对"媒介审判"现象有全面的了解和认识。

---

① 陈力丹:《中国新闻传播学研究概述》,《新闻界》2002年第9期。
② 陈力丹:《中国新闻传播学研究概述》,《新闻界》2005年第1期。

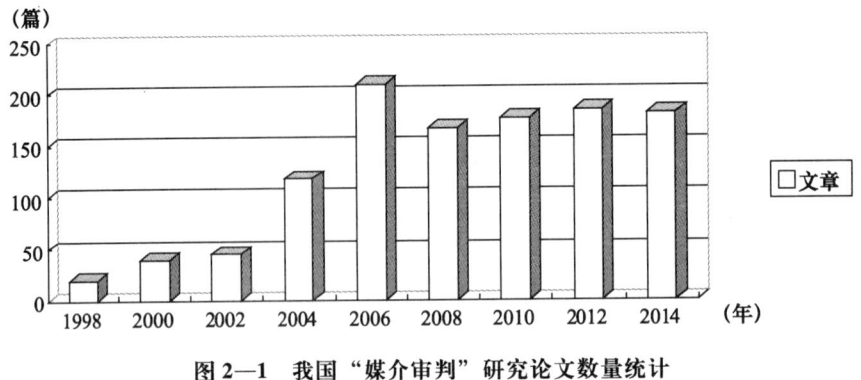

图 2—1 我国"媒介审判"研究论文数量统计

第一节 "媒介审判"现象的渊源

西方学者认为,"媒介审判"(trial by media)也叫"报刊裁判"(trail by newspaper),是一种不依据法律程序而对被告和犯罪嫌疑人实施的非法的道义上的裁判。在我国的第一本新闻传播法教程里可以看到"媒介审判"一词原是西方新闻传播法中的一个概念,该书作者魏永征在其随后的文章里明确指出"媒介审判"(trial by media)来自美国。[①] 此后,一些学者沿袭和论证了此种说法。四川师范大学文学院教师庹继光、复旦大学新闻传播学博士后、西南石油学院法学讲师李缨[②]和中国人民大学教授吴秋余[③]以及武汉大学新闻与传播学院教授吴献举[④]都在文章中提到了"媒介审判"来源于美国。

美国的"媒介审判"现象早在"黄色新闻时代"已经出现。当时,美国人对于犯罪报道,尤其是暴力犯罪如痴如醉。比如美国黄色新闻鼻祖赫斯特的《新闻报》,对犯罪新闻偏爱有加。该报依靠耸人听闻的犯罪新闻,销量持续上升,仅在 1896 年的一个月内,就猛增了 125000 份。当时

[①] http://www.donews.com/Content/200505/fecdf1a99665484a824a1e3acc1f73a6.shtm
[②] 庹继光、李缨:《法律传播导论》,西南交通大学出版社 2006 年版,第 104 页。
[③] 吴秋余:《要谨防媒介"审判"上演》,《人民论坛》2007 年第 3 期。
[④] 吴献举:《"媒体审判"是"媒体舆论监督权"的滥用》,《新闻记者》2002 年第 9 期。

的新闻消息标题通常是这样的："杀死小贝西的神秘凶手"、"凶手投案，请求处以绞刑——触目惊心的供词"等。① 到了20世纪30年代的"小报时代"，犯罪新闻成了当时报纸报道主题，警事新闻记者是当时新闻部最重要的人物，关于警察、奇案与逃犯的电视节目构成了黄金时间电视的图景。比如在1934年对于布鲁诺·豪普特曼绑架与杀害林德伯格婴儿一案的审讯，吸引了当地300多名记者，在28天内发出了1100条的电讯稿。爱出风头的法官使法庭变成了记者的天堂，于是引出许多"报纸审判"（trial by newspaper）的批评。② 随后，在50年代初期，在美国发生了"谢帕德案件"。该案件涉及美国的一个外科医生谢帕德（Sam Sheppard）被指控是谋杀自己妻子的凶手。此案件由于受到民众和媒体的干扰，致使法院最终裁定谢帕德医生有罪。此案件成为美国历史上最经典的"媒介审判"案例，也是众多传播学专家研究和关注最多的案件。当然，该案件虽然引发了众多传播学家和法学家的理性思考，但"媒介审判"没有随着时间的流逝而消弭，反而呈现愈演愈烈的现象。比如1994年有着"世纪大审判"之称的"Simpson杀妻案"成为当时美国最为轰动的事件。此案当时的审理一波三折，公众和媒体对此的关注程度达到史无前例的地步。当辛普森案裁决即将宣布之时，整个美国一时陷入停顿。再如2011年发生的"Casey Anthony案"，又将"媒体审判"推上了美国舆论界的风口浪尖上。Casey Anthony涉嫌杀死自己的女儿，由于证据不足，大陪审团最终宣布Casey无罪。就在Casey被宣布无罪释放后，500多位公众齐聚在法院门口，拉出横幅"为Caylee申冤"、"宝贝杀手"等横幅，这些公众都是在经媒体煽动报道和专家们分析之后被鼓动而做出一些越过界限的行为，他们一致认为是那些"傻头傻脑"的陪审团作出了一个十分错误的裁决。

当下，随着美国媒体对于司法审判的狂轰滥炸式和煽情式报道，"媒介审判"现象日益凸现。一些专业司法人士在多年与媒体打交道的实践经验基础上，指出了当今美国媒体在报道司法案件时容易出现"媒介审判"的几类新闻报道：一是关于被告人认罪或据说被告人认罪的报道，

---

① ［美］迈克尔·埃默里、埃德温·埃默里、南希·L. 罗伯茨：《美国新闻史》，中国人民大学出版社2004年版，第248页。

② 同上书，第360页。

包括暗示被告人可能认罪的报道；二是关于被告人在多波动描记器、测谎器或者类似设备测试中的表现，与被告人拒绝接受测试的报道；三是关于被告人过去的犯罪记录或称被告人有前科的报道；四是质疑证人可信度与含有证人对检察官、警察、受害人或法官的个人感受的报道；五是关于被告人性格、伙伴与人格的报道；六是可能激起不利于被告人的公众情绪的报道。①

既然"媒介审判"来源于美国，那么"媒介审判"是如何形成的呢？这要从美国的媒介生态环境和司法陪审制度说起。

一 美国的媒介生态环境

分析美国发生的"媒介审判"现象，其特殊的媒介生态环境是不可忽视的关键因素。所谓媒介生态环境就是指大众传播机构生存和发展的环境，它不仅包括媒介自身所处的行业内的态势，也包括媒介所赖以生存的外部环境。前者如：媒介之间的竞争与合作，媒介从业者素质的提高，新兴媒介的出现等；后者如：传播技术的发展，社会制度的进步，人们生活观念的改进，市场的扩大等。从总体上来说，媒介生态包括这样几个方面：社会制度环境、社会文化环境、市场环境、技术环境等方面，媒介在各方面合力的作用下存在并发展。② 下面就从三个方面来分析美国的媒介生态环境对于"媒介审判"现象的发生的影响。

首先，从美国媒体所处的社会制度环境来看，由于美国是实行私有制的资本主义的社会制度，这就决定了其媒体的运行体制。目前，世界新闻媒介在运行体制上有很大不同。就报刊而言，存在私营和国有两种所有制形式。而就广播电视而言，存在私营、公营和国有三种所有制形式。其中，以美国为首的西方国家大部分实行以私有制为主体的完全商业化运作体制。③ 美国的这种独特的运行体制直接决定了媒体以赢利作为媒体运作的最终目标。在媒体赢利模式的驱使下，媒体从业者更多地考虑到新闻对于受众的迎合程度，并出现了"狗咬人不是新闻，人咬狗才是新闻"的

---

① [美] 唐·R. 彭伯：《大众传媒法》，张金玺、赵刚译，中国人民大学出版社2005年版，第391页。
② http://media.people.com.cn/GB/22114/44110/75857/6174150.html
③ 李良荣：《新闻学概论》，复旦大学出版社2001年版，第166页。

新闻价值评判范式。在这种新闻价值评判范式的影响下，以炒作和耸人听闻为特色的报道手法成了报道新闻的常态。媒体一旦对刑事案件进行报道时，这种报道手法会发挥到极致，也就容易对司法审判带来不可估量的影响。比如在"辛普森案件"中，辛普森的名人效应，从明星到杀人嫌疑犯的戏剧性变化，以及黑白通婚，可能还有性的问题，这一切要素完全符合公众和新闻媒介的猎奇需求，于是从1994年6月17日"辛普森案件"曝光开始，美国的各种媒体无一不竞相密集报道，规模空前，该案因而被称作"世纪性审判"。

其次，从美国的社会文化环境来看，独立与自由的美国文化特征为媒体实行高度自由的新闻环境创造了条件。美国是一个崇尚自由的国家。在美国，对人的自由，除法律可以明文规定加以限制，并由执法机关及其人员执行限制外，任何机关或个人不得非法剥夺或限制他人的自由。在以美国为主的西方，媒体从18世纪以来，就有"第四权力"、"第四等级"、"无冕之王"之说，其不仅对社会公众有强大的影响力，对于国家的三大支柱权力——立法、行政、司法也有强大的牵制功能。几百年前，美国式民主的缔造者之一汤玛斯·杰弗逊曾经这样激情豪迈地说道："人民才是他们政府的真正审查者。他们必须通过报纸享有充分的资讯……如果让我来决定我们是应该拥有一个没有报纸的政府，还是一个没有政府的报纸，我会毫不犹豫地选择后者。"鉴于美国这种崇尚新闻自由的理念，媒体一旦涉及司法案件报道时，就不可避免地出现权力博弈现象。一方面，司法部门尽量避免来自媒体的强大干扰，实行司法的真正独立；而另一方面号称"第四权力"、"第四等级"、"无冕之王"的媒体对于司法部门的牵制功能不会因司法的排斥而减弱，在现实中往往先入为主，对司法说三道四，于是，"媒介审判"现象也就应运而生了。

最后，从美国媒体所处的市场环境和技术环境来看，有限的受众资源客户与剧增的媒体数量形成了强烈的反差，这就造成了媒介之间竞争的环境日益恶化。美国号称"媒体帝国"，其拥有的媒体数量是其他发展中国家所无法企及的。再加上媒体技术的日益更新换代，以网络为主的新媒体层出不穷，这大大加剧了媒体之间的竞争环境的动荡。面对有限的受众资源客户，各大媒体都会为生存铤而走险，不可避免地出现恶炒新闻现象。对于司法案件新闻而言，由于其本身独特的趣味性，媒体对此的炒作会达到登峰造极的地步。有些媒体为了搞到独家新闻，不惜使用任何手段，甚至对新闻进行编造。比如罗德尼·金诉洛杉矶市警察局案，不太出名的 KTLA 电视台为了渡过生存难关，竟然高价收买业余 DV 爱好者的素材，而且编辑们还把长度为 81 秒的原始录像删剪编辑为长度 68 秒的电视画面，删减了罗德尼·金拒捕和向警察挑衅的镜头，这在一定程度上造成了对警察的预先定罪，造成了"媒介审判"现象的发生。

二　美国司法陪审制度

美国有 52 个不同的司法体系：50 个州每州各有一个司法体系，1 个联邦司法体系，1 个哥伦比亚特区司法体系。每个司法体系又建立在联邦宪法或州宪法之上。虽然每个州法律体系迥异，但也有共通之处。每个体系内部都可以分为两套不同的法院：初审法院（trial court）和上诉法院（appellate court）。一般而言，初审法院是负责调查事实真相的法院，而上诉法院则是负责复核司法程序的法院。几乎所有的案件都从初审法院开始审理，但是并非所有的案件都在上诉法院结束。初审法院中有陪审团，上诉法院中没有陪审团。[①] 初审法院一般只有一位法官听审，而上诉法院则有一个法官团听审，法官团一般由 3 个或 3 个以上法官组成。案件一般先在初审法院审理，然后再到上诉法院复审。虽然上诉法院在司法诉辩中拥有最后发言权，但事实往往并非如此。案件通常会被发回到初审法院重新判决，上诉法院同时向初审法院法官提供判决指示。[②] 在对美国司法整体进行了粗略的了解后，以下将重点分析美国的司法陪审制度。

陪审制度是在古代审判制度的基础上发展起来的一项诉讼制度，它起源于 4000 年前的古埃及。古埃及的陪审团由 8 人组成，尼罗河两岸每边 4 人，审理对大墓地地区的工人的轻微犯罪的指控。[③] 不过，有些学者指出陪审制度起源于奴隶制度的雅典和罗马时代。审判结果由陪审法官"投票"表决，只是投票方法是往票箱内投放石子。现代意义上的陪审制起源于中世纪的英国，并为其他英美法系国家所承袭。陪审团最早被运用于 11 世纪英王对该国土地进行清理的过程中，在此基础上，英王亨利二

---

① ［美］唐·R. 彭伯：《大众传媒法》，张金玺、赵刚译，中国人民大学出版社 2005 年版，第 15 页。

② 同上书，第 16 页。

③ 李昌林：《民众参与刑事审判比较研究》，人民出版社 2007 年版，第 1 页。

世颁布了一系列的法令,在民事和刑事诉讼中正式确立了陪审制,在此后陪审制很快成为英国的一种主要诉讼方式。英国的陪审制在其司法历史中占有很重要的地位,其他许多司法制度与之相配套发展起来。① 陪审制度的充分发展并非在英国,当今世界公认的陪审团审判运作比较成功的国家是美国。在美国,陪审团审判被视为体现了"美国对民众参与民主的认可",是"对于美国民主实验的存续是一个至关重要的机构",因而,陪审团审判在美国得到公众普遍的信任、接受和拥护。陪审制度已成为美国法治和美国诉讼制度的组成部分,反映了美国诉讼制度的特性。在美国联邦司法体制中,陪审团分为两种,一种是大陪审团,通常由23人组成,其职责是对犯罪进行调查,或对执法部门关于刑案的侦查及证据加以审查,以确定是否向法院起诉,所以又称作起诉陪审团;另一种称为小陪审团,也就是一般意义上所说的陪审团,通常由案件发生所在地区的12位没有法律专业知识背景的公民组成,其主要任务是基于法庭上呈现的证据对案件的事实部分作出判断(事实审)。由于陪审团在审判中行使的是定罪权,而法官则行使量刑权,如果小陪审团认定有罪,法官会在"事实审"的基础上适用相关法律,作出最终的司法判决(法律审)。由于"事实审"是"法律审"的前提和基础,因此,公平审判的关键问题不仅在于法官,还在于确保小陪审团成员不受公开信息中对犯罪预断的影响,即他们不能从公开的新闻报道或其他信息来源中得出关于案件的结论,因为这些带有倾向性的结论很可能制约他们的理性判断,从而使被告人依据宪法第六修正案所享有的"受到一个没有偏见的州或者地区的陪审团进行的迅速而公开的审判"的权利受到侵害。②

综上所述,"媒介审判"现象在美国的出现是新闻高度自由的媒介生态环境及司法陪审制度双重作用的结果。由于媒体高度自由的媒介生态环境及其高度影响力,媒介的涉案报道会影响到无法律专业背景的小陪审团对相关事实的认定,致使"事实审"有失公正,并进而影响法官在"法律审"中作出的决定,从而导致"媒介审判"现象的发生。在长达200多年的时间内,美国法官针对"媒介审判"现象,利用手中的各种司法

---

① 江辉、白林:《略论美国的陪审团审判制度》,《长春教育学院学报》2007年第3期。
② 李谨:《媒介审判现象透析及其法律规制构想》,中国优秀硕士学位论文数据库,2007年。

工具，尽量减轻或减少"媒介审判"所带来的负面影响。这些工具包括仔细调查陪审员候选人对案件的了解程度、改变审判地点等。但是，传统的司法救济并不能完全杜绝"媒介审判"现象的发生，时至今日，其仍然成为媒体与司法讨论和研究的热门话题。比如"O. J. 辛普森案"、"蒂莫西·麦克维（Timothy McVeigh）案"等。①

三 美国"媒介审判"典型案例分析

（一）"谢帕德诉马克斯韦尔案"（Sheppard v. Maxwell）

1954年7月4日在美国的俄亥俄州发生了一件重大的凶杀案，一个怀有身孕的妇女遭到入室不法分子杀害，而其丈夫和儿子安然无恙，这就是美国著名的案件"谢帕德诉马克斯韦尔案"（Sheppard v. Maxwell），又称"独立日夜谋杀案"。该案的主人公山姆·谢帕德（Sam Sheppard）是俄亥俄州的一位著名外科医生，1954年7月29日因涉嫌杀害已有身孕之妻而被捕。他自称无辜，他的妻子谢帕德夫人是在睡觉时被一名闯入者用大棒被打死在床上。当地警方从侦查一开始便认为山姆·谢帕德（Sam Sheppard）是凶手。该案发生后，全国各地的大小新闻媒体云集俄亥俄州的克利夫兰。此案具备了一起神秘谋杀案的所有要素，获得了美国新闻界的关注，成为当时媒体的头版要闻。由于案发当日，山姆·谢帕德（Sam Sheppard）与妻子关系正处于紧张期，记者对此穷追猛打，恶意爆料山姆·谢帕德（Sam Sheppard）对妻子有不忠行为，这是传统美国人民所无法接受的。一时间各种关于山姆·谢帕德（Sam Sheppard）的负面报道铺天盖地。公众舆论也几乎众口一词：是山姆·谢帕德（Sam Sheppard）残忍地杀害了自己怀有身孕的妻子。由于媒体的误导，法官的严重误读媒体信息，于1954年12月21日，陪审团一致裁定：被告人山姆·谢帕德（Sam Sheppard），二级谋杀罪名成立，被判终身监禁。山姆·谢帕德（Sam Sheppard）就是在这样一种完全不合情理、完全不符法律程序的庭审中被定罪。直到11年之后，最高法院对这起案件才有了新的认识；最高法院主笔法官在判决意见当中严厉地谴责了初审法官的渎职行为以及新闻媒体对司法公正的野蛮干预。1964年6月16日，山姆·谢帕德（Sam

---

① ［美］唐·R. 彭伯：《大众传媒法》，张金玺、赵刚译，中国人民大学出版社2005年版，第389页。

Sheppard）暂时重获自由。大法官 Weinman 声称，当年的审判是对司法公正的一次嘲讽，审判过程中严重侵犯被告人的五项宪法所赋予的基本权利。1965 年 5 月，美国联邦上诉法庭又恢复了原判决。1966 年 11 月 1 日，二审开庭。经过长达 16 天的庭审抗辩，法官宣判：被告人山姆·谢帕德（Sam Sheppard）无罪，当庭释放。就这样，山姆经历了逮捕、定罪、释放、再逮捕、再释放，前前后后经历了 11 年的牢狱之灾。而该谋杀案本身仍然悬而未决，成了美国历史上的"cold case"。

　　回顾该案，媒体的报道和评论严重影响了陪审员和法官，以致法官误读媒体信息，作出了错误的审判。具言之，首先，媒体在审判前对被告进行定罪。在谢帕德被捕前，各报纸就认定他犯有谋杀罪。一篇社论题为"为何警察不侦讯首要嫌疑人？"要求将谢帕德拘押在警察局进行讯问。另一篇社论则质问"为何不把谢帕德投牢入狱？"[①]有些媒体更是义愤填膺，要求将罪犯投入监狱，比如在 1954 年，《克里夫兰新闻报》上有篇大字标题社论"Quit Stalling and Bring Him In!"[②]；其次，对警方和法院进行舆论施压，并透露警方调查信息。当时参与调查的警方承受着来自各方面的巨大压力，他们的调查取证工作被新闻媒体工作称之为"无端浪费纳税人的钱"，因为"首要嫌疑人就在大家的视线中"，而警方在经过近一个月的大规模搜捕行动中，也确实没有找到符合山姆·谢帕德（Sam Sheppard）所描述的嫌疑人。迫于舆论的强大压力，在当月月末，法院出示逮捕令，正式逮捕山姆·谢帕德（Sam Sheppard）。与此同时，各种形式的媒体仍继续鼓噪，竟然公布警方未经允许的调查证据。例如"车库发现血迹"，"警方宣称发现谋杀罪新证据"，等等；再次，恶意炒作被告人的隐私，并对其人格进行有意贬低。有些报纸报道"邻居揭露谢帕德有'性伴侣'"，有些报纸还长篇累牍地报道了谢帕德是一个玩弄女性感情的人，以此来吸引读者眼球；[③]最后，媒体干扰了法庭正常的秩序。法庭为了应付供前来采访的 20 多名记者对于案件的报道，在法庭中临时搭建了座位。由于当时采访记者过多，还多安排了 4 排桌椅。一些电台为了

[①] 侯建：《传媒与司法的冲突及其调整》，《比较法研究》2001 年第 1 期。

[②] [美] 唐·R. 彭伯：《大众传媒法》，张金玺、赵刚译，中国人民大学出版社 2005 年版，第 401 页。

[③] [美] 唐纳德·M. 吉尔摩等著：《美国大众传播法：判例评析》，清华大学出版社 2002 年版，第 401 页。

转播法庭辩论实况，还专门铺设了传真和电话的线路。据有些资料显示，一个电台竟然被设置在陪审员室的旁边。而对于庭审过程，媒体亦紧追不放。记者、照相机、摄像机充斥法庭，在选定陪审员、举证及认定事实等方面，媒体极力施加影响。主审法官为了竞选连任而放之任之，未采取任何措施保护陪审团的判断不受干扰。此种情形一直持续至有罪判决作出后方才停息。①

该案成为美国历史上最经典的"媒介审判"案例，在重新构建美国司法与媒体关系方面起到了很好的启示作用。汤姆·克拉克（Tom Clark）大法官猛烈地批评新闻界，并指出该案审判期间的混乱状况，"新闻人实际上接管了审判室，追逐审判中的大多数参与人，尤其是谢帕德"。克拉克大法官针对该案提出了限制命令的想法，正如他在判决意见书中所说："注意到大规模的预审报道，法官原应该采取更加严厉的措施，管理新闻人对审判室的使用……法庭原应该采取某些措施，控制警察、证人、双方律师向新闻界提供消息和流言……法庭要是禁止律师、各方、证人与法庭人员发表带有偏见内容的偏见言论就好了……法庭也应该要求适当的市县官员管理他们的下属传播涉案信息。此外，也应该警告撰写或播出预审报道的记者，报道审判中不被法庭采信的材料是不恰当的。"②"谢帕德诉马克斯韦尔案"（Sheppard v. Maxwell）判决两年后，美国律师协会建议初审法官使用法庭限制命令的公开声明的活动，该活动的建议文件被称为《里尔登报告》（Reardon Report）。自此，限制性法庭命令成了法官控制新闻界报道未审刑事案件审判的常用武器。

（二）罗德尼·金诉洛杉矶市警察局案③

1991年3月3日，在美国第二大城市洛杉矶，4名白人警察殴打黑人青年罗德尼·金的过程被人偶然摄入录像镜头，4名警察遂因刑事罪遭到加州地方法院起诉。一年后，以白人为主的陪审团判决"被告无罪"。判决一出，当地黑人群情激愤，聚众闹事，烧杀抢劫，引发了一场震惊世界的大暴乱。实际上，当得知无罪判决结果时，绝大多数美国人都深感惊

---

① 侯建：《传媒与司法的冲突及其调整》，《比较法研究》2001年第1期。
② ［美］唐·R. 彭伯：《大众传媒法》，张金玺、赵刚译，中国人民大学出版社2005年版，第399页。
③ 夏晓鸣、马卉编：《传播法概论》，武汉大学出版社2006年版，第141—149页。

讶、意外和愤慨。在长达一年多的时间里，4 名警察野蛮殴打罗德尼·金的录像画面，经 ABC、NBC、CBS 全美三大电视新闻网和有线电视新闻网（CNN）反复不断地播映，已经深深地印在了美国人的脑海中。民意测验表明，在看过电视录像的观众中，92%的人认为白人警察有罪。得知判决结果和爆发种族暴乱的噩耗后，当时的美国总统老布什（George Bush）大发雷霆，他叮嘱联邦司法部，一定要以违反联邦民权法的刑事罪重新起诉 4 名白人警察。迫于舆论压力和政府官员的干扰，1993 年 4 月，联邦地区法院重新审理该案，小陪审团作出裁决，4 名警察中的鲍威尔警官和孔恩警长被裁定有罪，另外两名警察则被无罪开释。由于联邦地区法院法官在依法量刑时，量刑过轻，只给两位警官判了两年半有期徒刑。全美各地民权团体闻讯大怒，坚决要求联邦司法部向分管加州地区的联邦第 9 巡回上诉法院上诉。1995 年 1 月，联邦第 9 上诉法院在压力下作出判决，判定联邦地区法院对有罪警察判刑过轻，下令重新量刑，加重刑罚。重刑威胁之下，因律师费已负债累累的孔恩和鲍威尔警官不服，聘请大牌律师请求大法官主持公道。1996 年 6 月，联邦最高法院以 9 比 0 票对孔恩诉美国案（Koon v. United States, 1996）作出裁决，以警察违法打人与金拒捕有关系为理由，推翻了联邦上诉法院关于对警察加重刑罚的裁定。轰动一时的"罗德尼·金诉洛杉矶市警察局案"终于降下了帷幕。

  回顾该案，由于新闻媒体口诛笔伐，大造声势，使该案在法院审理之前就已经闹得满城风雨。在该案中，"媒介审判"现象始终存在整个司法审判中。在该案一审阶段，在法院对这个刑事大案作出独立判决之前，新闻媒体利用业余摄像爱好者偶然拍的不完整片段作为播放新闻素材，并对画面进行了删剪。画面所呈现给观众的是警察施暴的镜头，而没有反映罗德尼·金拒捕和向警察挑衅的镜头。由于电视台对警察预先作出了有罪推定和有罪判决，致使绝大多数民众在审判前就已认定涉案警察罪大恶极、罪责难逃，为一审审判后出现的暴乱事件埋下了定时炸弹。而一审陪审团在法庭审判时看到的录像，与绝大多数美国人在晚间电视新闻中看到的录像画面不一样。在法庭上播放给陪审团看的证据录像中，有罗德尼·金在拒捕过程中攻击警察的镜头，而三大电视新闻网播放的电视录像，却把不利于金的镜头全给掐掉了；在该案二审阶段，舆论对于警察殴打黑人的愤慨之情日益高涨，加上该案件有演变为带有种族歧视的政治案件的倾向，来自政府官员的压力都全部对准二审法院。据消息称，当时的美国总统老布什（George Bush）大发雷霆，他叮嘱联邦司法部，一定要以违反联邦民权法的刑事罪重新起诉4名白人警察。在重审案中，联邦地区法院的主审法官一反常规，禁止被告律师向陪审团候选人提出诸如"你是否有勇气坚持与绝大多数人意见相左的立场"之类的问题。可以说，联邦地区法院从一开始就定下了死活也要把"民愤极大"的白人警察定罪的基调，以致在二审审判中判白人警察有罪。由于美国司法在防范"媒介审判"现象方面已经有了很好的对策和经验，在联邦最高法院的最终审判中推翻了联邦上诉法院关于对警察加重刑罚的决定，致使"媒介审判"现象对司法的干扰消弭在最小状态。

时至今日，该案已成为影响美国25个司法大案之一。该案留给后人的思考很值得探究。首先，媒体为利益驱动，对新闻事实进行删剪，预先作出有罪推定。在美国这种高度商业化的社会里，大众传播媒介选择新闻的标准，通常具有强烈的市场化趋向。为了提高收视率和在激烈的竞争中击败对手，新闻媒体特别重视新闻的刺激性和戏剧性，对一些有"市场价值"的新闻，详细报道，大加渲染。有的时候，新闻是什么并不重要，新闻会带来什么样的严重后果也并不重要，只有以耸人听闻的独家消息赢得读者或观众才是头等大事。比如KTLA电视台编辑们把长度为81秒的原始录像删剪编辑为长度68秒的电视画面，删剪了罗德尼·金拒捕和向警察挑衅的镜头，这在一定程度上造成了对警察的预先定罪。其次，媒体大肆炒作，渲染警察有罪舆论。KTLA电视台大张旗鼓地在黄金时段反复播放带有偏见的录像片段，ABC、NBC、CBS三大电视网和CNN，在两周内反复播放达数百次之多，使金被殴事件成为震撼全球的头号新闻。在媒体对该案极度的关注中，新闻媒体极力营造警察有罪舆论，误导司法人员和民众，致使绝大多数民众和审判人员先入为主，在审判前就已认定涉案警察罪大恶极、罪责难逃，为审判后出现的暴乱事件埋下了定时炸弹，最终酿成了一场美国历史上损失最惨重的城市暴乱。最后，KTLA电视台擅自删剪原始录像，片面报道金被殴案，对警方构成了一定程度的诬陷和诽谤，可是，根据美国最高法院1964年《纽约时报》公司诉萨利文案（New York Times Co. v. Sullivan, 1964）的判例，政府公职官员打赢这类诽谤官司的前提，是证明媒体的报道出于"确实恶意"，这致使公职官员打赢这种官司的可能性微乎其微。再加上宣传工具全都掌握在私营新闻媒体手中，致使政府行政部门和警方对媒体的片面报道基本上束手无策。

2000年夏天，南京大学—约翰斯·霍普金斯大学中美文化研究中心的任东来教授应邀考察洛杉矶市警察局（LAPD）总部时，曾特意就金案录像被删剪问题，与警察局副局长加斯肯（David J. Gascon）交流看法。加斯肯副局长坦率地回答：对于电视台的做法，警察局除了气愤和抱怨之外，只能干瞪眼，干着急！

第二节 "媒介审判"现象的定义界定

"媒介审判"在我国新闻界和司法界一直是具有争议的概念，许多学者和专家都有其独到的理解。在新闻传播界和司法界，学者魏永征、陈力丹、慕明春、王军、贺卫方、徐迅等都对"媒介审判"现象进行了科学的定义，其中以魏永征的定义最为经典，并一直为广大学者所引用。他认为，"媒介审判"是指新闻媒介超越司法程序，抢先对涉案人员做出定性、定罪、定刑以及胜诉或败诉等结论。[①]"媒介审判"的报道在事实方面往往是片面的、夸张的以至是失实的。"媒介审判"是对法院的审判权和犯罪嫌疑人的公民权利的双重侵犯。魏永征的定义的关键点在于媒体没有遵循司法程序，抢先代替司法，"先入为主"进行审判。由于该定义具有规范性、全面性和准确性，一直被研究"媒介审判"现象的学者和专家所采用。

西北政法学院法制新闻系主任、教授慕明春基本上沿袭了学者魏永征的观点，他认为"媒介审判"指新闻媒介利用其公开传播的新闻报道或评论，干预、影响司法独立和司法公正。其表现方式主要是媒体超越司法程序对正在审理的案件的案情分析、案件定性、涉案人员定罪量刑等一系列问题作出公开的判断和结论，以其明显的倾向性引导受众，形成一种足以影响司法独立审判的舆论氛围，从而使审判在不同程度上失去其公正性。其实质是以新闻自由干预司法独立，以道德评判取消司法审判，以媒介的"话语强权"代替舆论监督。[②]

中国传媒大学王军副教授则用更精练的语言，针对刑事案件中的"媒介审判"机理进行了准确的概述，他认为"媒介审判"现象是指"新

[①] 魏永征：《新闻传播法教程》，中国人民大学出版社2006年版，第134页。
[②] 慕明春：《"媒介审判"的机理与对策》，《现代传播》2005年第1期。

闻媒体在报道消息、评论是非时，对任何审判前或审判中的刑事案件，失其客观公正立场，明示或暗示，主张或反对处被告罪行，或处何种罪行，其结果或多或少影响审判而言"①。

暨南大学新闻与传播学院冯宇飞在沿袭学者魏永征定义的基础上，强调了"媒介审判"中的民意作用。他认为大众传媒对现实生活中发生的具有广泛影响力的重大案件，在司法机关未作出相应的判决前，就对该案件进行大量报道，在报道过程中由于"义愤"的驱使，报道者会掺杂个人的主观好恶因素，从而担当起"民间审判"的角色。②

南京师范大学新闻与传播学院董晓婷则强调"媒介审判"中的道德因素，她认为"媒介审判"是一种僭越法律程序以民意、舆情为考量，对犯罪嫌疑人作出的非法道义裁决。媒介凭借自身占据的道德制高点，利用"客观事实记录者"的身份认同煽动起"群情激愤"的舆论氛围，对司法机关造成压力甚至干预行政批示，从而影响判决的公正性。③

在法学界，学者贺卫方、徐迅、陈新民等也都对"媒介审判"现象的概念进行了详细的界定。北京大学法学院贺卫方教授认为，"媒介审判"是指在案件审判前或审结前，媒体发布并未经过确认的、有显著倾向性的说法。④不少传媒热衷于对一些法院未审结的案件加以报道，在报道时丝毫不顾及使用的语言、表达的情感是否足以造成法院不得不听命于传媒的舆论环境。贺卫方教授的定义简洁，侧重点在于媒体发布了未经确认的司法信息，从而对司法审判形成干扰。当然，如果从新闻传播的角度来分析此定义，就会发现其中的不足。新闻讲究时效性，如果案件新闻信息得到确认才能发布，新闻也就变成了"旧闻"。

中央人民广播电台专职法律顾问徐迅认为，所谓"媒介审判"是指新闻媒体在诉讼过程中，为影响司法审判的结果而发表的报道和评论。这一概念包括如下要素：第一，应当是在诉讼过程中的行为。如果尚未进入司法程序，或判决已经作出，进而诉讼（审判）已经结束，则不存在媒体审判问题；第二，媒体主观上有过错，即试图影响司法审判的结果。这

---

① 王军：《新闻工作者与法律》，中国广播电视出版社2000年版，第165页。
② 冯宇飞：《从法理学的视角看"媒介审判"的负面效应》，《新闻战线》2002年第11期。
③ 董晓婷：《从公众人物报道看媒介角色错位》，《城市党报研究》2006年第5期。
④ 贺卫方：《媒体报道无权进行"审判"》，《北京日报》2003年7月23日第5版。

种主观过错可以是故意，也可以是过失；第三，媒体审判的载体主要是报道和评论。进而，读者来信、调查报告、照片、漫画及电视影像——媒体所有的传播方式都有可能表现上述主观过错。①

律师杨磊、周大刚认为"媒介审判"是指在现实生活中，新闻媒体对犯罪案件的报道，因错误报道或者在无益于知情权或新闻自由的情况下，轻易将公民的个人信息作过度采访及真名报道，因而对当事人的人格造成否定、践踏，这在事实上形成了媒介在司法程序之外对当事人作另一种裁判的结果，这种媒介的裁判对当事人的人格造成损害，并且往往与公正司法的裁判结果不符。它是对法院的审判权和当事人的公民权利的双重侵犯。②

台湾著名公法学家陈新民教授认为"媒介审判"是指媒体在报道一个尚未开始进行的司法程序，或是正在隶属之中（即在"未决"程序中）的案件时，已经利用报道、分析、评论的方式，令读者产生"先入为主"的印象，无异形成"未审先判"。③

获美国得克萨斯州立大学法学博士的台湾学者尤英夫认为："报纸审判"的意义较为广泛，即任何民事、刑事案件在普通法院审判前或审判后，由一般性或法律性报纸所刊载的消息或意见，不论其是以文字、图片、漫画及其他方式，不论其目的是在讨论、分析、攻击、侮辱与案件有关的法官、当事人及其他诉讼关系人，或案件内容及其胜负得失，凡足以影响审判者，都可称为"报纸审判"。

总之，通过以上定义，我们对于"媒介审判"现象的认知有了基本的了解。一般而言，"媒介审判"现象包含以下要素：第一，案件报道属性多数属于刑事案件，但也有一小部分涉足民事案件以及其他属性案件；第二，媒体主观上有过错，试图超越司法程序，进而影响到司法审判的结果。这种主观过错可以是故意，也可以是过失；第三，"媒介审判"现象的载体主要是报道和评论。④

恩格斯曾经说过任何定义都是微不足道的，但对于一个新生事物而

---

① 徐迅：《质疑生效判决不等于"媒体审判"》，《检察日报》2003年10月8日第7版。
② 杨磊：《"起诉媒体"——新闻法律热点问题透视》，知识产权出版社2006年版，第36页。
③ 陈新民：《司法公正与权利保障》，中国法制出版社2001年版，第176页。
④ 徐迅：《质疑生效判决不等于"媒体审判"》，《检察日报》2003年10月8日第7版。

言，精确的定义就凸显重要性。首先，确认什么是媒介。传播媒介英文名字为 meidia of communication，指的是每日和定期的刊物、电影、广播和电视的一个简明扼要的名称。每一个和所有的形式对传达信息、发表意见、左右思想和舆论都有相当大的力量。传播媒介的全部形式都要受到诽谤、煽动性言论以及对版权的侵权的责任限制的约束。① 当下，我国主要除了报纸、广播、电视、杂志四大媒体外，随着互联网的普及，以网络为依托的第四媒体横空出世，日益凸显重要性。对此，我国已经制定了《互联网信息服务管理办法》(2000 年 9 月 25 日，国务院令第 292 号公布，并于公布之日起施行)。在网络萌生阶段，网络舆论监督经常通过网站、电子邮件（E-mail）、新闻组（Newsgroup）、即时通信（IM）、电子公告板（BBS）、博客（Blog）、维客（WiKi）、播客（Podcasting）等传播途径来实现的。② 特别随着网络媒体的细分化，网络媒体的外在形式也发生了许多变化，比如新媒体的出现。对于新媒体时代的界定，学者们可谓众说纷纭，至今没有定论。一些传播学期刊上设有"新媒体"专栏，但所刊载文章的研究对象也不尽相同，有数字电视、移动电视、手机媒体、IPTV等，还有一些刊物把博客、播客等也列入新媒体专栏。那么，到底什么是新媒体？新媒体时代是相对于传统媒体而言的，是在报刊、广播、电视等传统媒体以后发展起来的新的媒体形态，是利用数字技术、网络技术、移动技术，通过互联网、无线通信网、卫星等渠道以及电脑、手机、数字电视机等终端，向用户提供信息和娱乐服务的传播形态和媒体形态。严格来说，新媒体应该称为数字化媒体。一般而言，新媒体的概念包含以下要素：(1) 新媒体建立在数字技术和网络技术的基础上。新媒体主要是以计算机信息处理技术为基础，以互联网、卫星网络、移动通信等作为运作平台的媒体形态，它包括使用有线与无线通道的传送方式，比如互联网、手机媒体、移动电视、电子报纸等，如果说传统媒体是工业社会的产物，那么新媒体就是信息社会的产物；(2) 新媒体在信息的呈现方式上是多媒体。新媒体的信息往往以声音、文字、图形、影像等复合形式呈现，具有很高的科技含量，可以进行宽媒体、跨时空的信息传播，还具有传统媒

---

① [英] 戴维·M. 沃克：《牛津法律大辞典》，北京社会与科技发展研究所组织翻译，光明日报出版社 1998 年版，第 593 页。

② 刘毅：《网络舆情研究概论》，天津人民出版社 2007 年版，第 82—88 页。

体无法比拟的互动性等特征；（3）新媒体具有全天候和全覆盖的特征。受众接收新媒体信息，大多不受时间、地点场所的制约，受众可以随时通过新媒体在电子信息覆盖的地方接收地球上任何一个角落的信息；（4）新媒体在技术、运营、产品、服务等商业模式上具有创新性。新媒体不仅是技术平台，也是媒体机构。与传统媒体相比，变化的不仅仅是新媒体技术的运用，更有商业模式的创新；（5）新媒体的边界不断变化呈现出媒介融合的趋势。因此，本文所界定的媒介是包含了传统媒体和以网络为依托的各种新媒体。

其次，确认"审判"概念。在厘清我国"媒介审判"之前，首先要考究"审判"一词的具体含义。《新华字典》（1990年版，商务印书馆）408页解释为"审问，讯问案件"。在百度百科有关"审判"词语释义中解释为审理案件并加以判决。按照法理解释，"审判"是指人民法院依法定程序对来源于人民检察院的公诉案件或者自诉人自诉的案件进行审理并判决的一项活动。审理是指审查和认定证据，讯问当事人、询问证人等，以查清案件的事实，确定案件的性质；判决是根据案件的主要事实和性质以及适用有关的法律作出处理的决定。由此可见，"审判"一词应当归属于法律专业术语。但在我国出现的"媒介审判"现象，此时的"审判"二字的含义有别于真正意义上的法律内涵，主要侧重媒体超越法律道德原则对司法案件造成的干扰。

结合以上要素，笔者认为"媒介审判"现象是指媒体在对进入司法程序中的司法案件进行案件报道时，抢先对案件进行讨论、分析、攻击、侮辱与案件有关的法官、当事人及其他诉讼关系人，甚至得出预测性结论，令受众产生"先入为主"的印象，造成直接或间接地影响司法审判的现象。这是笔者对此的看法，这个定义的内涵还可以扩充到司法案件外的其他领域。

第三节 "媒介审判"现象的别称

目前，在我国新闻传播界和法律界对"媒介审判"现象的叫法迥异，比如"媒体审判"、"新闻审判"、"舆论审判"等。鉴于称呼的不同也就造成了新闻传播学界和法律学界的许多专家有几种不同的认识和理解。

其一，有些新闻学者和专家以及法律界的学者和专家把"媒介审判"

称为"媒体审判"、"新闻审判"和"舆论审判",主要是基于魏永征在《新闻传播法教程》所给的定义和所指的语境,即"新闻报道干预、影响审判独立和公正的现象","其最主要的特征是超越司法程序抢先对案情做出判断,对涉案人员做出定性、定罪、量刑以及胜诉或败诉等结论"①。由于这些不同称呼所指的内涵差别很小,因此一般是采取混用的原则。比如魏永征在《新闻传播法教程》第二版中称"新闻审判"和"媒介审判",而在《西方传媒的法制、管理和自律》一书中称之为"媒介审判",由此可见,作者在对"媒介审判"的称呼上没有过多地介意,而是注重内涵的一致性。此外,还有西北政法学院法制新闻系主任、教授慕明春,中国传媒大学王军副教授,中国人民大学新闻与传播学院陈力丹等基本上都采用混用的原则;有些学者虽然在文章中专门提到"舆论审判"这个概念,其实在具体的概念的外延和内涵上与"媒介审判"的概念和外延还是趋于一致。比如有些学者在对"舆论审判"的定义上认为"舆论审判"是"通过舆论压力干预司法的独立性,尤其是法官审理案件的自主性,从而导致未判先果"②。

其二,有些学者和专家对于"媒介审判"、"媒体审判"、"新闻审判"概念与"舆论审判"概念之间有很大的争议。不过,对于"媒介审判"、"新闻审判"和"媒体审判"三者之间的概念认定几乎趋同,学者们争论的焦点主要围绕在"媒介审判"和"舆论审判"的关系问题上。有些学者认为学界之所以将"媒体审判"和"舆论审判"两个概念加以界分,主要是从有无把关人的角度加以考虑的。比如学者周泽则认为在互联网兴起之后,舆论的传播方式已发生了根本性的变化,舆论已可以不经过媒体把关人的审查而直接传播。这样,作为具有把关人的职业化的新闻、舆论传播与不经把关人审查的自发性的舆论传播,便有了分野。从而,以职业化的新闻报道形式体现的反映媒体人意志的"媒体审判"和非以职业化的新闻报道形式体现的反映民众意志的"舆论审判"已具有了不同的意义。③ 其实,学者周泽区分"媒体审判"和"舆论审判"的

---

① 魏永征:《新闻传播法教程》,中国人民大学出版社2001年版,第134页。
② 贾实秋:《舆论监督要力避"舆论审判"》,《郑州大学学报》(哲学社会科学版)2006年第39期。
③ 周泽:《"媒体审判"、"舆论审判"检讨》,《中国青年政治学院学报》2005年第3期。

关键点在于"媒体审判"更加强调媒体的强大威力,而"舆论审判"则更侧重于来自民意。

事实上,舆论的传播方式和互联网的兴起是否导致把关人的消失还大有讨论的余地。中国政法大学法学院王人博和北京师范大学文学院朱健认为将"舆论审判"与"媒体审判"分别加以讨论并无必要,从舆论学和传播学的视角看,二者没有根本性的差别。就舆论角度而言,他们认为舆论有着多种传播手段。在现代社会中,鉴于社会个体活动空间的有限性和知识范围的局限性,现代传媒作为专业化和组织化的社会信息采集和传播机构,担负起了为社会公众提供和解读信息的责任。某些具有重大新闻价值的社会事件发生之后,社会个体可以从传媒的报道了解到整个事件变动的信息,当社会个体就该社会事件发表意见时在很大程度上必须借助传媒才能保证自己的意见能够为社会知悉,否则便很难形成舆论。正由于此,作者认为传媒是现代社会舆论的主要表达机关,"媒体审判"即是"舆论审判"的主要表现,故将两者并列加以讨论,殊无必要;从传播学角度出发,至于将是否存在把关人当作"媒体审判"和"舆论审判"的区分标准,作者认为也大有可议之处。时至今日,将互联网称作第四媒体已经成为通行之说,既然互联网本身即是媒体之一种,那么将其他传媒与互联网硬作区分,从而在讨论"媒体审判"时再加上一个由于互联网的自由性产生的"舆论审判"就没有必要了。[①]

综上所述,对于"媒体审判"、"新闻审判"、"舆论审判",有关研究者的表述并不完全一致,而且在概念使用上,也不尽相同。不过,为了论述和研究的方便,笔者认为有必要将不同称呼进行整合和梳理,这样的话不至于出现语义上混乱的情形。结合国外媒体法的规范和当前传播媒介的发展趋势,笔者个人认为将不同称呼称之为"媒介审判"还是更好一点。一方面,在国外,有关媒介传播法已经趋于成熟,许多传播法理念和术语都已经定型。"媒介审判"的英文原意是"trail by media",从英语翻译的角度而言,翻译成"媒介审判"更好;另一方面,随着互联网技术的日益发展,媒介内涵和媒介发展的形态也在发生着天翻地覆的变化,人们接触不同媒介将是未来生活中不可缺少的一部分。因此,从各个方面考

---

① 王人博、朱健:《"舆论审判"还是"媒体审判"?——理念辨析与解决之道》,《阴山学刊》2007年第2期。

究，还是维系"媒介审判"这个称呼比较好。至于在内涵方面，本文不予过分区分，采用"混用"的原则。

第四节 "媒介审判"现象的典型特征

在我国，哪类现象算是"媒介审判"现象呢？笔者通过梳理近些年来发生的典型"媒介审判"案例，发现其中存在一些共性的典型特征。具体而言，有以下几个方面：

（一）违反司法程序抢先作出定性、定罪、定刑以及胜诉或败诉报道

有些媒体对正在侦查、起诉或审理的案件，为在新闻报道时机上占有绝对优势或者故意吸引受众眼球，违反司法程序抢先作出定性报道，或者发表带有明显倾向性的评论，导致大众对司法公正的疑虑甚至谴责。例如"蒋艳萍案"就是很好的证明，某些媒体一开始对蒋艳萍进行"轰炸式审判"：有的称蒋艳萍为"犯罪人员"；有的干脆更直接，称呼蒋艳萍为"三湘头号巨贪"、"三湘头号女魔头"等；有的媒体还以"枪毙还少了"的情绪化和煽动化式标题。面对此类现象，一些人感叹道："媒体都判了，法院还审什么？"[①] 不妨回放一下媒体是如何进行审判的：1999年8月7日，湖南省建筑工程公司原副总经理蒋艳萍被检察机关刑事拘留。8月27日，省会一家颇具影响力的媒体即以《蒋艳萍的辉煌与堕落》为题，刊发了一篇几千字的通讯，"曝光"了蒋艳萍的"权钱交易"的"堕落史"。其他媒体纷纷闻风而动。2000年4月24日，外省一家媒体推出了一篇爆炸性的题为《女巨贪为缓刑色相引诱 看守副所长落水求欢》的大特稿，蒋艳萍为求"活命"，"色相引诱"执法人员的"内幕"写得绘声绘色、引人入胜。随着庭审日期的日益临近，媒体所追踪的蒋的"犯罪情节"越来越朝纵深发展。蒋艳萍被媒体报道成"财色双收"、"肉弹轰炸"、"与40多个厅级领导有不正当的男女关系"、"贪污数额千万余元"、"三湘女巨贪"、"三湘头号女巨贪"的狰狞面目扑面而来。[②] 2001年3月20日，湖南长沙中级人民法院公开审理蒋艳萍涉嫌贪污案，与此同时，媒体也对蒋艳萍进行了"审判"，并将其定性为"巨贪"。一家南

---

① 吴湘韩：《司法：如何面对"媒体审判"》，《中国青年报》2001年3月26日第2版。
② 《"肉弹""巨贪"齐上阵蒋艳萍遭遇"媒体审判"》，新华网，2001年3月20日。

方报纸,以系列报道的形式关注着该案。3月20日刊登了《湖南最大女巨贪官蒋艳萍发迹史》;3月21日,庭审第二天,《湖南女巨贪庭审直击:蒋艳萍拒不承认犯罪事实》见报;3月24日,庭审结束后,报道了《女巨贪蒋艳萍终认罪——我本来很纯洁我现在很痛心》。冠以《湖南第一女巨贪》、《女巨贪狱中卖色相》、《湖南将公审首名厅级女贪污犯》等标题的报道便频频见诸报端。而《一定要看到女贪官的下场》、《枪毙了还少》之类的标题,似乎提前昭示了该案的最终结果。有报道称,蒋艳萍贪污数额1000万元,还有报道说蒋艳萍"艳贪千万",这与检察院《起诉书》指控的贪污数额相去甚远。检察院指控蒋艳萍涉嫌贪污罪的金额是73.4981万元。某报一篇题为《美色铺就升迁路:湖南近日审判厅级女巨贪》的文章中说,蒋艳萍是靠财色双送,得以步步高升的。"仅有初中文化的蒋艳萍原是一名工人。"可是,在《起诉书》中,检察院除指控蒋艳萍涉嫌贪污罪外,再有就是受贿罪和巨额财产来源不明罪,并未指控她涉嫌行贿。[①] 在2001年2月14日,湖南某报发表《一定要看到女贪官的下场》一文后,蒋艳萍的辩护律师在媒体上发表"律师声明":"蒋艳萍案尚未开庭审理,法院尚未对蒋艳萍作出有罪判决,该文有关蒋艳萍是贪污1000万元的'女贪官'的结论是不合法的,这不仅侵犯了当事人的人权,而且有碍司法公正。"

(二) 带有明显倾向性、渲染性、煽情性的炒作

近些年来,传媒对案件报道大量使用煽情和带有明显倾向性的言语和报道手法,以造成所谓的"轰动效应"。"媒介审判"现象的报道在事实方面往往是片面的、夸张的以至是失实的。它的语言往往是煽情式的,力图激起公众对当事人的憎恨或者同情一类的情绪。它有时会采取"炒作"的方式,即由诸多媒体联手对案件作单向度(one-dimension)的宣传,有意无意地压制了相反的意见。它的主要后果是形成一种足以影响法庭独立审判的舆论氛围,从而使审判在不同程度上失去了应有的公正性。[②] 司法案件就其性质而言,应当是一件严肃的事情,更何况涉及人命关天、是非对错的问题。由于媒体过于煽情式的报道,不但没有对司法审判带来应有的舆论监督作用,反而严重损害了司法审判的威严,起到了"麻烦制造

[①] 杨磊、周大刚:《新闻法律热点问题透视》,知识出版社2006年版,第36页。
[②] 魏永征:《新闻传播法教程》,中国人民大学出版社2001年版,第134页。

者"的作用。更有甚者，媒体的这种煽情式的倾向性报道会加速"舆论的螺旋"，激起人们对于犯罪人员的义愤，给司法审判带来干扰。魏永征教授对于媒体这种煽情式的炒作，认为"愤怒一旦介入法律，那可能就会造成一场灾难。有些国家对于一些重大刑事案件，往往会把涉案人员转移到离案发较远的地方去审判，目的就是要避免案发地民众的愤怒激情影响到审判。我们的做法则相反，媒体的一项任务就是'鼓动'，唯恐群众不愤怒。"①"张君案"就是典型。张君被媒体称为中国第一悍匪，曾纵横数省8年，犯案10余起，杀死、杀伤近50人。张君团伙在2000年9月被警方擒获，2001年4月21日，一审判处张君死刑，剥夺政治权利终身，并处没收个人全部财产。一审宣判后，李泽军等11人不服，分别提出上诉。重庆市高级人民法院、湖南省高级人民法院分别审理认为，一审判决认定的事实清楚，证据确实、充分，定罪准确，量刑适当，审判程序合法，遂分别作出终审裁定，驳回李泽军等人的上诉，维持原判。5月20日执行死刑。回顾2001年震惊全国的"重庆张君特大系列杀人案"报道，不仅"恶魔"一词频频出现，诸如题为《张君案庭审第三天：累累血案铁证如山　众律师有"口"难辩》、《张君连说三声对不起请求法庭判死刑》、《张君第二天公审："恶魔"蔫了"狐朋"急了》等的报道也是屡见不鲜。案件尚在审理中，媒体已经为张君判了死刑，大有"铁证如山"岂容翻案的架势，又如"'吃了解恨'重庆推出'张君包子'长时间的守候，只为看一眼该千刀万剐的魔头"的语句亦比比皆是。媒体不仅为张君等定了死刑，还搬出了早已废除几百年的酷刑，现代法治的"无罪推定"原则、"被告人的辩护权"、"罪刑法定"全成了一纸空文，犯了罪就只能沦为口诛笔伐的待宰羔羊。② 比如南方某新闻周刊在报道"张君案"时，用了两个整版的篇幅详细介绍了张君6个情妇的基本情况，诸如某情妇的姿色艳丽，某情妇认为张君有男子汉魄力而死心塌地追随他等。再如"药家鑫案"也是媒体炒作的典型的案例。2010年10月20日，西安音乐学院学生药家鑫开车撞伤行人后又连刺伤者数刀，致使对方死亡。此后药家鑫驾车逃逸，再次撞伤行人。2011年6月7日上午，药家鑫被执行死刑。"药家鑫案"曝光以后，新浪、搜狐、网易、腾讯等主

---

① http://www.donews.com/Content/200505/fecdf1a99665484a824a1e3acc1f73a6.shtm
② 董晓婷：《从公众人物报道看媒介角色错位》，《城市党报研究》2006年第5期。

要门户网站都开了专题报道板块,对整个案件的发展进行了全程报道,人民网、新华网、凤凰网等各大主流网站也对此案进行了连续报道;各大论坛、微博更是人声鼎沸,议论纷纷,不断有人发出新帖,各帖的回帖率也是一路飙升,一件寻常的交通肇事以及故意杀人案件顿时成了人所尽知的公共事件。当然,媒体对此案的报道无可厚非,但报道的方向已经偏离了正确的方向,最终演变为媒体的恶意炒作。从案发直至今日,媒体对于药家鑫本人和他家庭的关注已经远远超过了案件本身。我们更多的注意力被吸引在了"音乐高才生、'富二代'、'官二代'、药家鑫师妹、高晓松、父母态度冷漠、激情杀人"等等外在标签上。各路媒体的穷追猛打和众多网民的议论纷纷,"药家鑫必须死"在审判之前就甚嚣尘上。对于这一边倒的舆论压力,无疑对"药家鑫案"的审判产生了很重要的影响。

(三) 案件属性多数属于刑事案件

笔者在整理近些年来发生的典型"媒介审判"案例时,发现其一些突出的特点,就是这些案件大都属于刑事案件。刑事案件具有自己独特的特点:作案行为方式的直接侵害性、作案行为的隐蔽性与暴露性、作案行为受犯罪动机的支配性、刑案形态的复杂多样性、刑事案件形成的连续性等。而媒介在对刑事案件进行报道时,有自己独特的新闻价值判断。一般而言,媒介的新闻价值判断主要依据时兴性、重要性、显著性、接近性、趣味性等方面进行新闻事实选择,而刑事案件新闻又在时兴性、重要性、趣味性方面更为突出,这就必然决定了刑事案件成为媒介关注的对象。当然,随着我国处于转型期的特点,民事案件、行政案件等出现突发和激增现象,"媒介审判"的案件也正逐渐向除了刑事案件之外的其他案件进行靠拢的趋势。比如民事案件"二奶继承案"等。2001年,四川省泸州市纳溪区法院开审轰动全国的"二奶继承案":一名姓黄的男子将自己的全部遗产都留给情人张某而没有留给自己的结发妻子蒋某,但由于蒋某把持了所有的财产,张某将蒋某告上了法庭。由于该案巨大的新闻价值,新闻媒体全程报道了这一案件,但却一边倒地认为破坏他人家庭的张某无权继承黄某遗产。本案中强烈的道德义愤压过了司法本来应当具有的理性,法院最终作出判决,认定黄某的立遗嘱行为违反民法通则公序良俗原则,应为无效,张某不能继承黄某的遗产。比如行政案件"夹江打假案"。1995年,四川夹江县彩印厂印刷假冒商标,省技监局得知后,查封了该厂的假冒商标和厂房、设备,并予以罚款处理。夹江彩印厂不服,认为技监局没有行政处罚的权力。因据我国商标法规定，商标的注册和管理工作由国家行政工商管理部门负责。于是以其越权为由，提起行政诉讼。法院立案后舆论哗然，新闻媒体上一片原告无理的声音。结果法院判决"维持四川省技术监督局的封存通知书，驳回原告的诉讼请求"。但事后，法律界对此认为新闻单位法制观念淡薄和法律知识浅薄，对法院正在进行的行政审判提出指责，显然不妥当，是典型的舆论干预法律行为。

（三）多媒体共同关注，形成单向度"舆论螺旋"

民间有这样的说法："众口铄金，积毁销骨。"也就是说，当一个人遭受众人非议时，即使你有千言万语去争辩，也会在众人意见的高度统一下陷入囹圄境地。对于"媒介审判"现象而言，同样存在这种现象。少数媒体即使在报道新闻时发生了"媒介判案"现象，也不足以形成强大的舆论态势，难以对司法独立审判产生干扰。但是，如果多数媒体关注一个案件，单向度的舆论在媒体的"议程设置"下以极短的时间形成"舆论螺旋"，媒体一旦出现"判案"苗头，就会对司法审判带来严重的影响，也就直接造成了"媒介审判"现象的发生。比如"蒋艳萍案"，前来采访的新闻媒体多达51家，记者共计100多名，长沙电视台政法频道自始至终对该案进行现场直播。① 新语境下，新媒体丛生，这更加容易形成"舆论螺旋"的发生。

（四）对司法审判形成干扰

在我国，"媒介审判"现象的最大危害是对司法审判形成干扰。不过，这种干扰有几种情况：其一，"媒介审判"现象对司法审判形成绝对的影响，导致司法审判屈从于"媒介审判"，这种情况比较多见。以"张金柱案"为例。张金柱原为郑州市的一名警察。1997年8月24日，张金柱酒后驾车肇事致一人死亡，肇事后拖人而驶1500米又致一人重伤。1998年1月12日，郑州市中级人民法院以交通肇事罪和故意伤害罪，判处张金柱死刑，剥夺政治权利终身，并承担相应民事赔偿责任。张金柱不服判决，提起上诉。河南省高级人民法院驳回上诉，维持原判。某些媒体和栏目曾经连续报道张金柱的"丑恶面目"，张金柱在被判处死刑后，发出了"他是死在了记者手里"的哀叹。此案长期以来一直被视为"媒介审判"现象、舆论误导司法的案例而被人们一再提及。1997年10月13

---

① 马柳枚、晓懂：《法律至上，拒绝"媒体审判"》，《时代潮》2005年第20期。

日,《焦点访谈》播出了题为《逃不掉的罪责》的节目,报道了轰动一时的河南省郑州市公安局"待分配"民警张金柱酒后驾车肇事,致使受害人一死一伤的恶性案件。梁建增同志在《〈焦点访谈〉红皮书》中,详细交代了由于《焦点访谈》的报道,对检察机关审理此案的推动作用。"可以说,在整个事件的发展过程中,《焦点访谈》的公开报道无疑是这个事件的转折点:从事件发生(1997年8月24日),到经过公安机关立案(1997年8月27日),再到《焦点访谈》播出《逃不掉的罪责》之前的时间里,事件的处理过程仅仅处于立案的阶段!而当《焦点访谈》播出后不久,就出现了退卷(检察院认为公安机关部门过于敷衍)、检察院起诉(1997年10月28日)、法院调查、公开审理(1997年12月3日)、报经北京最高法院审委会讨论等等法律环节,终于作出一审判决(1998年1月12日),整个案件的审理速度明显加快,直至最终彻底解决。"据说,张金柱在看守所里看完《焦点访谈》对此事的报道后,说:"这些记者是要置我于死地呀!"《焦点访谈》平均收视率是20%,意味着全国有三亿的观众在收看这个栏目,其影响力之大,可想而知。在"张金柱案"中,央视《焦点访谈》在公安局立案而检察院尚未起诉、法院调查审理前播发了《逃不掉的罪责》节目,客观上引发了"从重从快"判决的舆论作用;① 其二,"媒介审判"现象对司法审判有一定的冲击,但并没有影响司法的最终审判结果,比如"赵湘杰案"。1998年3月4日晚,湖南省株洲金狮啤酒有限公司原工会主席赵湘杰,酒后驾驶一辆奥迪车前往某酒店。行驶途中,撞倒一人。在逃逸逆行时,将一名女职工撞出两米远,当场死亡。有人呼喊:"车撞人了!快停车!"但赵置若罔闻,仍不停车。行至新华西路钻石路口处时又驶入逆行,接连撞坏两辆出租车。赵还不停车,左转弯驶入"宏都国际大酒店"停车场。停车后,他摇摇晃晃从轿车里钻出来,走进酒店一楼的"妞妞美容美发厅"请小姐按摩。当交警来找他时,赵不耐烦地说:"喊你们局长来。""今天不论是谁来,我就是不配合。"对此,当地媒体给以曝光。随后,中央电视台《焦点访谈》记者深入调查采访,制作了《个人闯祸,公款买单》的节目。在节目中还牵出了赵湘杰1996年2月6日驾驶一辆本田雅阁的小车造成车毁人伤,

---

① 李文明:《新闻评论的电视化传播:〈焦点访谈〉解读》,四川大学出版社2003年版,第337页。

而公家承担了 30 万元损失的事情。此案迅即成为社会舆论关注的焦点，有的报道称赵为"特殊公民"、"湖南的张金柱"。1998 年 6 月 16 日，株洲市中级人民法院作出一审判决：被告人赵湘杰犯以危险方法危害公共安全罪，判处死刑，剥夺政治权利终身。有些专家还认为，本案一审之所以按危险方法危害公共安全定罪量刑，是由于媒体对案件进行了报道。这些报道对本案产生了"从重"判决的影响。由于一些媒体的新闻炒作使案情变了样。在"赵湘杰案"中，当地媒体给以曝光后，中央电视台《焦点访谈》记者深入调查采访，制作了《个人闯祸，公款买单》的节目。由于受媒体舆论的影响，一审判决被告人赵湘杰犯以危险方法危害公共安全罪，判处死刑，剥夺政治权利终身。[①] 一审宣判后，被告人赵湘杰不服，以"原审判决定性不准，量刑过重"等为由，向湖南省高级人民法院提出上诉。1999 年 8 月 31 日上午，湖南省高级人民法院在株洲公开宣判：撤销一审判决，上诉人赵湘杰犯交通肇事罪，判处有期徒刑 15 年。

[①] 庹继光、李缨：《法律传播导论》，西南交通大学出版社 2006 年版，第 106 页。

第 三 章
我国"媒介审判"现象的学术研究争议焦点

"媒介审判"现象属于舶来品,至于是中国哪个学者率先引入中国理论界,至今没有一个明确的说法。其实,这个并不重要,关键是"媒介审判"这个词的引入对中国完全是一个全新的事物。当我们还沉浸在媒体舆论监督所带来的快感的同时,有些知名的学者开始理性思考我们媒体的舆论监督制度。媒体的舆论监督功能是天生的,难道舆论监督还有正错之分吗?所有这些问题,都是随着西方传播学界的逐渐引入,我们才开始思考"媒介审判"现象的真正内涵。应当这样说,伴随着这个概念的引入,司法界和新闻传播学界的学者对此的争议之声不断,直到今天也是如此。纵观近些年来我国学者对"媒介审判"现象的研究,一般来自两个比较大的领域:新闻传播学和法学。在新闻学传播领域,理论界的代表人物包括学者魏永征、陈力丹、侯建、吴飞、周泽、慕明春等,实务界的有中央人民广播电台法律顾问徐迅;在法学领域,理论界代表人物为贺卫方、陈兴良等人,实务界的人士有四川中维律师事务所律师顾培东等。不过,随着争议话题的逐渐深入,我们媒体和司法改革正稳步实施,大部分学者还是认同中国的确存在"媒介审判"现象。笔者为梳理我国"媒介审判"现象的学术研究争议焦点,在中国知网"中国期刊全文数据库"、"中国博士学位论文全文数据库"、"中国优秀硕士学位论文全文数据库"、"中国重要会议论文全文数据库"、"中国重要报纸全文数据库"梳理了自1998年至2008年的具有代表性的研究论文及文献共计150多篇。从论文内容情况来看,我国"媒介审判"现象研究的争议焦点主要围绕以下三个方面展开:我国存在"媒介审判"现象吗?"媒介审判"现象是不是舆论监督?"媒介审判"现象对我国的司法审判有影响吗?下面就上述问题逐一进行分析。

第一节 我国存在"媒介审判"现象吗

在中国,"媒介审判"现象存在与否历来成为学术界争论的焦点议题。有些学者认为中国存在"媒介审判"现象,支持此观点的有魏永征、徐迅、陈力丹、贺卫方、侯建等;有些学者则认为中国的"媒介审判"现象是一个伪命题,人们所说的"媒介审判"实质是"行政审判",支持此观点的有周泽、唐远清、王四喜等。两种观点一直处于胶着状态,究竟孰对孰错,至今也不见分晓。不过,梳理专家学者的观点将有助于我们能更深刻地理解我国"媒介审判"现象。

支持我国存在"媒介审判"现象的观点主要基于媒体对于案件报道的失范行为,从而直接或间接影响到法院的审判结果。中央人民广播电台专职法律顾问徐迅认为我国"媒介审判"现象确实存在,并对其外在表现形式进行了归纳。他认为"媒介审判"的情形确实存在,其主要表现如:对案件作煽情式报道,刻意夸大某些事实;偏听偏信,只为一方当事人提供陈述案件事实和表达法律观点的机会;对采访素材按照既有观点加以取舍,为我所用;断章取义,甚至歪曲被采访者的原意;对审判结果胡乱猜测,影响公众判断;未经审判,报道即为案件定性,给被告人定罪;发表批评性评论,缺乏善意,无端指责,乱扣帽子,等等。上述违背法治精神的媒体审判确有升级趋势,它产生了不容忽视的负面后果,无疑已对司法公正构成一定威胁。① 魏永征教授认为我国存在"媒介审判"现象,"这首先不是理论问题,而是一个事实问题。中国的媒介在不同程度上拥有公权力的背景,媒介的报道和意见一旦影响了党委领导、人大委员和代表或者政府的首长,他们就会对司法施加实质性的影响,法官就很难抗御。这样,那种媒介凌驾司法的陈旧观念,就会有机会外化为不同形式不同程度的'媒介审判'"。②

有些人认为我国不存在"媒介审判"现象,一般是基于中国不存在"媒介审判"的土壤即严格意义上的陪审员制度。其实,这是从司法层面来考虑问题。陪审制度作为民主政治的产物,最早起源于公元前5世纪至

---

① 徐迅:《质疑生效判决不等于"媒体审判"》,《检察日报》2003年10月8日第4版。
② http://www.donews.com/Content/200505/fecdf1a99665484a824a1e3acc1f73a6.shtm

前6世纪的雅典。后渐渐分化为陪审制和参审制，是西方国家民众参与裁判制度的两种主要的基本模式。公元前6世纪，雅典著名的政治家梭伦实行改革，其中包括陪审制度，当时的陪审制度指进行"民众集体审判"，是对神氏裁判和立誓免罪的否定。现代意义上的陪审制起源于11世纪初的英国，却是在美国得到充分的发展，现今国际上最有影响的就是以美国为模型的"陪审团"（people jury system）模式：美国独立战争之前，大陪审团因在对抗英王室的统治中发挥了巨大的作用而受到尊重。独立后，人民在英国大陪审团制度的基础上加以改进，并将其写入了"权利法案"。这种模式由一定数量的"门外汉"（layman）组成的陪审团在案件的审理中负责认定事实，由中立的法官负责适用法律，二者之间有相对明确的分工。这种陪审团分两种，一种是"大陪审团"（grand juries），负责对犯罪的调查，或对执法部门关于刑案的侦查及证据加以审查，以确定是否向法院起诉；另一种称为"小陪审团"（petit juries），通常由所在社区的12个公民组成的陪审团担负审判职能，主要对刑事以及民事案件的被告人是否构成犯罪或民事侵权作出裁断，即由陪审团认定有罪或侵权成立，再由法官适用法律，作出最终的司法判决，如果裁定无罪或不构成侵权，审判便告结束。以法国为代表的大陆法系的陪审制度采取的是"参审制"。法国大革命以后，资产阶级自由、民主的趋势要求审判方式也实行民主化。1791年，法国借鉴英国经验，在宪法里确认了陪审制度。但由于法国与英国的法律制度不同，例如，法国刑法主张从严治罪，而陪审员常常因同情罪犯而对其从轻处理，这就与法国当时的刑事政策背道而驰。因此陪审团逐渐演变为"参审制"。通常由两名外行人与一名专业法官组成合议庭或所谓混合法庭来审理案件。在审理案件的过程中，外行人与专业法官享有同等的权利，并同时参与对案件事实的判断与对法律加以适用的各个环节。当今德国对各类案件也实行"参审制"。参与审判的公民称为"参审员"（Schoffe），与职业法官一起参与审判、作出裁判。与英美体制下的那种法官与陪审团之间职能的划分相比，我国的人民陪审员制度更类似于这种"参审制"。陪审制和参审制具有完全迥异的特点。陪审制的陪审团成员由普通公民组成，不具备专业的法律知识，入选也并不严格，陪审员在审前对案件没有任何偏向性意见，在诉讼过程中始终处于冷静旁观的地位，陪审员单独行使事实裁定权，法官必须尊重陪审团对案件事实的最终裁决，并据此作出法律裁决。参审制的陪审员以个人名义参与审理、裁决、不共同存在于一个统一的陪审集体，陪审员有权与职业法官共同主持庭审活动的进行，共同解决认定事实和适用法律的问题，享有与职业法官平等的表决权，由于实行参审制的大陆法系国家采用职权主义的诉讼模式，职业法官往往控制着法庭的决议。由此可见，参审制与陪审制各有利弊，但二者最显著的差异在于，英美法系陪审团制度中，陪审员在审前无偏向性，要求法庭双方在庭审中对于证据的调查和交叉询问更加彻底，以便陪审员尽量明晰其争议并予以判断，还有助于促进当事人主义庭审模式的实行。而大陆法系参审制陪审员的独立性较差，与法官结合成一个整体，共同听审、共同分析案件、共同讨论并作出裁决，虽然其制约法官的功能受到限制，但另外两个功能十分瞩目：一是树立了公众对司法的信心，因为大陆法系的法官职权主义的审判模式很难被社会所认同和甘愿服从，而吸收非职业法官从事审判，则可以提高公众对法律的信心和对判决的信赖；二是有利于防止司法腐败，因为大陆法系法官相对于英美法系的法官而言，待遇和经济保障不利，更容易产生腐败，而业外陪审员的民众性、普遍性则可以有效发挥监督性，以防止法官产生腐败。在我国，虽然也有人民陪审员制度，但并没有发挥其应有的作用。参审制与陪审制虽仅有一字之差，本质上却是截然不同的两种制度。我国参审制通常的表现形式是由两名外行人与一名专业法官组成合议庭或所谓混合法庭来审理案件。在审理案件的过程中，理论上外行人与专业法官享有同等的权利（这也意味着陪审员与法官之间职能划分的消失），并同时参与对案件事实的判断与对法律加以适用的各个环节。由于这种差异，导致了人民陪审员虽然在理论上"同法官享有同等权利"，但由于法律专业知识的限制，往往难以发挥实质性的作用。相反，他们会受到法官的左右与影响。在实践中，法官往往在庭审时安排陪审员宣读一些程序性文字材料，如有关案件当事人权利的规定等，就算陪审员参与审判活动了。至于评议的时候，陪审员一般都会举手同意法官的意见，是名副其实的"陪审"。陪审员参与审判大多流于形式，陪而不审，审而不判，成为了威严法官的陪衬，这是我们的司法制度所面临的尴尬。在这种背景下，即便媒体超越司法程序抢先对案情作出判断，对涉案人员作出定性、定罪、量刑以及胜诉或败诉等结论影响到了陪审员对相关事实的认定，也难于对司法进程的改变产生实质性的影响。所以,中国目前并不存在本原意义上的"媒介审判"现象。①

有些人认为中国的"媒介审判"是一个伪命题,人们所说的"媒介审判"实质上就是行政审判。中国人民大学新闻学院唐远清认为,中国不存在"媒介审判",所谓的"媒介审判"现象的罪魁祸首是"行政审判"。他认为,从我国现实国情看,其实问题的症结不在媒体,而在于媒体和法院之间,存在着一个不可逾越、颇有国情的环节,那就是行政权力或者说"长官意志"的干预。而正是后者,才是影响司法独立的真正原因。法官作出了违心的判决,却不可能去责怪领导,只能归咎于媒体。媒体成了行政干预司法的替罪羊。因此,在中国,并不存在什么"媒体审判",存在的是"行政审判"。"司法机关与媒体的目标其实是一致的,都是为了实现社会正义;而且媒体还可以通过舆论监督帮助司法机关摆脱行政权力对司法独立的侵犯。"②周泽教授认为"媒体审判"、"舆论审判"完全是一个伪问题,从而间接地否定了"媒介审判"现象的存在。媒体报道引致的审判不公,问题并不在于媒体报道本身,而是国家权力的配置及其运行未达到保障公正司法的要求。具体来说,就是法庭不是合格的,独立审判的权力没有保障;合格的法庭所要求的合格的法官,也没有达到要求。③中国传媒大学媒体法规政策研究中心硕士生导师王四新的观点基本上和周泽教授的观点不谋而合。他认为媒体审判是一个伪命题,也就是否定了中国存在"媒介审判"现象。"新闻媒体既不能决定司法机关是否启动司法程序,也不能改变案件的审判结果,在我们司法还很不独立的情况下,媒体更不能操控案件背后隐藏的力量,也不能排除其他因素对案件审判结果的影响。"④媒体的报道会传到某些高层领导那里,通过引起领导重视的方式来影响司法。因此,最后起决定作用也不是媒体,而是上级领导或上级机关直接领导下的司法机关。

当然,也有一些人从司法专业角度出发,认为司法人员只要具备良好的职业素养和对法律的深刻理解,就能在受到新闻舆论的影响时,正视新

---

① 王中伟:《中国语境下的"媒介审判"解读》,《声屏世界》2008 年第 9 期。
② 展江、白贵:《中国舆论监督年度报告(2003—2004)》(上),社会科学文献出版社 2004 年版,第 138 页。
③ 周泽:《司法审判与媒体报道和舆论的关系新探》,《刑事法评论》2004 年第 15 期。
④ 王四新:《从黄静案看媒体与司法的关系》,《现代传播》2007 年第 6 期。

闻舆论中的合情、合理、合法的部分，对其中有失偏颇的内容有个恰当的态度，从而将实现司法权威的主动权掌握在自己手中。媒体既非司法机关，更非法官，何谈"审判"？如果把新闻报道称之为"媒介审判"，反倒抬高了媒体的身价，哪个媒体受得此宠？无论如何都不可将传媒的作用夸大到失当的程度，使媒体同样产生"后顾之忧"，无法向社会交代。①

笔者认为，如果按照西方"媒介审判"现象发生的条件来看，我国在理论上不存在严格意义上的"媒介审判"，但现实中确实又存在事实上的"媒介审判"现象。在哲学上有"多因一果"论之说，也就是现实中存在这样的情形，一个结果的出现可能由这个原因造成，也可能由另外的原因造成。"媒介审判"在我国的出现也是如此。在我国，"媒介审判"现象的表现形式是以媒体为载体，其幕后来自于代表民意的舆论力量和来自于上级法院和其他公权机关的权力的合力在起作用，往往是舆论力量直接作用于上级法院和其他公权机关的权力，然后自上而下对司法部门施加压力和发出命令，并以此来影响或干扰司法的进程。在中国出现的"媒介审判"现象用一个美国学者提出的论断：中国的"媒介审判"现象基本模式是媒介影响领导，领导影响法院，很有见地。

第二节 "媒介审判"现象是舆论监督吗

说起媒体的舆论监督功能，还是从中国众多学者认为中国最经典的"媒介审判"案例"张金柱案"②说起吧。1997年8月25日，刚刚创办三年的河南媒体《大河文化报》（即现在的《大河报》）在倒头条的位置刊登了一条新闻：昨晚郑州发生一起恶性交通事故（引题）白色皇冠拖着被撞伤者狂逃，众出租车司机怀着满腔义愤猛追（主标题）。消息大意为：晚9时40分许，夜幕下的郑州市街头发生了一起令人发指的恶性交通肇事案。一辆牌号为豫A54010的皇冠2.0白色轿车，撞倒了各自骑车的苏东海、苏磊父子。11岁的苏磊被当场撞飞，将皇冠车的挡风玻璃撞了一个破碎的大窝；他的父亲苏东海以及两辆自行车则被卡在汽车左侧的前后轮之间，逃跑的汽车拖着苏东海狂驰几百米远。义愤之下，发现此情

---

① 王建国：《新闻法制理论研究》，吉林大学出版社2007年版，第308页。
② http://news.163.com/special/0001253K/decade02061228.html

的行人、出租车等一起对皇冠车围追堵截，终于将其逼停。送院后，内脏破碎、颅内严重受创的小苏磊死亡。苏东海被皇冠车拖拉得几乎体无完肤，从头到脚，伤痕深深。头发被鲜血浸透，右臂皮肤被摩擦殆尽。近凌晨1时，记者在事故处理部门被告知，肇事车司机已经接受讯问。这就是后来轰动一时的"张金柱案"的第一篇报道。8月的郑州，依然热浪滚滚。这一年年初，2月19日晚，改革开放的总设计师邓小平逝世；5个月后的7月1日，中国从英国人手里收回了香港。大事频发的1997年，发生于中原地带的一起恶性交通肇事逃逸案本不会成为全国舆论的一个焦点。然而，经过媒体报道后，事情的时程进入了另一个轨迹。《大河报》是国内首先对此事进行报道的媒体，8月26日，它接着报道了郑州市民对此事的强烈反应，但没有点出肇事者的姓名，只说"此人身份待核实"。27日，肇事者张金柱被刑拘的消息登上了《大河报》的显著位置。此人曾任郑州市公安局二七分局局长、郑州市高新技术产业开发区公安分局政委。直至次年2月份，《大河报》对张金柱案进行了全程跟踪报道。得知撞人、拖人的竟然是一个公安人员、还曾经是位领导，群众情绪更加激愤。《大河报》前副总编辑马云龙回忆说，舆情的愤怒并不是单冲着张金柱的，当时正值全国范围内群众对公安的情绪都很大的时期，张金柱肇事逃逸成了点燃舆情的导火索。《大河报》的报道迅速被全国媒体转载。不久，在知识分子中具有深刻影响力的《南方周末》对此事进行报道，随后，中央电视台《焦点访谈》也播出对此案的调查。"张金柱案"从中原进向全国，成为全国人民愤怒情绪的发泄点。正如张金柱的律师所说，张金柱已经超过了交通肇事案被告人的身份，变成了公安队伍中违法乱纪的典型代表和公安队伍中反面人物的化身。正是在全民声讨的强大舆论中，张金柱案走向法庭。当年12月3日，郑州市中院公开审理此案，郑州市民奔走相告，法庭外支起了音箱"直播"庭审过程，大量市民聚集收听。1998年1月12日，张金柱以交通肇事罪和故意伤害罪被判处死刑。张不服提起上诉，河南省高院维持原判。1998年2月26日，张金柱被执行死刑。之后数年，"张金柱"成为驾车肇事逃逸者的代名词。当时，很多郑州人都说这个案件最公平，大快人心，《大河报》也因此案件的报道为全国都市报媒体树立了批评报道的标杆。很多传播学家都称此案件是媒体舆论监督的典范。但是，这起案件的当事人张金柱在临死前说"我是被记者杀死的"，至今余波犹在。2002年，一家出版社出版了《第一种危险——张金柱恶性交通肇事案真相调查》一书，被认为是为张金柱翻案之作，作者在肯定了舆论监督的强大力量之后质疑：倘若新闻本身出了问题怎么办？此书在业界引起很多人的争议。对此，《大河报》主编马云龙回想"张金柱案"的报道，依然觉得整个过程并没有明显的纰漏。"我们很克制，始终不以新闻报道代替司法审判。"马云龙认为这种质疑毫无理由，他认为，中国舆论监督刚刚开始，还远远不是讨论"新闻杀人"的时候，中国人更需要的是话语空间。但事实的情况是，据有关资料显示，1998年1月12日，张金柱一审被判死刑。当天下午，马云龙即写就一份内参，认为张金柱"罪不容赦"，但"罪不当诛"，送往河南省高院等司法及权力高层。1月14日，新华社河南分社也发了相同立意的内参。1998年2月16日，河南省高院维持了一审判决。10天后，张金柱被执行死刑。这个案件给我们的启示很多，其实争议的焦点在于媒体正常的舆论监督难道是"媒体审判"现象吗？由于该问题在学界和业界争议很大，有必要针对这个问题进行以下文献梳理。

媒体具有舆论监督功能，这是毋庸置疑的事实。我国《宪法》第35条明文规定："中华人民共和国公民有言论、出版、集会、结社、游行、示威的自由。"这条法律赋予我国公民言论自由、自由表达的权利；我国《宪法》第27条规定："一切国家机关和国家工作人员必须依靠人民的支持，必须保持同人民的密切联系，倾听人民的意见和建议，接受人民的监督。"这条法律使得民众的监督权和知情权有了更为坚实的法律基础；我国《宪法》第41条规定："中华人民共和国公民对于任何国家机关和国家工作人员，有提出批评和建议的权利。"这条法律即是新闻舆论监督权的根源。2004年"两会"期间，温家宝总理以"知屋漏者在宇下，知政失者在草野"这句古赋，来表达对媒体问责的支持，对舆论监督权利的肯定。中央在2004年颁布了《党内监督条例》，将舆论监督作为制度确立下来。

有些人把"媒介审判"等同于"舆论监督"。这种观点一般存在于对"媒介审判"现象的认同。武汉大学新闻与传播学院的刘太阳针对魏永征教授《"媒体审判"有悖法制精神》一文，撰写了《媒体舆论监督有悖法制精神吗？——与魏永征教授商榷》，就是明显的例子。学者刘太阳把魏永征所说的"媒体审判"替换为"媒体舆论监督"，行文中也多次出现这样的情况，其他为"媒介审判"说话的文章中存在同样的问题，那就是把"媒介审判"混同于媒介监督。

有些人之所以把舆论监督和"媒介审判"混为一谈,是担心削弱媒介的舆论监督功能。他们认为如果把舆论监督演变为"媒体审判",斥为"新闻炒作",如果不是为了理论上的创新,就是出于对舆论监督的畏惧和仇视。有些人把舆论监督看成"媒体审判",是在观念上不肯承认人民群众的知情权和新闻媒体的舆论监督权,越是地方上重大、老百姓关注的问题,越是要捂得严严实实,唯恐被公众知道一点点内幕,影响他们对信息的"独占权"和翻手为云、覆手为雨的话语权。在他们心目中,不是出现问题、发生案件造成社会上不稳定,不是因为问题不及时处理会引起群众不满,损害党和政府的形象,损害司法公正,而是归咎于新闻媒体的正常的舆论监督。这种人掩耳盗铃,认为不论发生多大的事,只要媒体不报道,就不会影响他们的"正面形象",如果媒体穷追不舍,上级领导重视,有关部门真的就迅速而又严格地依法办事,就会牵出他们的责任,危及他们的官位。说穿了,这些人对舆论监督的畏惧,是来自对法律的恐惧。①

实际上,笔者认为媒介舆论监督和"媒介审判"现象既有联系也有区别。媒介舆论监督和"媒介审判"现象的联系在于:其一,两者存在共同点,"媒介审判"现象属于舆论监督的范畴。但是,从表面现象来看,媒介监督司法是媒体的职责所在,因此"媒介审判"很容易被看作舆论监督。但从实质内核去考量,"媒介审判"现象的发生在很大程度上是媒介监督在司法领域滥用的结果。媒介有权对司法行使监督功能,对司法领域的案件依照相关规定进行新闻报道,就像报道其他任何领域一样,无可厚非。但是,当媒介的报道"超越司法程序抢先对案件作出判断,对涉案人员作出定性、定罪、定刑以及胜诉或败诉等结论"时则构成了"媒介审判"现象,应当予以制止。其二,从两者终极目标来看,两者都为实现社会的公平与正义,只不过"媒介审判"现象这种正义与公平是狭隘的。"媒体审判"现象的发生有时并非媒体本愿,从表象上看似乎为报道对象的受害方伸张了正义,但与此同时,对另外的当事人也造成了事实上的不公平。也就是说新闻媒体在对刑事案件的报道中,忽视了客观报道的理念,往往过于为受害方伸张正义而忽视了另外一方的权利,毕竟这

---

① 于为民:《舆论监督与新闻法治》,河南大学出版社 2005 年版,第 326 页。

些人也有正常的法律权利。

其实，两者之间也存在很大的差别。首先，两者的概念不同。舆论监督是指借助于新闻媒介的传播优势，以公开的方式反映公众对某一种社会现象、某个社会事件或社会问题所形成的比较一致的意见，实际上它是代表公众的以至对社会现实作出强有力的主动回应，因而在实施对社会监督方面具有很强的影响力和权威性。[①] 而"媒介审判"现象则指新闻媒介舆论监督的一种异化，超越司法程序，抢先对涉案人员作出定性、定罪、定刑以及胜诉或败诉等结论；其次，两者的外延不同。"媒介审判"现象大部分局限于新闻媒介对司法领域的监督范畴，而媒介舆论监督则是更全面，除了法律内规定的许可范围外的方方面面；最后，两者产生的社会效果不同。"媒介审判"现象本身而言是一种越权行为，其先于司法部门对案件作出的定性判断对司法审判带来一系列不良的后果，其行为本身构成了对法院审判权和犯罪嫌疑人公民权的双重侵犯；而媒介舆论监督是媒介自身所具有的一项职能，它所达到的社会效果是良性的，有利于达到针砭时弊、除恶扬善、弘扬社会公平正义的功效。

第三节 "媒介审判"现象损害司法独立吗

"媒介审判"现象是否损害司法独立的问题，也是我国一批学者争论的焦点之一。

一些学者包括魏永征、徐迅、贺卫方等都在一些论文中提到了"媒介审判"现象对司法独立的影响。魏永征教授认为在法治日益走向健全的条件下，"媒介审判"现象是违反法律的行为，这种意图影响到司法的宣传方式，违反了法律关于司法独立的规定。他认为传播学和舆论学的研究早就证明了舆论环境对于人们心理、思想和行为的巨大影响，这种影响有时是难以抗拒的，历史上由于舆论压力或影响而导致的错案屡见不鲜。何况，我国的新闻媒介都由党政部门主办，媒介的意见非常容易被理解为代表了某些党政部门的意见，很容易导致权力干预司法。如果媒介抢先在审判之前说三道四下结论，即使说得完全正确，后来审判结果与之基本相同，那么这仍然是对审判程序的违反和破坏，客观上给人显示的是媒介比

---

① 何梓华：《新闻理论教程》，高等教育出版社2004年版，第178页。

司法更管用，司法跟在媒介后面下判决，降低了司法的权威性，有可能为其他对司法的外来非法干预打开方便之门。①

另一些学者认为"媒介审判"不影响到司法独立。学者周泽认为"媒介审判"作为自发性评价，其本身是以公平正义为追求的，这与作为制度性评价的司法审判追求的目标并无二致。同样是由具体的人作出的评价，司法审判并不一定就比"媒介审判"更公正。而且，司法公正与否只是人们根据一定的标准对司法审判行为及其结果的一个评价，而并不等于司法审判行为本身。因此，"媒介审判"干预、影响审判公正根本无从谈起。如果说"媒体审判"、"舆论审判"可能干预、影响审判独立和公正，如何又能保证对"媒体审判"、"舆论审判"的批判不干预、影响审判的独立和公正呢？所以作者认为司法审判中存在的问题只能从司法权力的配置和运行中来得到解决，把责任归咎于"媒体审判"、"舆论审判"，试图通过抑制舆论和媒体报道的方式来得到司法公正，是徒劳的实践和有害的想法。②

笔者认为，"媒介审判"现象肯定对司法独立造成一定损害，这也是不争的事实。一方面，媒体代替法院审判，这在很大程度上给司法审判带来干扰，有损司法独立的原则；另一方面，媒体对诉讼当事人抢先定罪，并进行人身攻击和侮辱，这本身对司法公正造成损害，大大降低了法院的威信。关于此，后面有专门论述。

---

① 魏永征：《新闻传播法教程》，中国人民大学出版社2006年版，第134—135页。
② 周泽：《司法审判与媒体报道和舆论的关系新探》，《刑事法评论》2004年第15期。

第四章
我国"媒介审判"现象的历史流变

"媒介审判"这个名词传入中国本来就已经很晚了,而且当它发生的时候,我们对此还一无所知。不妨让我们回到曾经的朦胧岁月吧,认识和检讨一下我们曾经的无知。本章在充分调查文献的基础上,以"时间"为经度、以"媒体功能"为纬度进行立体性扫描,以期更深度地了解我国"媒介审判"现象的历史流变过程。

第一节 媒体本位功能缺失时期

自新中国成立到我国改革开放以前,媒体主要作为党的宣传工具,其传播方式基本上以"说教"和"灌输"为主。过多地强调媒体的宣传作用消弱了媒体的本位功能,即媒体以传播信息为主。在过去相当长的一段时期,一些政府官员和司法部门将媒体当作自己的传声筒,纯粹将媒体看作自己管理的工具,往往给媒体行政指令,先由报纸定性和预演,然后司法介入审判的做法更是成了惯例。媒体在这样长期的思维范式下,难免出现代替司法进行审判的现象。这种现象在我国"反右扩大化"和"文革"时期表现最为突出。当时的情形是新闻媒介已经演变为阶级斗争工具和专政工具的工具,新闻媒介可以凌驾于司法之上,直接宣布他人罪名,实行"专政"。"新闻审判"可谓登峰造极。[1] 媒体特别是以新华社为代表的中央级媒体以社论的方式,来营造"不杀"或"不判"不足以平民愤的舆论攻势的情况,许多案件最后的结果都依赖于中央级媒体确定的基调,案件的走向和涉案当事人的命运也多由媒体决定。[2] 在此期间,有可能存在"媒介审判"现象的就是1955年"胡风反革命集团"冤案和1979年发生

---

[1] 魏永征:《新闻传播法教程》,中国人民大学出版社2006年版,第134—135页。
[2] 王四新:《从黄静案看媒体与司法的关系》,《现代传播》2007年第6期。

的"渤海二号沉船事件"。

案例一:"胡风反革命集团案"

事件回放:胡风反革命集团案是20世纪50年代在中国大陆发生的一场从文艺争论到政治审判的事件,因主要人物胡风而得名。由于胡风的文艺理论被认为偏离毛泽东红色文艺理论,胡风及其支持者与周扬等人的文艺争论被升级为政治批判。随着事件的发展,中共高层介入文艺争论并给予胡风"反革命"的政治定性,胡风等人也因此遭到审判。政治定性后的整个批判运动波及甚广,共清查了2100多人,逮捕92人,隔离62人,停职反省73人,到1956年,共正式认定78人为"胡风分子",其中骨干23人。该事件与此后中国大陆发生的历次文艺批判运动息息相关,成为中华人民共和国成立后一场文艺界的大规模政治整肃和清洗运动。1980年中共中央决定为"胡风反革命集团"案平反,1988年6月18日中国共产党中央委员会办公厅发出(1988)16号文件,"胡风反革命集团"案得到官方彻底平反。

案例分析:"胡风反革命集团"冤案是由最初的文艺思想的批判转化为对敌斗争的政治运动。媒体在这次事件中,扮演了它不该扮演的角色,出现了代替司法而"先行审判"的现象。当时报纸以"关于胡风反革命集团的材料"为标题公布了胡风和他朋友之间的通信摘编,判定胡风和其他有关人员都是反革命分子,然后才对他们实行逮捕,而对他们的正式判决则是在10年以后。比如从1955年5月18日到6月8日的20天中,《人民日报》每天在第三版用2/5以上甚至全版的篇幅,有时还扩印两张共计12版的篇幅刊登表态声讨的文章、读者来信和漫画,版面上安置《提高警惕揭露胡风》的大标题。第三批材料公布后,连续一个月类似报道约占15个版面,版面大标题改为《坚决彻底粉碎胡风反革命集团》。同时大量宣传书籍甚至政治漫画开始在全国范围涌现,宣传机器在全国开动。《人民日报》的专栏标题,先是《提高警惕,揭露胡风》,后改为《揭露和谴责胡风反革命集团的罪行》,进而改为《坚决彻底粉碎胡风反革命集团》,最后改为《坚决肃清胡风集团的一切暗藏的反革命分子》。笔者查阅《人民日报》以前的新闻,发现一些文章标题带有严重的"审判"色彩,比如有:《这是个革命同反革命的斗争》、《不是作家,是阴谋家》、《胡风是最阴险的阶级敌人》、《胡风——反革命的灰色蛇》、《披着人皮的豺狼》、《胡风,你的主子是谁?》、《胡风是蒋介石的忠臣肖子》、《胡风是人民的死敌》、《我们决不能容忍》、《讨伐胡风》、《严惩胡风》等。

案例二:"渤海二号沉船事件"

事件回放:"渤海二号"钻井船是 1973 年从国外引进的一艘自升式钻井平台,由沉垫、平台、桩脚三部分组成,为大型特殊非机动船,用于海洋石油钻井作业。迁往新井位时,应卸载,使全船负有可变载荷减到最少,下降平台,提升沉垫,使沉垫与平台贴紧,排除沉垫压载舱内的压载水,起锚,各桩脚安放楔块固定,最后由拖船拖航。1979 年 11 月 25 日,石油部海洋石油勘探局"渤海二号"钻井船在渤海湾迁移井位拖航作业途中翻沉,遇难 72 人,直接经济损失达 3700 多万元。这是天津市、石油系统自新中国成立以来最重大的死亡事故,也是世界海洋石油勘探历史上少见的。

案例分析:"渤海二号"翻沉后,社会议论兴盛。议论较多的是:"世界上那么先进的设备,咱中国人会不会用?既然没有把握用好,就不要去浪费国家有限的外汇和人民的血汗钱嘛!"为了从技术上弄清"渤海二号"翻沉真相,全国人大常委会做出决定,打捞"渤海二号"沉船,委托有关权威部门进行模拟试验,组织有关专家在青岛现场进行分析。到 1980 年 7 月下旬,中央经慎重考虑,决定将"渤海二号"沉船事件交中纪委处理。当时新闻界仍有人主张为稳妥起见,还是等提出处理方案后再报道。但是有几家媒体没有这样办。作为负责任的新闻人,他们早已在酝酿如何在合适的时机、以合适的方式披露此事,所以"一得到党中央批准可以报道的消息",新华社、《人民日报》、《工人日报》、《光明日报》等就各显神通,不约而同地加入到这场报道的大合唱中。① 1980 年 7 月,新华总社与《人民日报》记者合作,写出披露"渤海二号"沉船事件的第一篇公开报道。22 日《人民日报》发表时题为《石油部海洋石油勘探局忽视安全工作违章指挥蛮干造成"渤海二号"钻井船翻沉重大事故》。7 月 22 日,《工人日报》在一版头条刊出消息稿《"渤海二号"钻井船在拖航中翻沉》,同时配发长篇新闻分析文章《"渤海二号"钻井船翻沉事故说明了什么》,首次将这起重大责任事故的真相和石油部主要领导的错

---

① 胡甫臣:《事故报道的新要求》,《新闻战线》1980 年第 11 期。

误态度与做法公布于众。那篇新闻分析一经发表，就被《人民日报》等多家报纸转载。"渤海二号"事故成为轰动一时的大新闻，在全国引起了强烈反响。随后的一个多月里，《工人日报》又连续发了6篇评论员文章，同时还发表有关消息、通讯20余篇。他们又对这一重大新闻进行了连续报道，引起广大读者的关注。① 经过媒体的干预和如实报道，"渤海二号"沉船事故相关负责人受到应有的处理。有些学者反思媒体参与此事件的报道，突破了传统的经济报道和事故报道的模式，开启了深度报道或者调查性报道之先河，当然亦可谓新时期报纸批评或者今天通常所说的舆论监督之滥觞。笔者也赞同此意见，但问题是媒体对此案件在调查结果还未明朗化之前进行倾向性的报道，也的确存在"媒介审判"之嫌。其实，好在当时社会形势正在逐步转变；从中央到地方，从政府到媒体，思想也在日益解放。层层阻力正在被冲破，尽管这个过程颇为不易，但毕竟在朝好的方向推进，这也使得新问题可能出现新答案。②

总之，在媒体本位功能缺失时期，这类案例存在很大争议，笔者首先声明是从纯粹学术层面来研究，不涉及其他层面，权且抛砖引玉，适当进行反思已经足够了。由于本书研究的重点在于社会转型中我国出现的"媒介审判"现象，所以这一时期的"媒介审判"现象暂不在考虑范围之内。

第二节　传统媒体舆论监督繁荣时期

随着我国改革开放以来，媒体的本位意识开始觉醒，"党报本位"的媒体步入信息化、市场化时代，开始向新闻本位回归，及时报道信息成了媒体生存的法宝。由于我国处于由计划经济转向市场经济的转型初期，我们的法制建设还不健全，有法不依、执法不力的情况大量存在，传统媒体舆论监督功能便凸显出来。从1980年开始，媒体揭露"农业学大寨"的虚假性，报道"渤海二号"钻井船沉没事件、双城堡火车站野蛮装卸事件、大兴安岭火灾等，原来被视为"禁区"的报道领域被一个又一个地突破了。据统计，1983年至1985年间，各媒体报道的有关官僚主义和干

---

① 刘宪阁：《渤海二号沉船事故报道之台前幕后》，《新闻记者》2012年第8期。
② 叶剑韵：《新问题和新答案》，《新闻战线》1980年第11期。

部犯罪案件共476件，形成了舆论监督的强大声势。

之后，中国媒介开始掀起舆论监督的高潮。在报纸方面，以都市报为群体的舆论监督力量开始闪现。1995年8月1日，《大河报》创刊。自"张金柱案"及其给社会造成深远影响后，《大河报》就把批评报道作为一个重要的品类来经营，批评报道前后相继，造成一波未平一波又起的态势。1995年1月，《华西都市报》创刊，并迅速从四川盆地报林中飙出，将报业真正推向市场，由此引发了"都市报现象"及中国传媒变革的第二次浪潮，而批评报道一直是《华西都市报》的策划重点。之后，都市报纷纷涌现。在报道内容上，都市报自觉地把大众的知情权、参与权和监督权摆在重要位置，批评报道不约而同成为各都市报的重头戏。此时，在各机关报及晚报，批评报道、舆论监督已锋芒毕露，到了都市报，有强大的市场及读者推动，舆论监督更成为新闻工作者的一种自觉。都市报的"搅局"，推倒了原来四平八稳的报业市场"多米诺"骨牌，机关报、晚报、都市报及其他媒体开始争夺市场，舆论监督成了最为锐利的武器之一。依靠成功的揭露性报道，《财经》在证券市场迅速走红；《南方周末》也迅速崛起，成为中国第一周报。

1994年4月1日，中央电视台大型时事评论节目《焦点访谈》的出现，标志着传统媒体舆论监督进入了一个新的高峰。中央电视台《焦点访谈》栏目当时的宣传语是"以深度报道为主、以舆论监督见长。"到1998年，《焦点访谈》舆论监督内容占到47%。《焦点访谈》一直被视为中国舆论监督的"晴雨表"。各地方电视台也出现了众多克隆《焦点访谈》的栏目。正由于媒介舆论监督的特点和强大威力，我国的领导阶层历来对此高度重视，《焦点访谈》曾经得到三任总理的题词和赠言：1997年李鹏总理题词："《焦点访谈》，表扬先进，批评落后，伸张正义。"1998年朱镕基总理赠言："舆论监督，群众喉舌，政府镜鉴，改革尖兵。"2003年温家宝总理赠言："与祖国同在，与人民同行，与世界同步，与时代同进。"2002年11月8日，中共十六大在京开幕。中共中央总书记江泽民在报告中特别提出：要发挥舆论监督的作用。而《中国共产党党内监督条例（试行）》，也把"舆论监督"列为党内监督的一种正式形式。舆论监督同样写进《政府工作报告》。2003年的《政府工作报告》中明确提出，"增强政府工作透明度，支持人民群众和新闻媒体对政府工作进行监督"。2004年的《政府工作报告》中说，只有人民监督政府，政府才不会懈怠。……要接受新闻舆论和社会公众监督。正是在这样的氛围中，2003年4月25日，《南方都市报》率先报道了《被收容者孙志刚之死》，随后《北京青年报》及其他媒体的跟进，使本来行将湮没于城市喧嚣中的一位公民之死凸显于世相面前，此事的报道不仅使一批相关责任人受到惩罚，更直接导致实施了近20年的《收容遣送条例》的废止。中国人从此有了在自己土地上流浪的自由。2004年3月到4月，阜阳市电视台和上海《东方早报》先后报道阜阳劣质奶粉事件，随后，中央电视台、《新民周刊》等中央、地方媒体纷纷跟进，就此掀起震惊全国的"阜阳奶粉风波"。媒体把"一个真正来自民间的草根力量的声音"放大到整个天下。2004年5月8日，《新京报》发表《湖南嘉禾县拆迁引发一对姐妹同日离婚》一文，揭开了嘉禾株连式拆迁事件的盖子。多家媒体的跟进多角度地呈现了此次拆迁事件，结果书记、县长被撤。这一事件将"权力性暴力"呈现于政府及中央面前，成为遍及全国的城市化热潮中滥用公权的一个标本。2004年8月间的一期《瞭望》《新闻周刊》报道指出，无论是在近期的"审计风暴"中，还是在江苏"铁本"违法违规占用土地案、湖南嘉禾强行拆迁案的公开报道中，中央新闻媒体的监督力度之大，导向之鲜明，行动之果敢，都给世人留下了深刻印象。将中央的规定及后续动作与中央媒体的具体行动两相参照，则中央注重发挥舆论监督作用的用心和决心表露无遗。

在传统媒介繁荣时期，"媒介审判"现象呈现快速上升趋势。《焦点访谈》节目创办之时，适逢我国"二五"普法工作正进入关键性的后半阶段，很自然，节目关注的主要议题涉及我国的社会主义法制建设。当然，司法不公、司法腐败凸现，这是广大群众反映最强烈的主要问题。"在《焦点访谈》收到的观众来信当中，数量最多的是反映司法的'不公正'。"[①] 据统计数字显示，《焦点访谈》节目自开播至2002年4月1日所播出的涉及法律的节目几乎占到播出节目总量的1/3。[②] 而涉及法律议题的节目中，聚焦司法制度和关注重要的涉嫌犯罪的大案要案的节目成为重点关注的议题。但是，随着《焦点访谈》舆论监督知名度的逐渐加大，

---

① 李文明：《新闻评论的电视化传播：〈焦点访谈〉解读》，四川大学出版社2003年版，第187页。

② 同上书，第41页。

《焦点访谈》与司法存在的博弈现象时常发生。比如《焦点访谈》对于"夹江打假案"、"张金柱案"、"赵湘杰案"等的报道，引起了司法界的担忧。在民间，曾经有围绕"记者比法官哪个管用"现象展开讨论，并由此引发一些学者和专家开始理性地反思《焦点访谈》在舆论监督中出现的一些问题。1999年2月28日北京大学法律系教授朱苏力在《中国合作新报》发表文章，阐明自己的观点。他认为："新闻媒介应该恪守'不在其位不谋其政'的原则，从目前来看，《焦点访谈》已经在某些方面逾越了自身权限，侵犯到司法权和个人隐私权。在操作中制造为民请命的形象，谋求宣传效应，乃至在事实上造成超越司法的后果，由此引发的负面效应在短期内看不出来，但可能是灾难性的。"① 与此同时，北京大学司法研究中心副主任贺卫方教授认为，《焦点访谈》的舆论监督带有一定的官方背景。在当今的中国，这种通过调动官方压力来迫使地方官员就范的做法具有语境化的合理性。然而，我们还应该看到，这种以官方压力为前提的新闻舆论监督本身具有的某些负面效果，例如它似乎有一种无须论证的正当性，被监督者常常难有抗拒这种压力的可能性。它给出的社会现象经常是非黑即白的，而较少地揭示问题的复杂性。它偶尔会越俎代庖，对某些问题自行给出解决方案，而无视某些机构决策过程的专业化要求。此后，《焦点访谈》节目组认真吸收了来自外界的意见，开始注重节目的客观问题，尽量用事实说话。《焦点访谈》总制片人在接受记者专访时说："我们要求一个角色，就是说记者就是记者，你的任务就是报道，不要当法官。即不能居高临下审讯式地提出一些问题，同时也不能对一些存在争议的事情或是是非不明的事实贸然下结论。一句话，就是不能当裁判、不能当法官。"②

《焦点访谈》的舆论监督力量及其深刻的社会影响力带动了其他媒体的跟风效应，舆论监督呈现一派生机。据统计数字显示，由于《焦点访谈》的示范效应，21世纪初，全国省级以上电视台共开办热点引导和舆论监督方面的栏目（节目）160余个，31家省级党报都设有焦点类栏目，形成了名副其实的"舆论监督热"。③ 与此同时，我国的一些专业性很强

---

① 袁正明、梁建增：《聚焦焦点访谈》，中国大百科全书出版社1999年版，第173页。
② 同上书，第366页。
③ 李文明：《新闻评论的电视化传播：〈焦点访谈〉解读》，四川大学出版社2003年版，第406页。

的法制节目和专栏开始骤增，法制新闻开始闪现舆论监督的强大力量。就电视而言，电视法制类节目已成为荧屏上的一大亮点，各家电视台的法制类节目如雨后春笋般亮相荧屏。据调查，经国家广电总局批准开办的电视法制频道共有9套，全国广播电视法制栏目超过200个。① 法制类栏目收视效果虽好，但不可否认的是，有些法制节目出现了一些亟待解决的问题，比如"媒介审判"现象。在我国，最常见的法制节目形态往往采取主持人和嘉宾的形式，讨论的议题大都是最新的议题，而且基本上都是群众关心的重要的刑事案件。有些刑事案件可能正处于立案或者审判阶段，有些媒体对此案件比较关注，便主动邀请嘉宾对法制案件进行评头论足，甚至出现"预判"案件结果的现象。

总体而言，在这一时期，媒体舆论监督功能由以前的缺位到繁荣呈现勃发态势，舆论监督如脱缰的野马走入非理性的轨道，媒体舆论监督成了解决社会弊端的利器，"媒介审判"现象也就应运而生。回顾这一段时期，"媒介审判"现象案例还是很多。1995年发生的"夹江打假案"引起了新闻传播界和法律界学者的广泛关注，并成为学术争论的焦点。1997年8月24日发生的"张金柱案"因张金柱在临刑前说"记者害了他"的话而备受关注，迅速成为我国"媒介审判"现象的经典案例。此后又发生了"蒋艳萍案"、"张二江案"、"张君案"、"尹冬桂案"等。下面就典型案例进行回放和分析。

案例一："夹江打假案"

事件回放：1995年7月，四川省技术监督局接到群众举报，查封了夹江县彩印厂的一批假冒商标以及厂房设备，并处以罚款，同时宣布对该厂厂长万建华作出行政处罚决定。但是，根据我国商标法的规定，商标的注册和管理工作应该由国家工商行政管理部门负责。据此，本来是造假企业的夹江彩印厂以省技术监督局越权为由，向当地法院提起行政诉讼，把打假者四川省技术监督局告上了法庭。法院按照相关法律就此行政诉讼立案后，引起多家传媒的关注。相关报道众口一词，激愤难平，把矛头对准了法院和原告夹江彩印厂。新闻界认为，制假者根本没有权利状告打假者，此事是"恶人先告状"。得悉情况的部分四川省人大代表出于义愤，

---

① 张晓禾：《广电总局要对法制节目"消毒"》，《华商报》2006年11月18日第8版。

向四川省人大提出了质疑，要求四川省高级人民法院作出解释。这项提案很快获得通过。1995年12月7日，《焦点访谈》以《打假者走向被告席》为题报道了这件事情。1996年4月9日，法院向社会公布了此案的判决结果："维持四川省技术监督局的封存通知，驳回原告的诉讼请求。"本来在法律上有理的夹江彩印厂败诉。

案例分析：这场官司是典型的由传媒主导的道德审判。① 在媒体对"夹江打假案"的报道中，许多媒体在《焦点访谈》进行报道后，纷纷跟进，形成了一边倒的舆论态势。许多媒体的新闻标题诸如《恶人先告状》、《制假者是过街老鼠，谁都该打》、《打假者怎能有错》、《制假者状告打假者，咄咄怪事》等，舆论焦点指向了"制假者"。在一些电视镜头里，我们可以看到人大代表们义愤填膺、言辞激烈，他们的发言博得在场群众的阵阵掌声，而夹江县人民法院院长都灰溜溜地坐在一边，满脸的尴尬和无奈，几次开口都被代表们的严厉质问打断。法学家梁治平评论道："这是一场一边倒的道德审判，原告方是人大代表，被告席上坐着法官，全国人民都是观众，媒体则是执掌权柄的裁判者。我说这是一场审判，不仅是因为法官在那里的角色恰似被告，而且因为它对当时正在进行的四起相关的审判产生了直接影响。我说这是一场道德审判，是因为它直接诉诸普通人的道德情感和是非判断，即制假该打，打假无罪，而把法律上应该考虑的复杂问题统统置于不顾。我说这场审判一边倒，是因为它完全不给'被告方'任何辩护的机会。这些，正是道德审判的特点。然而，这又是一场技艺高超的审判，裁判者隐身于镜头之后，不动声色，不露痕迹，似乎人们看到的一切记录都是客观记录，是通常所说的'纪实'，这一点，也只有媒体做得得心应手。"②

反思该案，制假造假，在常人看来，实在令人痛恨。如果制假者状告打假者，这于情于理都不合常理，更容易激起公愤。新闻界对此事进行曝光，给制假者以猛烈打击，这似乎是媒体发挥正常的舆论监督作用，并替民伸张正义。而事情的真相是打假者四川省技术监督局的行为是越权执法，这是不争的事实。媒体实际上把一个依法进行的事情大加鞭挞，"某些新闻舆论非理性化的传播虽然客观上形成了对假冒伪劣'老鼠过街，

---

① 曾文经：《传媒的魔力》，时事出版社2001年版，第260—261页。
② 胡黎明：《"焦点想象"研究》，新华出版社2004年版，第294页。

人人喊打'的局面，同时也在鼓励行政机关放弃依法打假，并造成社会对行政诉讼制度的怀疑情绪"。①

中央人民广播电台的徐迅认为："此案的新闻价值在于，行政机关因执法而被行政权力相对人告上法庭，'打假'遭受了暂时的阻力。此案的法律价值在于，这是行政机关之间权力交叉、分工不明，尤其是相关法律、法规不够协调等潜在的矛盾的一次曝光。二者当中，哪个更触及本质，更具宏观价值，更能发挥舆论监督的作用，不言而喻。"② 传媒对于该案的监督虽然寻求的是社会正义和公平，但它体现为道德立场的实质正义。"传媒秉持的是道德话语立场，它更倾向于形成建立在感情性判断基础上的道德结论，而司法公正所坚守的技术性、理性化、程序化的运作方式，使它有可能与道德形成断裂与冲突，甚至在一些时候违背实质正义。这是民主社会为司法公正必须付出的代价，要求司法公正所有的时候都必须符合实质正义，只是一种善良的愿望而非实际所能。"③

案例二："张金柱案"

在中国新闻史上，书写最多的估计是发生在河南的"张金柱案"，直到今天，"张金柱"仍然是驾车撞人逃逸者的代名词，该案则成了所谓"舆论杀人"的典型。

事件回放：1997年8月24日晚9时左右，河南省郑州市金水区经一路路口的人们目睹了惊心动魄的一幕：一辆逆行的轿车撞上两辆自行车，其中一位骑车的少年被撞出好几米远倒在路边，另一位骑车人和自行车被裹在车下拖着狂奔，自行车与地面摩擦发出一片片火花，满街的行人都惊呼起来。两位警察、行人、三辆出租车在义愤之下，几乎一起加速对小轿车围追堵截，小轿车最后被一位武警战士强行拦下。而这时轿车后面已留下一条长达1500米的血路。骑车人被拉出后，几乎体无完肤，多根肋骨骨折，左耳外轮脱落，双脚后跟白骨绽出……8月25日，当地《大河报》率先报道了这一惊人血案。此后，接连报道了市民的强烈反应，但没有点

---

① 徐迅：《法庭新闻的价值取向——兼议"夹江打假案"报道之得失》，《现代传播》1998年第7期，第77—80页。

② 同上。

③ 王文：《论传媒监督与司法公正》，《新闻知识》2000年第6期，第21—22页。

出肇事者的姓名，只说"此人身份待核实"。8月27日，肇事者被刑拘后，身份才被披露：张金柱，曾任郑州市公安局二七分局局长、郑州市高新技术产业开发区公安分局政委。此后的一个半月，有关报道都是："此案正在审理之中。"郑州市中级人民法院开庭审理此案。1998年1月12日，郑州中院公开宣判：张金柱犯故意伤害罪，判处死刑，剥夺政治权利终身；犯交通肇事罪，判处有期徒刑三年；决定执行死刑，剥夺政治权利终身。同时赔付共计9.5万元的各种赔偿。张金柱不服一审判决，上诉至河南省高级人民法院。河南高院审理后认为，张金柱拖拉苏东海逃逸途中，有9位目击者的证言在卷证实，证据确实、充分，足以认定。张金柱身为民警，酒后违章驾车肇事，致一人死亡。为逃避罪责，又不顾另一被害人死活，在汽车拖卡着被害人的情况下驾车逃逸，将被害人苏东海拖拉1500米，致其重伤，造成严重残疾。直至在众多车辆追撵、堵截的情况下，才被迫停车。可见其主观上是明知的，意识是清楚的。其行为已分别构成故意伤害罪和交通肇事罪，且手段特别残忍，社会影响极坏，认罪态度不好，应依法从重处罚。原判定罪准确，量刑适当，审判程序合法，裁定驳回上诉，维持原判。1998年2月26日，张金柱被执行死刑。

案件分析：此案虽发生于十几年前，但至今仍被众多学者当作"新闻审判"和"媒介杀人"的例证，认为交通肇事罪不可能判死刑，是舆论影响了司法独立，造成了司法不公。张金柱临刑前也哀叹："我死在你们记者手中。"连张金柱的律师也说，在全国新闻传媒的催化下，在众口一词的喊杀声中，为张金柱所作的辩解显得那么纤弱无力。张金柱已经超过了交通肇事案被告人的身份，成了公安队伍中违法乱纪的典型代表，成了激发人们各种社会化情绪的触点。

8月25日，当地《大河报》率先报道了这一惊人血案。马云龙时任《大河文化报》的副总编辑，负责主持该报的新闻采编，张金柱案的新闻报道就是他主持、跟进的。接到市民对于该案的举报后，马云龙在第一时间派记者赶往事发现场，之后就有了这篇报道（详情见附注）。但当时马云龙并不知道肇事司机是谁。一次在复旦大学演讲，他讲述了当年的一个细节。记者江华赶往事故现场后，看到了一个怪现象，交警来到肇事车前，向车主敬了一个礼，说："哎哟，张局长，是你啊！"然后，交警将肇事车开进了交警大院，并锁上了大门，将记者拒之于门外。8月26日，马云龙终于知道了，原来"张局长"就是张金柱。对于张金柱，马云龙并不陌生。在此前的 1995 年，张金柱曾因为对中央电视台一起监督报道采访过程进行阻挠，负有领导责任而被免去开发区公安分局政委职务。这一次，"舆论监督"的剑再次砍到张金柱的头上。10 月 13 日，《焦点访谈》披露了这一血案，激起全社会的公愤，社会上要求判张金柱死刑，媒体也大肆渲染"不杀张金柱不足以平民愤"。在强大的舆论压力下，10 月 16 日，河南省公安厅厅长王民义表态：张金柱恶性汽车肇事案是近几年我省罕见的民警违法违纪犯罪案件，令人发指，天理国法难容！10 月 17 日下午，郑州市公安局公布了对张金柱开除党籍、开除公职、取消警衔的决定。张金柱案从中原走向全国，激起了全国人民的公愤，报社和法院不断接到市民的电话，要求判处张金柱死刑。

"不杀不足以平民愤"的声音占据了上风，很快滑向了不可预知的方向。马云龙回忆说，被激怒的民意，又激起了更大范围的不满和发泄，张金柱被视为公安队伍中违法乱纪的典型代表，成为公安队伍中反面人物的化身，已经超出了其交通肇事案被告人的身份。于是，在法院审理期间，出现了壮观的场面：市民奔走相告，法庭外支起了音箱"直播"庭审，近万名市民聚集收听。1998 年 1 月 12 日，郑州市中院以交通肇事罪和故意伤害罪，一审判处张金柱死刑。这个判决令马云龙吃惊。庭审中检方认为，张金柱不仅构成交通肇事罪，而且构成故意伤害罪。理由是张金柱撞人后还能驾车回到顺行道上，并在围追堵截的情况下驶过一座桥、一个十字路口、三个丁字路口，能在障碍物前主动停车，在被打了一耳光后说，"犯了法也不应该挨打"，所有这些都表明：他是有清醒意识的，应当知道车底下拖着人。原告代理人称，张金柱具有 33 年驾龄，车底盘很低，车下拖拉着人和自行车，说一点不知道显属狡辩，为逃逸放任损害后果（苏东海重伤）的发生，是典型的间接故意犯罪。张金柱辩解道，开车前饮酒，开车后酒劲发作，加之多日在医院护理父亲很疲劳，血压升高，心脏病突发，一瞬间眼前一片漆黑，在神志不清的状态下造成交通肇事，不存在故意伤害的情况。法院请教了有关心脏病、高血压方面的专家。专家认为，张金柱肇事后拖着苏东海逃逸时，根本没有心脏病发作迹象，其高血压属于二期，不存在脏器病变并影响功能的可能，也不可能出现意识障碍。马云龙旁听了整个庭审过程。《刑法》有关交通肇事的法条规定，交通肇事致死人命后逃逸，最高判处七年徒刑。按照交通肇事和逃逸来说，张金柱判刑的最长时间是七年。但新《刑法》中另外一条法令是，故意伤害致死人命情节恶劣，最高可判处死刑。控方依照"张金柱具有33年驾龄，车底盘很低，车下拖拉着人和自行车，说一点不知道显属狡辩"，认为张金柱是故意伤害。马云龙并不同意这个观点，认为这是一种推理，当时车窗紧闭，张金柱在醉酒状态，能不能听到和感觉到，只有张金柱自己知道。而关于张金柱到底是否醉酒，案发时的交警并没有进行酒精测试。马云龙上午听完判决，下午就以个人名义写了一份内参，对法院的死刑判决提出了质疑。这份内参第二天就紧急发了出去，发给了中央政法委、最高法院、最高检察院乃至省里的各级相关机构。1998年1月13日，新华社河南分社也发了内参，题目叫作《张金柱罪不容赦、罪不当诛》，也对这个死刑判决提出了疑问。1998年2月16日，河南省高院驳回张金柱的上诉，仍维持死刑判决。十天后，张金柱被押赴刑场，执行死刑。据当时的媒体报道，临刑前，张金柱哀叹道："我是栽在了记者的手上。"这句话是真是假，现在已无从考证。但它却因此引发了一系列的思考。

2002年，张金柱被执行死刑四年之后，一本名为《第一种危险》的报告文学出版。这本书被认为是替张金柱翻案的代表作，作者在肯定了舆论监督的强大力量之后质疑：倘若新闻本身出了问题怎么办？"你说是新闻杀人，我说你知不知道第一个反对死刑的人是我？"马云龙表示自己的不满，他认为该书的观点不够客观。记者采访了张金柱家的所有人，但是没有采访当事的另一方——报道方。马云龙说，当年在对张案的审判进行报道时，他们恪守了在定性量刑上决不说三道四的原则，张金柱真正的死因不在于"新闻杀人"，而在于当时的非法治状态。他认为，实践证明，舆论监督推动了中国的改革开放和民主法治的进程。有些专家认为张金柱犯交通肇事罪，这是肯定的。按照刑法，此罪即使有"因逃逸致人死亡"的加重后果，也只是在七年以上有期徒刑内处罚。但这里的"因逃逸致人死亡"，指的是消极逃逸，即肇事后肇事者不及时救人，而是逃离现场，致使被害人因抢救不及时而死亡。而张金柱的情况显然不是这样：肇事（致一人死亡）后，为逃避罪责，又不顾另一被害人死活，在汽车拖卡着被害人的情况下驾车逃跑，致其重伤，造成严重残疾，情节不可谓不恶劣，结果不可谓不严重，这种积极的逃逸行为，本身又构成了故意伤害罪。而依据刑法的规定，故意伤害"致人死亡或者以特别残忍手段致人重伤造成严重残疾的，处十年以上有期徒刑、无期徒刑或者死刑"。法院判张金柱死刑，是在法律规定的量刑幅度内作出的。虽有些偏重，但也情有可原：依据张金柱犯罪情节之恶劣、社会影响之严重、拒不认罪之态度，难道不应该从重惩处吗？案子如何判，终究是司法的事。法学博士许永志在谈到张金柱案时说道：公众的愤怒仅仅是情绪的发泄而已，公众愤怒未必引发相应的司法宣判。他进一步阐述，法院能否进行合法判决，责任不在于记者写了什么样的文字，而在于法院自身。记者从来都没有权力命令法院怎么判。问题的关键在于法院能否抵抗干扰，法院有权力、更有责任按照法律的程序判案。刑法学专家阮齐林教授认为，交通肇事有两种情况历来是按故意杀人、故意伤害罪论处的：(1) 为杀人灭口，又故意将伤者撞死的；(2) 明知被害人被拖挂在车下，为逃逸而不顾被害人生死，将被害人拖挂致伤残、死亡的。张金柱案就是一个典型。张金柱被判死刑后，许多人惊呼张金柱罪不该死，是舆论引发的民愤影响了审判独立，甚至有人专门出书为他鸣冤。虽然直到现在，法学界对张金柱是否应该判死刑还有争论，但对一个案件如何量刑甚至如何定罪有不同看法，都是正常的，这也说明法治环境的宽松、法学界的活跃。而在没有新证据的情况下，对生效判决提出质疑，则不是一个法律至上国家的表现。诚然，某些传媒的某些言辞确属失当，应以此为鉴，但说舆论影响了司法独立，并借此否定舆论的监督，是严重的认识错误。截至目前，影响中国司法公正的致命性因素，不是舆论监督，而是各种权力的不当干预。而舆论监督表面上是监督司法，其实是监督各种权力防止其不当干预司法。（材料源自《人民法院报》）

附注：
对话《大河报》原副总编辑马云龙

张金柱案发时，马云龙的职务是《大河文化报》（1997年10月更名为《大河报》）副总编辑，直接分管采业务。

自1997年8月24日晚上张金柱醉酒驾车、肇事逃逸，到被押赴刑场执行死刑，马云龙指挥记者，对此案进行了4个月的连续报道。张金柱臭名远扬，《大河报》也因此名动全国。

今年8月，65岁的马云龙在家中接受了记者的专访，对于张金柱案，记忆仍没有随时间的流逝而消退，他说："可以说，我们对张案的调查，比警察、法官都要细。"

"新闻杀人"简直是胡说八道

记：张金柱案一直被视为"舆论杀人"的典型？

马：这几年我发现，好多大学新闻系里都把张金柱案作为反面的案例，作为新闻干预法律、"新闻杀人"的案例，这简直是胡说八道。

在中国还没有新闻法的情况下，舆论监督都没有法律保障，就妄说新闻杀人，这让我憋了很多年的气，我认为这是欲加之罪。

记：在有关张案的报道中，《大河报》遵循了怎样的报道尺度和原则？

马：在整个张金柱案报道中，《大河报》不仅没有"过"，而且是极端小心，但确实有的媒体出现了我不同意地方。8月25日，《大河报》发了第一篇文章。大约一个星期后，河南的其他媒体才跟进报道。但有一份报纸第一篇报道的调子就定得很高，发了一篇评论，就是《不杀不足以平民愤》。在整个的报道中，我当时跟记者讲了三个原则：（1）事实部分以法庭认定的证据为基础；（2）量刑问题，媒体不要随便说；（3）只就车祸来说事，不涉及张本人的其他事情。《大河报》的报道始终遵循着这三条纪律。

白衣人神秘，只能怪社会环境

记：有媒体称，当时张金柱的车上有一个"神秘的白衣人"？

马：这是当时拦截张金柱的八个人中的一个说的，案发时车上副驾驶位置上坐着一个白衣人。我也是很重视这个证据。据那个人第一次证词说，白衣人出事后下车走了。但第二次出庭时，他又翻供，说"没有看清楚"，随后拒绝一切媒体采访。到底有没有这样一个白衣人？直到张金柱被枪决，白衣人也没有出现。这不能不说是本案很大的一个遗憾。有人说，白衣人是一名高官，"不愿出庭作证"。《南方周末》还曾刊文，"神秘的白衣人哪去了？"，但此事最终没有任何结果。

记：不了了之？

马：11年来，这件事情始终是我的一块心病。张金柱撞人后拖行1500米，张当时的状态如何，白衣人应该最清楚。白衣人的证词对本案有着至关重要的作用。当时为了证实这个人，我做了很细致的调查。他们为什么喝酒，几个人喝，喝酒都是谁，喝的什么酒，喝酒的地点距案发地有多远，而这个人很可能就是其中的一个，但相关机构自始至终都没有对此进行取证。白衣人的证词，是本案最关键的证据，也是最大的谜团。现在想想，只能怪当时的社会环境吧。

"我认为是权力左右了判决"

记：张金柱案在当时为什么激起那么大的民意反应？

马：20世纪八九十年代，公检法干部违法犯罪，未经最后处理，不得直接报道，这是一个禁区。张金柱案的意义在于突破了这个禁区，因此在全国引起了很大的轰动。当时警察在百姓心目中的形象不高。张金柱判死刑的背景就在这儿。当时，中央正在进行警风警纪大整顿，河南也采取了相应的措施。张金柱案正好撞到了枪口上，甚至引起了国家最高领导层的重视。

记：张金柱有一句话经常被引用，"我是栽在了记者的手上"，您认同这种说法吗？

马：我不认同。在当时大环境下，我认为是权力左右了判决。张金柱被判处了死刑，应是法制不健全所造就的遗憾，但绝不是新闻杀人。外界只知道我们是张案的第一个报道者，却不知道我是判处张死刑的第一个反对者。那天中午听完法院判决，我下午就开始写内参。我认为法院认定张故意伤人，是一种推理，由此所导致的死刑判决，也是有问题的，应该找到所有的证人。新闻工作者在忠于新闻职责的同时，法治精神同样不能缺失，媒体也要有自己的社会责任。

"反映了中国新闻事业的进步"

记：您认为媒体具有什么样的社会责任？

马：还是我讲的那三条：证据上充分尊重法律认定的；决不要搞媒体审判，决不要在判决前说三道四，事后可以质疑，但应永远摒弃"不杀不足以平民愤"的论调；不要将个人好恶掺杂进来。这些在当前和今后的报道工作中依然很重要。媒体在进行敏感题材的报道时，应避免误导民意。

记：您怎样评价张金柱案的历史地位？

马：张金柱案与后来的孙志刚案、瓮安事件等，有一种内在的联系，实际上反映了中国新闻事业的不断进步，媒体以一种独立报道的姿态，开始关注民生，监督公权力。这是一种良性的发展，我们已经挤开了一条门缝，但仍然站在十字路口。（以上材料摘自《潇湘晨报》）

案例三："张二江案"

事件回放：张二江，山东寿光人，1954年1月出生，1970年参加工作，1982年毕业于武汉某大学后进入省冶金局任团委书记，先后在有关部门任职，1996年被提任十堰市市委常委、丹江口市市委书记；1996年调任天门市市委书记；2001年接受省纪委调查；2001年底省检察院以涉嫌受贿罪对其进行立案侦查；10天后，张被逮捕；2002年春，张二江被提起公诉。2002年，湖北"五毒书记"张二江贪污受贿事发。而他又因为与108个女人（包括妓女）发生过性关系的事实轰动中国。不过，2002年7月23日—25日，湖北省汉江中院公审张二江时，只涉及了受贿、贪污"两毒"。被告人张二江利用丹江口市长、市委书记和天门市委书记的职务之便，先后收受贿赂合计人民币772188元、4300美元，并为他人谋取利益。从涉案的数额上讲张二江虽然只是小巫，但就人们已知的"性贿赂"和色情腐败方面的事实看，张二江却成了近年中国官场腐败官员的头号"状元"。

案例分析：在"张二江案"还没有宣判之前，各路媒体就已经用了"五毒书记，拒不认罪"等字样进行报道。《长江日报》2002年7月22日刊发《湖北"五毒书记"案：张二江贪财猎色彻底腐烂》，《北京青年报》2002年7月23日刊发《"五毒书记"张二江今日受审和107个女人有染》，《广州日报》2002年7月24日刊发《"吹牛工程"，铺就升官路》，《人民日报·华东新闻》2002年7月26日刊发《"五毒书记"受审居然有人抱以"同情"》，《北京青年报》2002年7月27日刊发《张二江只被指控"两毒"公审为何不涉及"吹嫖赌"？》，《湖北日报》代表当地党报发出了最强烈的"声音"，连续发表了张二江案的"警示"系列一、二、三：《弄权必毁灭》、《权钱苟合自掘坟墓》、《淫必生祸》。网络媒体对此的报道达到更加疯狂的程度。以东方网新闻频道"'五毒书记'张二江受审"专题为例，该专题总共汇集了49篇新闻报道，除去发表在2002年9月7日一审判决后的3篇报道外，其余46篇涵盖了从张二江被双规、被起诉一直到接受公审期间的相关报道。其中消息12篇，评论、述评13篇，调查性报道、人物专访16篇，纪实3篇，其他方面2篇。这种非正常的舆论监督有可能异化为特殊的政治权力、法律权力，进行越位采访，甚至导致媒体进行司法越位审判现象的出现，可以说是记者没有把握自己的社会角色的典型证明。关于这一点中国人民大学陈力丹教授分析为"中国媒体在党政机关一部分即政府部门转型过程中没有找准自己的社会角色定位，媒体的权利开始与党政的权利混淆"。张二江的辩护人之一，武汉大学的李希慧教授在接受记者采访时说，从法律上讲，被告人在没有被判刑之前应该享有正常公民的所有权利，他的合法权益包括他的隐私权、名誉权都应该受到保护。作为张二江的辩护人之一，我接手了张二江的案子并做了大量调查取证，第一个突出的感觉就是张二江的案子远没有媒体报道得那么严重，这说明媒体在对张案的报道过程中，有夸大事实的倾向存在。张二江的另一位辩护人——湖北潜江市法律顾问、江汉律师事务所主任高汉生律师，也对媒体任意侵犯犯罪嫌疑人合法权益的倾向有同感。他在接受记者采访时说，按照公诉机关的指控和我们掌握的证据，张二江案只是一起非常普通的刑事案件。目前我作为张二江辩护人的压力不是来自案件本身，而是来自媒体的渲染和炒作。高律师说，甩开外在的因素，我们估计张二江的刑期应该在5年以下。但是现在我们几乎没法预测案件的结果，因为"媒体审判"已经给案件审理套上了一个无形的枷锁。媒体在对湖北公审张二江的报道中大量使用"张二江大言不惭地说"、"声嘶力竭地说"、"装腔作势"、"惯用伎俩是闪烁其词、避重就轻"、"呆若木鸡，双腿吓得直发颤"、"声嘶力竭"、"咆哮公堂"、"负隅顽抗"、"竭尽诡辩之能事，但仍然掩盖不住丑态百出"等等语言。

第三节　网络媒体舆论监督凸显时期

1994年4月20日，中国籍互联网相连的64K网络信道开通，标志着中国正式加入互联网大家庭。互联网时代，网络在社会生活中起着越来越重要的作用，其开放性及强大的互动性吸引汇聚了无数网友，真正实现了麦克卢汉的名言"处处是中心，无处是边缘"，即在网络面前，每个人都可以第一时间将身边的事情发布到网络中。2003年中国大地发生的"非典"事件让网络媒体的价值凸显，其网络舆论监督功能在这一年发挥到了极致，尤其对于诸如"孙志刚案"、"黄静案"、"孙大午案"、"李思怡案"等一系列案件都起到了很好的舆论监督作用，因此有人称2003年是中国网络舆论年，是中国公民的维权年。在网络萌生阶段，网络舆论监督经常通过网站、电子邮件（E-mail）、新闻组（Newsgroup）、即时通信（IM）、电子公告板（BBS）、博客（Blog）、维客（WiKi）、播客（Podcasting）等传播途径来实现。① 特别随着网络媒体的细分化，网络媒体的外

---

① 刘毅：《网络舆情研究概论》，天津人民出版社2007年版，第82—88页。

在形式也发生了许多变化，比如微博、微信的出现。最早也是最著名的微博是美国 Twitter。2006 年 3 月，博客技术先驱 blogger 创始人埃文·威廉姆斯（Evan Williams）创建的新兴公司 Obvious 推出了大微博服务。在最初阶段，这项服务只是用于向好友的手机发送文本信息。2009 年 7 月中旬开始，国内大批老牌微博产品（饭否、腾讯滔滔等）停止运营，一些新产品开始进入人们的视野，像开放的叽歪，6 月份开放的 Follow5，7 月份开放的 9911，8 月份开放的新浪微博，其中 Follow5 在 2009 年 7 月 19 日孙楠大连演唱会上的亮相，是国内第一次将微博引入大型演艺活动，与 Twitter 当年的发展颇有几分神似。2009 年 8 月中国门户网站新浪推出"新浪微博"内测版，成为门户网站中第一家提供微博服务的门户网站，微博正式进入中文上网主流人群视野。随着微博在网民中的日益火热，在微博中诞生的各种网络热词也迅速走红网络，微博效应正在逐渐形成。截至 2013 年上半年，新浪微博注册用户达到 5.36 亿，2012 年第三季度腾讯微博注册用户达到 5.07 亿，微博成为中国网民上网的主要活动之一。2012 年 1 月，据中国互联网络信息中心（CNNIC）报告显示，截至 2011 年 12 月底，我国微博用户数达到 2.5 亿，较上一年底增长了 296.0%，网民使用率为 48.7%。微博用一年时间发展成为近一半中国网民使用的重要互联网应用。截至 2013 年 6 月，中国微博用户规模达到 3.31 亿，97% 以上的中央政府部门、100% 的省级政府和 98% 以上的地市级政府部门开通了政府门户网站，政务微博认证账号超过 24 万个。仅微博每天发布和转发的信息就超过 2 亿条。微信（WeChat）是腾讯公司于 2011 年 1 月 21 日推出的一个为智能终端提供即时通信服务的免费应用程序，微信支持跨通信运营商、跨操作系统平台通过网络快速发送免费（需消耗少量网络流量）语音短信、视频、图片和文字，同时，也可以使用通过共享流媒体内容的资料和基于位置的社交插件"摇一摇"、"漂流瓶"、"朋友圈"、"公众平台"、"语音记事本"等服务插件。微信提供公众平台、朋友圈、消息推送等功能，用户可以通过"摇一摇"、"搜索号码"、"附近的人"、扫二维码等方式添加好友和关注公众平台，同时通过微信将内容分享给好友以及将用户看到的精彩内容分享到微信朋友圈。截至 2013 年 11 月注册用户量已经突破 6 亿，是亚洲地区最大用户群体的移动即时通信软件。2014 年 9 月 13 日，为了给更多的用户提供微信支付电商平台，微信服务号申请微信支付功能将不再收取 2 万元保证金，开店门槛将降低。2015

年春节期间,微信将联合各类商家推出春节"摇红包"活动,将送出金额超过5亿的现金红包。

当下,随着以微博、微信等新生网络媒介的崛起,网络舆论呈现碎片化和同质化现象。一方面,网络时代赋予普通人话语权,言论更加自由,每一个普通人都可以通过微博、微信、博客、论坛等发表自己的观点和看法。这些言论发布平台让每一个人都成为"自媒体",可以对社会事件进行点评,无须考虑言论是否得当,这就为民众的情绪和态度提供了一个理想的表达渠道,形成了形式多样的网络舆情信息。另一方面,在网络舆情信息交流过程中,由于网络舆论具有自由性、交互性、隐匿性、非理性、个性化、发帖随意性、真实性差等特质,网络言论的匿名性让网民畅所欲言,同时也让他们可以把平时不敢说的话在网络中表达出来,在言论发表时缺乏冷静理性地思考,使网民个体的舆情表达容易发生变化甚至扭曲。中国人民大学舆论研究所所长喻国明认为,由于人人都可以参与新闻的传播,不可能人人都具有职业道德,也难保证每个人都受过新闻专业的严格训练,他们所传递的信息很难说是真正的新闻还是无知之见,互联网中把关人权利的削弱使那些非理性"情绪化"的言论得到传播的机会就会大大增多[①]。网络虽说是一个自由、公开的表达自己见解的平台,也有自己的经济利益追求。网络民意大多是网民个体意见的表达,尽管有时候会形成一种或者数种比较相近的集体性意见,但与通常所说的具有普遍性的"民意"应该并不完全相同。作为网络民意主体的网民,也普遍缺乏了解案件事实的条件和正确运用法律的能力。大多数网民通常是"跟着感觉走",凭个人感觉来对案件做主观解释和评价。尤其是,在案件判决结果公布之前,案件事实扑朔迷离,很难判断,这是一个司法问题,即使是对有丰富的学识和经验的陪审团来说,都绝非易事,在此情形下,社会大众根据断章取义的新闻媒体曝光的一些情节,或者单看某一方当事人的陈述,就武断做出判断,显然不足以使大家信服。正由于此,网络舆论一旦涉及重大司法案件时,其舆论监督更容易"变异"和"扭曲",从而造成"媒介审判"现象。比如2010年10月16日发生的河北大学车祸案,由于肇事者一句"我爸是李刚"的言论而迅速在网络上传播开来,随后,正是由于网络的匿名性,一系列毫无事实根据的网友"爆料"接踵而至,

---

① 蔡骐:《当网络暴力步入现实生活之后》,《信息网络安全》2007年第11期。

所谓的"人肉搜索"让肇事者父子的隐私也被一"挖"再"挖",案发后不久,肇事者李启铭本人以及与女友的私生活照便在网上被公布出来。网友甚至还用歌曲、漫画等形式恶意丑化李刚父子的形象并在网上广泛传播。这种饱含浓重泄愤心理的行为纯粹是以取乐为目的,导致舆论不再针对该事件本身,而是转向对当事人进行赤裸裸的人身攻击。沉默的螺旋效应最终导致网络舆论发生错位和偏移,无形的舆论压力严重影响了司法公正。再如2012年,一条题为"网曝安徽'官二代'横行霸道,恋爱不成将少女毁容"的微博迅速引爆网络。该微博称父母均为政府官员的17岁"官二代"陶汝坤因求爱不成,竟向少女泼洒硫酸,导致少女毁容。新闻一经爆出,网络上一片"罪不容诛",对凶手"严惩不贷"的愤怒声音,仅在新浪微博搜索该事件就有75个,808条相关微博,大部分微博内容均为要求严惩凶手,严办"官二代",给受害人一个说法。这样的爆炸式的情绪宣泄和激愤的网络舆论对司法量刑形成了很大的压力。

与传统的"媒介审判"现象相比,网络信息传播的全民参与性使网络"媒介审判"现象衍生出一些新的表征。(1)信息来源多样化。与传统媒体不同,网络媒体参与主体为网民,传播方式也突破了传统的单一线性模式,在一些网络事件案发之初,传统媒体甚至门户网站都对此进行了不同程度的报道,网民的热情却是丝毫不能掩盖的,如"李天一案"持续了将近四个月,只要有与此案有关的丝毫风吹草动,很快就会盘踞微博热点排行榜,成为舆情分析的一个重要范本。(2)受众能动性强。由网络媒体为主阵地的"媒介审判"是以民意推动相关事件的进程的,网民以"集体狂欢"的形式来对抗司法不公,这在我国当下,是一个很常见的现象。传播行为不再是流传于20世纪30年代美国的"魔弹论",大众媒体的广泛报道会给受众注入一种"强大的效果",受众也已不是媒体的"靶子",多元社会的环境使得受众对媒体和社会的众多现象有了自己的观点和见解,不再继续强势依附于媒体,公民的民主意识与权利意识日渐增强。(3)娱乐化倾向。这一点在"李天一案件"、"李刚案件"中得到了明显的体现。一方面,由于李天一本身所携带的"光环"、社会地位,由这种身份造成的明星化倾向、全球蔓延的消费文化这样一个大环境导致了新闻的泛娱乐化倾向越来越严重,受众对于李天一的案件关注程度明显高于其他类似案件,如"苏楠案件";另一方面,娱乐化还体现在网络评论、微博语言在用词上更多了一层调侃、戏谑和不屑一顾,这种形式的评论或者总结在社交媒体时代还未到来之前是不存在的,这与目前"娱乐至死"、"网民的狂欢"的这样一个大环境相契合。(4)猎奇性强。网民追求好奇的心理在网络时代得到了更充分的体现。"人肉搜索"、"贴标签"、"污名化"一些含有不文明的言论在很大程度上是通过网络媒体表达出来的,这些言论在一定程度上对当事人造成了一定的语言暴力和攻击,这同时也是网络媒体的弊端。

笔者在整理这一时期的案例时发现两种情况:其一,2003年之前,传统媒体对司法案件进行议程设置,网络媒体会纷纷跟进,进而引发"媒介审判"现象,如"刘涌案"。虽然如今网络的力量在社会生活的方方面面得到体现,网络舆论的威力也已从多个社会公共事件中展现得"淋漓尽致",但我们不可忽视的是,强大网络舆论背后离不开传统媒体的影响。网民对于社会事件的看法,很大程度上是由传统媒体通过"议程设置"等手段"塑造"的。在自媒体时代,利用网络这一介质传统媒体的言论在最大限度上得到了传播,媒体非理性的言论会在极大程度上影响到网民的判断;而受到媒体言论影响的网民则利用各种社交媒介、网站跟帖将自己的对于某一公共事件的非理性看法以声讨、谩骂的形式进行传播。这些海量的声讨与谩骂如同洪水猛兽一般,形成了强大的舆论压力,严重影响了司法机关的独立审判。其二,2003年之后,网络媒体独立对司法案件进行议程设置,传统媒体会及时跟进。传统媒体由于自律意识和把关意识等因素的影响,对于重大案件的报道由于害怕陷入是非争端而不敢发声,网络媒体自然成了舆论监督的先锋军。等到网络媒体舆论的力量积聚到一定程度,传统媒体会及时跟进,造成舆论旋涡,最终引发"媒介审判"现象。比如"宝马案"、"李天一案"等。不过,从目前现状来看,由传统媒体与网络媒体联合起来所产生的舆论监督力量更容易导致"媒介审判"现象。最典型的莫过于"邓玉娇案"。报纸是最先对该案件进行报道的媒介。地方性报纸《长江商报》、《楚天都市报》、《恩施晚报》于2009年5月12日及时对案件进行了报道,但凭借地方性报纸的报道,事件并没有受到广泛的关注,事件受到重视还是在网络上出现之后。报纸成为网络舆情产生的信息来源。电子公告板(BBS)是一种实时互动的网络讨论区,为网民提供了广泛的舆情表达空间。笔者通过对猫扑网论坛理清网络舆情形成的脉络。猫扑网第一次发布该案是5月12日17:14:21,转载自《长江商报》,报道内容主要是死者身份、死亡地点、案发时间等一般信息,并且强调未经警方证实,该帖并没有回复。关于案件事实信息的不确定也使网络舆情呈现出猜测和关注的特点。在报纸媒体的介入下,传统媒体实现到网络的延伸,网络有别于传统媒体的开放性,使得网络能够成为舆情的发源地。5月13日,猫扑网的帖子数量增加到6条,内容相同,都转自《现代快报》,只是帖子的标题有所不同,这几个帖子详尽描述了事件经过,用了"特殊服务"、"按倒在沙发"、"便随手从衣袋中抽出一沓钱在邓玉娇面前显摆"这类词句,网友也开始积极响应,其中的一则帖子有1838条回复,回复大都是对官员的谴责和对邓玉娇的支持。这期间,网友也将邓玉娇符号化,称其为"烈女"。网络上舆情的汇集使得媒体机构能够重视事件,认识到邓玉娇案的特殊性和重要性,因此立刻组织记者加强对事件的报道,像《南方都市报》前后对邓玉娇案编发了24篇稿件,其中2篇社论和1篇来稿评论、7篇综合其他媒体的一般消息稿、10篇本报记者采访稿和4篇新华社稿件。网络与传统媒体的议程互动使得信息传达通畅,形成优势互补,即网络舆情促进传统媒体进行深入报道,同时传统媒体更加专业化的报道又为网络舆情提供信息参考,最终引发强大舆论攻势,对司法案件进行围剿,间接造成"媒介审判"现象。[①] 需要特别声明的是,本章所罗列的案例吸收了很多专家和学者的研究成果,特此表示感谢。

案例一:"刘涌案"

事件回放:2000年7月11日原任沈阳嘉阳集团董事长刘涌被沈阳市公安局刑事拘留,同年8月10日经沈阳市人民检察院批准逮捕。2002年4月17日,刘涌被辽宁省铁岭市中级人民法院以组织、领导黑社会性质组织罪、故意伤害罪、非法经营罪、故意毁坏财物罪、行贿罪、妨碍公务罪、非法持有枪支罪等多项罪名一审判处死刑。2003年8月15日,刘涌被辽宁省高级人民法院以相同的罪名改判死刑,缓期两年执行。2003年12月22日,最高人民法院在辽宁省锦州市中级人民法院对刘涌组织、领导黑社会性质组织一案经再审后作出判决,判处刘涌死刑。

案例分析:回顾该案,传统媒体和网络媒体在不同阶段报道此案时都

---

① 徐敬宏:《非常规突发事件中网络舆情的作用分析》,《学习与实践》2010年第7期。

不同程度上存在"媒介审判"现象。首先，在该案前期立案侦查到法院一审判决期间，传统媒体和网络媒体都对此案进行了相关报道，相对而言，传统媒体的"媒介审判"现象更为突出。由于该案牵涉到官员腐败、黑恶势力、"保护伞"等社会敏感问题，传统媒体以新华社、《辽沈晚报》、《南方周末》、《中国青年报》为代表，都对此案表示了极大的兴趣，先后报道了沈阳公安机关及检察机关对该案在侦查、起诉等各个阶段的情况。在这一时期，媒体的报道内容主要涉及：（1）公安机关披露的刘涌犯罪集团的种种犯罪事实；（2）有关官员充当刘涌黑社会组织犯罪保护伞；（3）中纪委参与调查"刘涌案"；（4）此案受到领导重视和有关批示等内幕。从媒体报道内容来看，媒体的报道实际上已有"预判"的嫌疑，并对被告公平受审产生了不利的影响。传媒对该案进行采访并公布其涉嫌犯罪的相关事实：1989年，刘涌伙同宋健飞等人将宁勇打伤，导致其脾脏被摘除，造成极大的社会影响；从此，刘涌在不知不觉中一步步走上了犯罪的道路；1991年，伤害佟俊森；1992年，伤害孙树鹏；1992年，枪击某派出所所长；1995年到2000年，其组织共作案47起，其中1人死亡、16人重伤、14人轻伤；1999年，打伤某地药房经理，其罪行的确可用"滔天"二字来形容。再比如早在2001年1月19日，距刘涌一审被判死刑还有一年多，新华社就播发《沈阳"黑道霸主"覆灭记》电讯稿。随后，在4月25日，新华社又播发了《"黑道霸主"刘涌是如何"当"上人大代表的？》电讯稿。许多媒体都纷纷转载这两篇电讯稿，在社会上引起了强烈的反响。1997年《刑事诉讼法》就有明文规定："未经人民法院依法判决，对任何人不得确定有罪。"这被认为是"无罪推定"（presumption of innocence）原则的中国式表述。对此，魏永征认为媒体刻意用"恶行"替代"罪行"，用"血案"替代"罪案"，实际上以公布罪状方式撰写的报道，无异已经在法院判决以前确定了刘涌有罪，而且"组织黑社会性质的犯罪集团"、"黑道霸主"、"黑帮"、"黑老大"一类词语，远远胜过"罪犯"一词的分量，事实上宣布了刘涌的罪行十分严重。①

其次，在辽宁省高级法院二审改判刘涌死缓公布之后，网络媒体异军突起，其舆论呈现"一边倒"的态势，"责骂阵阵，杀声一片"。自上海

---

① http://www.donews.com/Content/200505/fecdf1a99665484a824a1e3acc1f73a6.shtm.

的《外滩画报》首先发表李曙明的文章《对沈阳黑帮头目刘涌改判死缓的质疑》后，网络新媒体迅速跟进。新浪、搜狐、红网等网站纷纷建立关于"刘涌案"的网络专题，强国论坛、铁血论坛、天涯论坛等都设置各种各样的议题，引发社会民众参与该案的讨论当中。但是，从网络编辑在处理网友帖子时，似乎集中表现一种情绪，即"对刘涌改判事件结局的不满，希望运用民众的声音表现这种情绪"。因为在这一系列帖子中，没有势均力敌的"持相反意见"的帖子出现。这种倾向性的编辑手法容易激化舆论呈现"一边倒"的态势，明显有"媒介审判"的嫌疑。

不妨以南方网社区的"关注沈阳刘涌改判死缓案"专题为例。在专题中，主要内容有网友声音、网友转帖、新闻背景、媒体评论、相关链接五个部分。该专题主编虽然在"编者按"中强调"面对铺天盖地的责骂和猜疑，我们宁愿退一步，先摈弃以前舆论中视刘涌为'恶魔'的印象，而试图把他以一名犯罪嫌疑人的角色放入司法程序，审视其罪和罚"，①但就其编排内容而言，则明显偏离其原先的初衷。在"网友声音"中，编辑采用了五位网友的声音。有四个是不同意刘涌该改判死缓，只有一个是分析"刘涌案"改判的积极意义；在"网友转帖"中，几乎全是建议刘涌死刑。其中，一个网友的帖子说："天啊，死一百遍都不解受害人之恨、不杀不足以平民愤的刘涌居然可以不死，天理何在正义何在法律依据何在？……刘涌不死，则正义必亡……"；在"新闻背景"、"媒体评论"以及"相关链接"相关内容设置方面，也几乎全是刘涌的负面新闻。在这样的舆论引导下，民意很可能被引入一个非理性的轨道，很可能掀起了"一般性杀刘舆论"的巨大浪潮。迫于强大的舆论压力以及其他方面的原因，最高人民法院再审该案，判处被告死刑，并立即执行。该消息经过媒体报道后，网上一片欢呼，很多人认为这是法律、正义和舆论监督的胜利。但也有人对最高法院审判的不公开提出了批评，甚至质疑最高法院的判决，认为这是法治的悲哀，有人发出了"刘涌死了，法治不能死"的评论。正如一位学者所言："刘涌很可能死得并不冤枉，但他的死亡之路上却掺杂了太多法律之外的东西，我们不知道这其中有多少次的'负负得正'，但每个'负号'，都意味着法治遭到了漠视，难道我们就该为这

---

① http://www.southcn.com/nfsq/sqrdgz/200308281471.htm.

个最后的'正号'欢呼吗?"①

案例二:"哈尔滨宝马案"

事件回放:2003年10月16日上午,哈尔滨市一位驾驶宝马车的女士在与一位卖大葱的农村妇女因为交通事故发生争吵后,宝马汽车突然往前冲出,农村妇女被当场撞死,另有12个人受伤。2003年12月20日,宝马车驾驶者苏秀文因犯交通肇事罪被法院一审判处有期徒刑两年,缓刑三年。

案例分析:法庭一审判决后,这起交通肇事案在网上引起高度关注,众多网民对案件的审判结果提出质疑,大部分言论认为案件背后有"黑幕",传言也越来越多,比如苏秀文是黑龙江省某领导亲属,其丈夫用钱"买通了关系",以及证人被"封口"等等,甚至出现了苏秀文是多位领导同志的"儿媳妇"的多个版本,有网民直言推断这是一起典型的司法不公的审判,为死者喊冤叫屈。在舆论的压力下,黑龙江省司法机关于2004年初对此案进行了复查,复查结果显示并无证据证明苏秀文故意杀人,该案维持原判。

案例三:"抚顺幼女小兰受残害案"

事件回放:2003年3月12日,辽宁省抚顺市发生了一起令人发指的残害幼女案,被害人小兰(化名)惨遭歹徒摧残,生命垂危。4月17日抚顺市中级人民法院对残害少女的变态歹徒祁军判处死刑,剥夺政治权利终身。数百名各界群众来到抚顺市中法大法庭旁听宣判结果,听到祁军被处死刑的消息,纷纷拍手称快。

案例分析:在案发到审判期间,当地传统媒体都及时进行了报道,网络媒体对此的报道更是达到登峰造极的地步。有些报道中出现"恶魔"、"千刀万剐"等字眼,有些报道出现"建议对歹徒从重从快严惩";报道众多网民表示"所有酷刑都加在歹徒身上也不解心头之恨","对于犯罪分子一定要严惩、严惩再严惩!!!"辽宁省委书记闻世震就此给抚顺市市委书记周银校、市长王大平写信,要求全力以赴,救治小兰;严惩凶手,加强社会治安管理,切实维护好人民群众的切身利益。

---

① 高昱:《刘涌死了,法治不能死》,《商务周刊》2004年第1期。

案例四:"富士康状告记者案"

事件回放:2006年6月15日和22日,《第一财经日报》刊发了记者王佑采写的两篇报道,揭露台湾首富郭台铭在大陆投资的富士康科技集团在深圳的工厂普遍存在工人"超时加班"问题。富士康认为报道不实,侵害其名誉权,其法人公司鸿富锦公司7月初在深圳市中级人民法院起诉王佑和《第一财经日报》编委翁宝,索赔3000万元,其中王佑2000万元,翁宝1000万元,并提出财产保全请求,法院查封了两人的房产、汽车和存款。据了解,这是目前中国大陆向媒体索赔金额最大的名誉侵权案,也是首例越过报社直接向记者起诉并查封记者私有财产的案件。

案例分析:有专家认为"媒体圈"提前审判"富士康诉记者"非同寻常,但为什么好像站出来反对的人少呢,难道是大家都支持"媒体圈"提前审判?当舆论几乎一边倒地谴责富士康借助资本权杖对记者"舆论监督"权利进行践踏的时候,记者们不也在借助舆论的霸权对富士康进行着无形的干扰,进而对司法进程和案件审理的结果产生不可低估的影响吗?试想如果没有舆论一窝蜂地对媒体进行捍卫和偏袒,对富士康进行排斥和讨伐,那么事件绝不会那么快就以富士康退缩撤诉而了结,因为富士康起诉记者和冻结记者个人财产的行为乍看有些惊世骇俗,但其完全是在法律的框架内进行的,符合所有法律程序和规定。有些学者认为,富士康的退让,也就是说事件的结束是以舆论压力的参与为前提的,这使得这一事件的结果,多多少少带有了"舆论审判"的色彩①。

案例五:"邱兴华案"

事件回放:邱兴华,男,生于1959年1月1日,身高1.65米,汉族,初中文化,陕西省石泉县农民,租住汉中市佛坪县大河坝乡五四村三组。2006年7月14日晚,邱兴华持斧头、弯刀,将陕西汉阴县铁瓦殿内工作人员和香客等10人杀死,作案后烧殿潜逃。7月26日,公安部发出A级通缉令,并悬赏5万元捉拿邱兴华。7月30日,邱兴华在湖北省随州市武安铁路工地一临时工棚内,持铁铲将工人周建平划伤,抢走黑色背包。7月31日,邱兴华又逃至随州市万福店农场魏岗村村民魏义凯家,

---

① 贾世秋:《舆论监督要力避"舆论审判"》,《郑州大学学报》2006年第6期。

砍伤其一家三口抢得1302元，魏义凯抢救无效死亡。8月2日，邱被村民发现，200民警围山搜捕。8月9日，邱妻及儿女对其喊话并进行规劝。8月11日，赏金涨到10万元。8月19日，邱兴华返回其在汉中租住的房子敲门时，被4名民警当场制服抓获归案。10月19日，邱兴华一审被判死刑。12月28日9点57分，邱兴华二审被判死刑，在安康江北河岸边被执行枪决。

案例分析：2006年12月28日，陕西省高级人民法院对汉阴县"7·14"特大杀人案作出终审裁定，维持了安康市中级人民法院对邱兴华作出的死刑判决。宣判当日，邱兴华被执行死刑。至此，"邱兴华案"从司法程序上来说，尘埃落定；承办此案的警官、检察官、法官、律师可以喘一口气了。媒体上，喧嚣一时的热点也许很快就被新的热点淹没，有句老话："死了，死了，一死百了。"然而，邱兴华如果真的这样被遗忘了，却实在很可悲，因为"邱兴华案"反映出来的一些法律和社会问题，还有待继续关注和解决。有些学者认为此案值得深思：其一，邱兴华是如何从人成"魔"的？据媒体报道，原来的邱兴华平时"和别人吵架，只要人家比画着要动手，他就会灰溜溜地赶快走掉"，"他每次回家，要是看到孩子们在看书、学习，就很高兴。有时儿子学习不好，他就用皮带抽打"。然而就是这个人，一夜之间杀了10个人，并在逃亡途中再杀1人。其实，被媒体称为"恶魔"的李春生、石悦军、杨新海等人都表现出了与邱兴华相似的心理扭曲的轨迹。那么，今天是否还有邱兴华这样的人存在，造成他们心理扭曲的因素到底是什么？因此，查明并分析邱兴华人格演变的过程，就具有了很强的标本意义。然而这种深度调查还没有出现。其二，司法精神鉴定悬疑。在一审判决后，有精神病专家、甚至五位法学专家联名发表公开信，都呼吁为邱兴华做司法鉴定。因为有种种迹象表明，邱兴华疑似患有严重的精神病，而一旦鉴定结论成立，那么依据法律规定，这人可能最终被判无罪，不仅不会杀头，甚至连一天监狱都不用蹲。假如真有这样的一种错愕结局，赦了一个"十恶不赦"的人，作为一个普通老百姓，我们可能接受吗？法官的审判受到了来自各个方面的"关注"。邱兴华的精神问题到底是人格变态、精神障碍，还是精神病？究竟应不应该给邱兴华进行司法精神鉴定？应该遵循什么样的标准和程序实施鉴定？是否应该将死刑犯精神病鉴定列入法定程序？围绕"邱兴华案"引发的争议关涉到很多人的命运，有待我们继续关注，加强相关制度措施建设。其三，如何理性看待死刑适用？在人类的刑罚体系中，死刑是最极端的惩罚形式。在很长时间内，"不杀不足以平民愤"成为广大民众甚至部分执法者的惯性思维。就死刑制度的本源主义和社会的现状来说，适度保留死刑是必要的，不能重视杀人者忽视了被害者，造成更大的不公平。但惯性思维很可能倾斜死刑背后的法律天平，冤案就是以法律名义被这种义愤制造出的毒果。更具普遍意义的社会问题是：如果恶性案件发生，民众的义愤还停留在只能通过死刑来平息的状态，反映出的是大众理性化文化素质的欠缺，报复人的心态成为社会制度，杀人的心就更易成为民众的基本心态，这不利于法治进步。"邱兴华案"值得整个社会反思并吸取教训，如此才能回到死刑的原旨上去。一位法律学者这样说过：死刑不是为了从肉体上消灭罪犯，而是从根本上消灭犯罪。①

案例六："邓玉娇案"

事件回放：2009年5月10日晚8时许，湖北省巴东县野三关镇政府3名工作人员在该镇雄风宾馆梦幻城消费时，涉嫌对当时在该处做服务员的邓玉娇主动进行骚扰挑衅，邓玉娇用水果刀刺向两人，其中一人被刺伤喉部、胸部，经抢救无效死亡。邓玉娇当即拨打110报警。次日，警方以涉嫌"故意杀人"对邓玉娇采取强制措施。死者名叫邓贵大，是野三关政府招商办公室主任；另一名伤者叫黄德智，是邓贵大的同事，他们三人均在同一间办公室。2009年5月31日，湖北省恩施州公安局认定邓玉娇"防卫过当"，移送检察院起诉。巴东县纪检委则开除黄德智党籍，县公安局对其治安拘留，未予刑事拘留更未逮捕。2009年6月5日下午，邓玉娇两位来自湖北的辩护律师收到巴东县法院依法送达的起诉书。检察机关认为邓玉娇具有防卫过当、自首等从轻、减轻或免除处罚的情节。

案例分析："邓玉娇案"发后，网络上出现《烈女邓玉娇传》、《侠女邓玉娇传》、《生女当如邓玉娇》等赞美之文，消息在网络上传开后，因死者邓贵大原系巴东县野三关镇政府招商办公室主任，舆论几乎呈一边倒——纷纷攻击淫官黄德智、邓贵大等人。网民继续声援支持邓玉娇。但也有人认为法律为大，她防卫过当刺死邓贵大，被起诉是合情合理的，不能因为对方是官员，政府就屈服于网上的压力。"邓玉娇案"的发展过程

---

① http://news.ifeng.com/opinion/topic/nanpingxuean/201003/0331_9890_1592499.shtml

中,传统媒体作为信息的来源,最早关注该案,关注主人公邓玉娇,并且随着传统媒体报道到网络媒体报道的延伸,媒体间的议程互动使得信息更加通达,参与性成为可能。通过BBS上网民的热烈参与,博客中意见领袖的舆情引导,使网民声援转化为现实力量,这股强大的舆情力量最终也作用于政府和相关组织,最终发生"媒体审判"现象。当然,有些法学家认为,通过此事件,使得政府由被迫公开信息转向了信息透明的尝试,相关组织也不再置身事外,发挥了应有的作用。可以说,正是网络舆情使得这五大主体受到影响,网民充分表达民意,政府实现了自身职能,邓玉娇无罪释放,最终也实现了舆论监督的效果。但无论怎样,邓玉娇已经不再是一个事件的主人公,整个事件使"邓玉娇"变成了烈女的代名词,成为了弱者对抗不良政府官员的一面旗帜,成为2009年十大网络舆情事件。①

案例七:"罗彩霞案"

事件回放:2004年,18岁的罗彩霞作为邵东一中应届毕业生参加高考,考了514分,没有达到湖南省当年531分的二本录取分数线。虽然当年有少数高校降分录取,而且她填报了三批专科院校志愿,但罗彩霞没有收到任何高校的录取通知书。而那一年她的同班同学王佳俊虽然高考只有335分,却顺利走进了贵州师范大学攻读本科,因为她在大学里的名字改成了罗彩霞,而真的罗彩霞对此一无所知。真的罗彩霞在落榜后选择了复读,并于2005年考入天津师范大学。2009年3月1日,罗彩霞和几名同学去参加招聘会,闲暇时间一起到建设银行鑫茂支行开通网上银行业务。办手续需要身份证,可工作人员却告诉她信息不对,不能办理。罗彩霞感到很奇怪,多次正确输入身份证号也不对。银行电脑显示,与罗彩霞名字、身份证号码完全相同的身份证上,却是另外一个女孩子的头像,而且发证机关是贵阳市公安局白云分局。随后,她向天津市西青区学府派出所报案,称自己的身份证信息被盗用。随着案件的进一步调查,原来是罗彩霞的同学王佳俊冒名顶替了她的学籍、党籍、户籍。王佳俊的父亲王峥嵘因伪造、变造国家机关公文、证件、印章,涉嫌犯罪,已被邵阳市人民检察院批准逮捕,交由司法机关依法处理。事情被披露后,本案主角之一的

---

① 徐敬宏:《非常规突发事件中网络舆情的作用分析》,《学习与实践》2010年第7期。

王峥嵘已被湖南省邵阳市北塔区人民法院,以伪造国家机关证件罪判处有期徒刑2年。与原犯受贿罪所判处的有期徒刑3年刑罚实行数罪并罚,决定执行有期徒刑4年。

案例分析:5月5日,媒体以《公安局政委女儿冒名顶替上大学》为题将此事曝光。此事刚被媒体报道时,各大论坛的相关讨论大多是以同情罗彩霞、谴责王佳俊及其父母为主,大多涉及王佳俊父亲公安局政委的身份以及当前高考制度的漏洞。湖南省邵阳市委市政府在强大的舆论面前迅速成立了由邵阳市纪委牵头,监察局、公安局、教育局为成员的联合调查组,开展调查。然而几天之后,舆论风向大变,大量声援和同情王佳俊的帖子开始爬上各论坛的显眼位置。例如,某位网友留言:"我看完了罗彩霞的博客,对王佳俊小妹妹更加同情,现在感觉她太高调,甚至有点虚伪,让我们关心王佳俊等。"面对网上论调的突然转向,引起了广大网友及专家学者的警惕。网上的"倒王派"和"倒罗派"这场无声的网络舆论战无疑干扰了司法审判。

案例八:"药家鑫案"

事件回放:2010年10月20日晚,西安音乐学院学生药家鑫将张妙撞倒并连刺数刀致受害人死亡的事件引发舆论热议;10月23日,药家鑫在父母的陪同下到公安机关投案。2011年4月,西安市中级人民法院对此案作出一审判决,判处药家鑫死刑,剥夺政治权利终身,并赔偿被害人家人经济损失费;药家鑫随后提起上诉。2011年5月,二审判决宣布维持原判;6月7日,药家鑫被执行死刑。2012年2月,受害人家属起诉药家要求兑现微博上所说的20万元捐赠。

案例分析:在药家鑫作为嫌疑人被捕后,新民网的报道《西安警方通报大学生故意杀人案:嫌犯被捕》,对事实的选择以及描述比较感性,部分地方不符合新闻客观性的原则。但是在"药家鑫案"的报道中,却出现了如"死亡女子身上有多处锐器伤,系被撞伤后遭毒手"等主观色彩比较浓重的词语。有些报纸采用大字标题"对话受害方父亲,药家鑫亲属一句道歉的话都没有",记者实际上采访了被害人的亲属,获知药家鑫亲属一句道歉的话都没有,但是却没有同时采访药家鑫的亲属,确认是否为事实,便如此表述。"直到10月23日,当其父母再次带他到专案组后,经进一步审查,药家鑫这才交代了自己于10月20日晚将受害人张妙撞倒后又杀害的犯罪事实。"此处的事实是药家鑫在其父母的陪同下自首，而记者在此处却采用暧昧的语言，没有正面写明药家鑫的自首情节。在同类的报道中，几乎所有的新闻都涉及药家鑫的家境殷实、父母学历高或者可能是西安市的官员，导致微博等网络媒体以及其他社会公众对药家鑫的家庭进行了各种猜测，新闻报道的用语等也激发了社会上的"仇富"和"仇官"的心态，使得这种心态在"药家鑫案"中得到了爆发。药家鑫一审被判处死刑之后，有网络媒体总结了微博上关于"药家鑫案"的态度。青岛微博4月22日微语录《网友议药家鑫案判决》中刊登了8条微博，其中有2条是站在中立的立场，而有六条是站在支持药家鑫被判处死刑的立场。从这些微博看出，公众已经超越对药家鑫故意杀人的客观的评价，而是将药家鑫看作一个被批判的符号，这个符号代表了中国的"官二代"、"富二代"、"军二代"以及被溺爱的"90后"。笔者只能说，在"媒介审判"现象的影响下，药家鑫成为了中国社会矛盾泄愤的牺牲品。而显然，法院是这一泄愤行为的帮凶。在整个过程中，大部分公众都认为这是中国法制前进的标志性事件，而媒介在推动这一历史进程中起到了重要作用，都给予媒介以高度的信任和崇高的用语，也就意味着媒介在下次"审判"中可以发挥更大的作用。

有些学者认为：从来没有这样一个时期，中国的法律丢失了自己大片的阵地。无论是官方、媒体还是民间，都存在大量的声音去批判中国法律的现象，法学院的课堂上也充斥着各种版本浅薄的所谓"批判"。之所以称之为"浅薄的"就在于大量的批判并非建立在对于法律深刻的理解的基础上，而仅凭自身狭隘的社会经验和批判者自身的道德判断便提出批判。当然，必须承认的是，无论批判者说了什么，我们都可以承认他们有言论的自由，不能因为浅薄的批评而让他们闭嘴。但是现在这种批判开始有一种危险的趋势，即逐渐开始侵害到法律本身：很多人开始发现只要通过舆论造势，形成一种道德批判的压力，那么法官就被迫按照所谓的"民意"提供的道德答案进行判决。"药家鑫案"似乎有重演这种模式的危险。

案例九："李天一案"

事件回放：2013年2月19日，北京市海淀分局接到一女事主报警称，2月17日晚，其在海淀区一酒吧内与李天一等人喝酒后，被带至一宾馆内轮奸。2013年3月7日,李天一等人因涉嫌轮奸已被依法批捕。7月8日,北京市海淀区人民检察院依法对李天一等人涉嫌强奸一案向海淀区人民法院提起公诉。2013年8月28日上午9时30分,李天一等人涉嫌强奸一案在海淀法院第17法庭正式开庭审理。2013年11月27日9点,"李天一案",在北京市第一中级人民法院一区西中法庭依法公开宣判。二审裁定驳回上诉人上诉,维持原判。

案例分析:"李天一案"最早进入公众视野源于2月22日实名认证为"香港《南华早报》网站编辑"的"王丰-SCMP"的爆料微博。一时间,舆论便炸开了锅。然而,随着新闻媒体报道的重点从该案案情转移到李天一的家庭背景、过往经历,网络舆论的非理性倾向便一发不可收拾。一边是身上贴着"官二代"、"富二代"、"星二代"标签的"纨绔子弟",一边是身处异乡的弱势女子,舆论一边倒地将李天一推到了"人神共愤"的境地。

2月23日,就在"李天一案"被爆出一天后,全国各大媒体均用大幅版面对本案进行报道。其中《深圳商报》发表了题为《李双江之子:坑爹进行到底?》的报道,《华西都市报》则做了题为《李双江17岁儿子再坑爹涉嫌轮奸被刑拘》的报道,随后,《京华时报》和《羊城晚报》更是分别发表了名为《社会爱拼爹星二代才坑爹》、《李双江是不是太溺爱儿子了?》的评论。一时间,"李天一案"似乎已经被"媒体审判"完毕了:李天一由于从小受到有权势父母的溺爱,犯下了性质恶劣的轮奸案,而其父母也成为了舆论声讨的对象。

由于媒体的误导,加上仇权心理的影响,网民的舆论审判犹如泄了堤的洪水,汹涌而来。在新浪网的新闻跟帖上,名为"机器猫都疯了"的网友发表了"我呸,上梁不正下梁歪!!!!"的跟帖;"最后的桉树"认为"养不教,父之过,是这个理。"而"我心依旧2930143767"甚至发表了"李天一强奸一案,连同李双江一起枪毙。养不教父之过,这父子俩真的应该枪毙,大千世界,况且在中国这文明地方,不杀不平民愤,杀!"如此措辞激进的言论。

随后,媒体将矛头对准了李天一的过往经历。不久前,李天一因为打人而被劳教一年自然成为了媒体大书特书的内容。但是更为久远的李天一秘密史,也被"有心"的媒体挖了出来。《新京报》向公众传递了《李天一违法驾驶32次未受罚收容1年换豪车》的新闻;而《潇湘晨报》和

《北京晨报》更是"挖得深"，分别作了名为《媒体称李天一小学时将同学推下楼未受罚》、《网传李天一小学照被证为假学校称重名》的报道。媒体如此宣传，对于李天一的"刻板印象"更加深入人心，网民对李天一自然更加仇视。各种声讨、谩骂充斥着微博、网站跟帖，一些网民的措辞更是超越了文明社会的底线。

接下来，网络上关于"李天一案"的各种传闻更是甚嚣尘上。从被施暴女子是李天一的英语老师到官方提出"轮流发生性关系"的说法，到所谓的解密哥爆案情内幕，再到李天一年龄造假，等等。甚至关于李天一家庭的所谓"内幕"也被曝了出来，最具代表性的是，有网友曝出李天一非李双江亲生。而所有这些所谓的传言、爆料事后都被证实是虚假信息。关于"李天一案"的谣言充斥着网络，带来的后果无非就是更多地声讨与谩骂，越来越多的网民站在道德的高地上，对李天一甚至是他的父母进行攻击。

当然，并非没有人为李天一说话。案件曝光不久，名嘴杨澜发布微博："劳教一年对一个因为冲动打人的未成年人来说是否惩罚过重？被贴上标签的孩子很容易就破罐破摔了。"此言一发立刻惹来网友争议，认为杨澜在替李天一开脱。迫于舆论压力，杨澜删除了微博并公开道歉。在"沉默的螺旋"的作用下，再难有人发表不同的声音。

根据我国《未成年人保护法》的相关规定，北京市海淀区人民法院于 2013 年 8 月 28、29 日不公开开庭审理了"李天一案"。虽然为了保证审理的不公开性，法院要求所有诉讼参与人在庭审结束前不得报道庭审的相关内容，但事实情况是，案件审理的全过程早已直播出去了。8 月 28 日晚，李天一的前辩护律师李在珂发布了这样一条微博，"法庭要求所有诉讼参与人在庭审结束前不得报道庭审的相关内容，可我们还没走出法庭，相关内容就已在网上传开了！"同时，微博上发起的话题虽然是"李某某涉嫌强奸案"，但正文中并未刻意隐去李天一的名字。新闻门户网站上也早早挂起了相关的专题页面，几家门户网站都直接将李天一的名字挂到了专题页面的大标题上，李天一的照片更是随处可见。

在网络无孔不入的关注下，名义上不公开审判的"李天一案"，事实上毫无保留地曝光在公共的视野当中。虽然我国《刑事诉讼法》第 5 条明确规定了人民法院、人民检察院依法独立行使职权，不受其他行政机关、社会团体和个人的干涉，即司法独立原则，但是随着数量庞大的网民参与其中，该案俨然成为了"全民审判"。在网络中，网民宛如化身为审判长，随意发表自己对于案件的看法，从案件证据的解读，到案件的定性，甚至到判刑的轻重，网上都出现了不计其数的版本，可谓是"一千个读者眼中，就有一千个哈姆雷特"。在这样的情况下，司法独立受到严重的侵犯，司法公正受到严重威胁，法律的尊严也受到严重的践踏。

有些学者认为，既然"李天一案"已经立案，那么任何关于本案的消息都应该由检察机关经过调查后提供，因为这样公众才能知晓案件的真相。但事实情况是，无良媒体的臆测、网络非法分子的谣言和网友不理性的谩骂，导致舆论场陷入一片混沌之中，本案案情究竟如何，已经没有人弄得清楚。又或者在很多人看来，案情本身并不重要，重要的是有这样一个契机可以排解心头的怨气，"李天一案"无非是靶子而已。

第五章
我国"媒介审判"现象的成因

第一节 宏观层面：我国特殊的转型期社会

目前，我国社会正处于转型期。所谓转型期是指从计划经济体制向市场经济体制的转变，也是指从传统社会向现代社会、从农业社会向工业社会、从封闭性社会向开放性社会的社会变迁和发展。在社会转型时期，市场经济对社会的方方面面产生巨大而深刻的影响，人们的生活方式、价值判断等都会发生明显的变化。我国转型期的社会具有社会机制的残缺性、社会矛盾的多发性、公众心态的浮躁性等特点，这就决定了司法与媒体的冲突会不断增加，也就造成了"媒介审判"现象的不可避免。

一 社会机制的残缺性

与高度集中的计划经济相适应的社会体制和社会机制已被拆除，原有的社会控制系统基本失去作用，新的与市场经济相适应的社会体制和社会机制还未完全形成，制度和政策漏洞凸显，而制度和政策的诸多漏洞加剧了社会矛盾的出现。面对这样的情形，社会各部门之间容易出现"缺位"和"越位"现象。比如在司法和媒体两者之间所发生的"媒介审判"现象，在很大程度上归咎于两者都存在制度上的漏洞和缺失。转型期下的司法体制可能由于制度的漏洞会造成司法"缺位"，而具有舆论监督功能的媒体可能会直接涉足法律领域，对司法审判形成干扰。与此同时，媒体可能由于其自身约束制度的不健全，盲目"越位"，代替司法先行审判，也会造成"媒介审判"现象的发生。

二 社会矛盾的多发性

现阶段我国的社会改革是全面性改革，涉及社会的方方面面，必然触及各方面利益关系的调整,也就必然造成新的矛盾层出不穷。我国过去十年的基尼系数显示,中国的居民收入分配差距在2008年达到0.491的峰值,近年来虽有所回落,但基尼系数一直高于国际上作为收入分配差距的"警戒线"的0.4,体现了居民收入差距整体较高的现实,导致民众不满情绪上扬。所以当某一事件触及普通大众的心理时,就可以迅速引起共鸣:同情弱者,宣泄对当事人的不满和愤怒。"李天一案"、"药家鑫案"、"李刚门"无一不因为他们头上被扣上了"富二代"、"官二代"的名号而更加引人注目,大众就着这些身份"特殊"的当事人来宣泄自己的不满情绪,而他们就成为了百姓的出气筒。如果不是因为父母的"光环身份"而引发了群众的仇富仇官心态,也许这些司法事件也不会形成如此强大的舆论审判。此外,司法为实现其独立和公正,尽量防止媒体的干预。而对于媒体而言,为实现其传播效果的最大化和出于自身生存的需要,往往以舆论监督的名义有意或者无意地"代替"法院对案件进行审判或肆意贬低法官形象,由此两者发生的冲突也就在所难免。

三 公众心态的盲从性

大众社会理论认为大众社会的成立的六个基本条件:(1)产业化的大量生产和大量消费的存在;(2)社会的平权化或民主化的发展;(3)大众传媒的发达和大量信息、娱乐产品的提供;(4)生活水平的全面提高;(5)传统的中产阶层的衰退和以白领为主的"新中产阶层"的扩大;(6)社会组织中的官僚化的发展。由此,我国当前正处于大众社会的交替中。在大众社会中,作为社会中的公众是一种未组织化的群体,呈现规模的巨大性、分散性、异质性、匿名性、同质性等特质,容易受到外部力量的控制,公众被动地更新观念、调整思维、适应环境,这容易造成心理浮躁,产生盲从和不理性行为。公众对于司法审判的影响也不可忽视,而且这样的具有民意基础的舆论一旦被媒体设置为议程,具有非理性的舆论会被无限放大,直接或间接地对司法审判形成干扰。[1]

---

[1] 侯建会:《我国转型期的社会问题与社会和谐》,《陕西社会主义学院学报》2005年第4期。

第二节　微观层面：司法、媒体和公众的博弈

一　司法层面

（一）法官司法人格不独立

美国著名律师丹尼尔·韦伯斯特说："世界上没有什么人能比一位正直而精通法律的法官更为高尚和纯洁，他所产生的影响像天上落下露水一样不声不响地降临到人间。"① 这说明法官对司法审判起着关键性的作用。目前我国的法官缺乏独立司法人格，以至于限制了法官在司法实践中发挥应有的作用。法官的独立司法人格，是指一个国家的法官将公平和正义看作是司法活动的终极目标，并具有为实现和捍卫这一目标而努力甚至献身的情感和品质，以及在具体案件的决策过程中基于对事实的认知和法律的理解表现出的行为和心理的总和。② 其中，公正司法的理念、崇尚法律的精神和自我独立的意识是法官独立司法人格的基本内容。联系我国司法实际情况，我国现阶段法官人格不独立的原因主要归于法官价值取向的政治化、法官管理的行政化、法官构成的非专业化、法官与社会的关系亲密化。③

在我国，法官虽然在司法实践中将"以事实为根据，以法律为准绳"作为判案的依据，但实际情况绝非如此。由于法院地方化、行政化甚至部门化，法官要听命于其上级，法院要听命于上级法院或者其他国家机关、有关领导，法院的人事和财政处处受制于地方党委、政府，审判独立荡然无存。④ 这种情况极易造成法官司法人格独立缺陷，法官在审理案件时必然受到来自多方面的影响，比如权力部门的影响、行政部门的影响、法院系统的影响、媒体舆论的影响等。媒体舆论往往具有统领全局的功效，因为其他影响在一定程度上也是依赖新闻媒体的报道。由于我国传媒具有"机关报"、"机关刊"、"机关台"的特点，"内参"更是具有现代"奏

---

① 汤维建：《美国民事司法制度与民事诉讼程序》，中国法制出版社2001年版，第104页。
② 熊大胜：《审判改革：法院的必由之路》，《中国律师》2000年第2期。
③ 谭世贵、舒海：《试论法官的独立司法人格》，《海南大学学报》（人文社会科学版）2003年第4期。
④ 贺卫方：《司法的理念与制度》，中国政法大学出版社1998年版，第41—59页。

折"的功能，受众也有把传媒当成文件读（听、看）的习惯，传媒的报道容易引起党政部门领导人的重视和批示，容易引起大众对裁判结果的预判，这会给法院和法官带来极大的压力。① 在我国，法官办案有时并非唯法律至上，而是唯领导脸色行事。特别是那些经媒体事先"定调"，并经领导批示的案件，司法的独立性更是荡然无存。正如原江西省高级人民法院院长李修源所言："我国司法独立机制尚不够完善，法官的独立精神尚待培育，在某种程度上，新闻舆论左右司法判决的力度很大。"如果媒体对未决案件的事实和法律适用发表带倾向性的意见，法官由于其司法独立人格的缺陷不能经受舆论"狂轰滥炸"的压力氛围，往往就只能违背事实和法律，顺从媒体的意见作出判决。决定裁判结果的，不是法官对事实的认定和对法律的理解，而是媒体的意见，媒体实际上成了裁判者。②

（二）司法部门内部存在潜规则，信息公开透明度低

审判公开是国际通行的司法准则。最高人民法院《关于加强人民法院审判公开工作的若干意见》提出依法公开、及时公开、全面公开的基本原则，并对审判工作中存在的诸多问题作了具体的规定。公开审判的实质就是将审判活动置于公众的视野中，杜绝"暗箱操作"，保证审判的公开和公正。但是，由于我国司法领域存在潜规则，公众无法正常了解司法信息。所谓司法潜规则是指在司法机关内部通行或者认可的但未向外界公布的办案规则与程序。司法潜规则容易滋生司法腐败和司法不公，贬损司法权威，降低司法效率，更为重要的是致使司法信息公开受到遏制，严重影响了司法信息公开的透明度。比如在司法实践中，对批复、决定该案件处理的人——上级法院、审委会、院（庭）长，虽然并不是承办法官，并没有参与案件的实际审理，却变成了案件最终的、真正的裁判主体，这种"垂帘断案"的方式致使合议庭负责制落空。同时这些请示、审批都属于审判秘密，当事人既不知道案件的实际裁判者是谁，又无法提出回避申请，这样难免会有"暗箱操作"之嫌；再如，我国的裁判文书公开制度，存在制作不足，说理部分过于简单的缺点，有的甚至刻意回避分歧，掩盖矛盾，在交代控辩双方所主张的事实理由和法律依据时，有的内容该

---

① 贺卫方：《传媒与司法二题》，《法学研究》1998年第6期。
② 李昌林：《从制度上保证审判独立——以刑事裁判权的归属为视角》，法律出版社2006年版，第264页。

叙述的没有叙述，证据该引用的没有引用，或是对当事人双方各自所坚持的理由和意见阐述不完整，甚至将当事人提供的有关法律依据也忽略了。① 殊不知裁判文书是记载整个诉讼过程的载体，它不仅是人们了解案件相关司法"信息"的载体，也是对法官司法行为和活动的反映。此外，有些司法单位为了应付媒体的采访，竟然自拟新闻通稿。而这些法院拟定好的新闻通稿往往存在信息不全等问题，无法真正满足记者们采写新闻的需要。

司法信息的透明度低，必然招致公众对于司法审判的猜测，由此引发"公众议题"。媒体具有"议程设置"功能，为了实现自身价值和职业理念，必然会介入司法进行舆论监督。在这种情况下，媒体可能对司法"说三道四"，发表倾向性报道和言论，间接造成了"媒介审判"现象。比如在"刘涌案"中，之所以发生如此之大的舆论攻势，就在于法院没有及时地公开信息。在法院一审判处死刑后，二审却判处死缓，这不禁让普通受众生疑。加上二审判决书中含糊其词，并没有明确的说明原因及法律依据。按照一般司法常识，刑讯逼供并不是法律中规定的法定或酌定的量刑依据，如果二审中能够列举"刘涌案"有法定的量刑依据，民众会被义正词严的法律所说服。正是因为二审的不清不楚，再加上法学家极力反对的刑讯逼供，才导致了后来群众的呼声和谴责越来越高，以致发生"媒介审判"现象。

（三）法制建设不完善，司法腐败依然严峻

我国法制建设还不完善，主要表现在以下几个方面：其一，少数司法人员职业道德缺失，业务素质低下，一些案件的审理经常出现久拖不决和判决有误现象，其效率和公正性常常使公众产生疑虑；其二，我国有关法律规章制度存在缺陷，致使法律在保证公平正义方面出现无能为力的局面；其三，法律执行难，造成了司法裁决成了一纸空文，影响了法律的权威性；其四，"情大于法"现象依旧存在。人情案、关系案，时常不断。民间流传"打官司就是打关系"，"案子一进门，双方都托人"，可以看出群众对法律的信任度。由于我国法制建设还不完善，有法不依、执法不严、徇私枉法现象还大量存在，致使司法腐败丛生。一些司法人员吃拿卡要、敲诈勒索、收受贿赂、徇私舞弊、包庇犯罪，办关系案、金钱案、人

---

① 陈建贞、董国庆：《司法潜规则透析》，《法治研究》2008年第2期。

情案，使群众有理没处说，法官有法不执行，对这样的"衣食父母"，群众尤其感到不能容忍和深恶痛绝。由司法腐败所造成的暗箱操作、枉法裁判更是极大地损害了司法公正的形象。面对严重的司法腐败，人们把目光投向了司法权力的监督资源。司法学者顾培东说，"社会各方面面对司法现状的批评，也蕴含了对司法体制内部监督资源不足的抱怨，表明体制内的监督未能取得广泛的信任，因而司法体系外监督资源便成为司法改革中制度创新的重要关注点。传媒监督被普遍认为是司法体系外监督的常规的、基本的形式。"① 公众寄希望于媒体来遏制司法腐败，维护自己的利益，因而新闻舆论也就成为救济司法缺失和司法不公的一种特殊的救济手段。② 但是，媒体高举正义和公平的大旗，对司法腐败进行猛烈的攻击时，往往先入为主，对司法审判"说三道四"，深陷"媒介审判"现象的泥坑中难以自拔。

二 媒体层面

（一）媒体"权利"与"权力"的误读

在西方，新闻媒体被看作是"第四等级"，拥有立法行政和司法之外的"第四权力"，新闻记者被尊为"无冕之王"、"站在时代船头的瞭望者"；而在中国，新闻媒体也被视为"党的耳目喉舌"、"社会公义之利器"、"社会的良心"、"道德的承担者"（铁肩担道义，妙手著文章）。这些冠冕堂皇的称呼背后似乎给人一种错觉，新闻媒体是拥有实体权力的部门。在我国，新闻出版业不是一个独立的企业，新闻单位是党和政府的一个部门。1996年9月26日江泽民在《视察人民日报时的讲话》中指出，党的新闻事业与党休戚与共，是党的生命的一部分。设立新闻出版单位需要"有符合国务院出版行政部门认定的主办单位及其主管机关"（《出版管理条例》第13条)，并且要"由其主办单位向所在地省、自治区、直辖市人民政府出版行政部门提出申请；省、自治区、直辖市人民政府出版行政部门审核同意后，报国务院出版行政部门审批"（《出版管理条例》第14条)。另外，各新闻单位的主要负责人都是由政府指派和任命的，主要媒体的领导往往是党组织中的重要的官员，大多数是各级党组织的宣

---

① 王建国：《新闻法制理论研究》，吉林大学出版社2007年版，第303页。
② 慕明春：《"媒介审判"的机理与对策》，《现代传播》2005年第1期。

传部长（副部长）兼任的。这就意味着我国的新闻出版事业确实具有相当的权力。① 从表面看来，我国的新闻媒体确实具有相当的权力。

事实上，新闻媒体拥有的是"权利"（right）而非"权力"（power）。著名新闻传播学者孙旭培曾说，新闻媒介是传递事实和意见的机关，是舆论机关、信息机关。新闻媒介虽然有时表现出强大的威力，但那是精神的力量，而不是一种实际的权力，是马克思所称的"理智的力量"。当新闻媒体被视为"第四权力"时，新闻往往以政治权力的身份来说话，总会造成一种理论的误解和实践的迷失，记者行为、受众行为，都受到政治权力的控制，新闻传播的社会效果也受到扭曲。由于新闻机构是官方机构，报纸的言论常常代表权力机构的言论，往往造成记者的官员化和特权化。而新闻工作者一旦官员化，他们应有的素质就丧失殆尽了。② 由于司法部门经常把媒体"权利"误读为"权力"，那么媒体一旦对司法审判形成威逼和干扰之势，司法往往屈从于媒体的"先入为主"，必然对司法审判带来不可估量的后果。据说，在中央电视台《焦点访谈》节目的编辑部门前，上访告状的老百姓排起了长队。社会上流传着"法院不如电视台管用"之说，有媒体公开发表文章称："今天中国最有权威的法庭不是在最高人民法院，而是在中央电视台，《焦点访谈》是目前中国最有权威的'审判庭'。"③ 更有媒介开展讨论"记者比法官管用吗？"④ 记者和媒体手中的报道权利往往容易变成类似行政、司法的那种"权力"，动辄以"曝光"、"披露"要挟，将"社会公器"变成媒体组织或个人的私器，其客观结果是妨碍、影响了司法的独立和公正。

（二）媒体角色"错位"与"越位"的扭曲

媒体都有自己的社会角色扮演。所谓社会角色就是与一定社会地位、身份相一致的一整套权利、义务和符合一定社会期望的行为模式。在我国，媒介具有与我国社会性质相匹配的角色，一般将我国媒体角色定位为"社会良知"、"舆论坚兵"和政府"喉舌"等。媒体在社会中扮演多重角色，致使媒体无所适从，极容易出现"错位"现象。"错位"原是医学

---

① 吴飞：《媒体是"第四权力"的说法不科学》，载展江、白贵《中国舆论监督年度报告（2003—2004）》，社会科学文献出版社 2004 年版，第 102 页。

② 同上书，第 103 页。

③ 李金声：《曝光的权威》，《检察日报》1998 年 10 月 10 日第 1 版。

④ 雪莲：《析"记者比法官管用"》，《光明日报》1998 年 9 月 16 日第 1 版。

名词，意指身体器官偏离正常部位的状态，《现代汉语词典》中的解释是"离开原来的或应有的位置"。在现实中，我们经常看到媒体不同的角色扮演，比如"打假者"、"扒粪者"、"焦青天"、"审判者"等身份。这种多重角色扮演所造成的角色错位，容易发生媒体角色冲突。一方面，处于复杂社会结构中的媒介具有"社会良知"、"舆论坚兵"和政府"喉舌"等多重角色，任何一种"单向度"的突进都会打破平衡带来各角色之间的冲突；另一方面，在角色定位→角色领悟→角色实践的过程中，由于受到经济、政治、社会、个人心理等因素的影响，媒介在具体扮演某一特定角色的过程中时常出现诸如充当造假者、炒作师、"扒粪"人、审判者等角色错位现象。在司法案件报道中，记者的角色错位大致表现在两个方面：其一是以法官者的身份出现，超越法律的界限，以居高临下的姿态干预法律生活，在自己的采访报道中常有命令指挥司法部门如何行为的言辞；其二是以"为民代言"为幌子，超越普通公民的界限，在采访报道中常以自己的意见代表大众的意见，对公民中的不同意见特别是与自己相左的意见不予支持。角色的混乱和错位，不仅影响了其他角色者的意见表达，同时也使我们的舆论监督报道在某些情况下表现出一定程度上的不足，影响到舆论监督的效果。这正如新闻法学家魏永征所言："新闻传播活动不属于国家的管理活动，无论是新闻工作者的采访活动还是新闻报道的内容都不具有司法行政的强制力。记者不可能指令人们做什么或者不能做什么。新闻工作者享有的不是权力而是权利，不是司法行政权力而是政治权利民主权利。"[①]

由于媒体自身角色的错位，其在行为结果上必然表现为"越位"现象。中国的新闻媒体大多具有官方或半官方的性质，这既为新闻媒体作为舆论代表对社会公共权力进行监督带来了权威性，但同时也可能为进行"媒介审判"积聚了能量。在当前的"媒介审判"现象中，记者的角色越位大致表现为超越法律的界限，很容易异化为凌驾于司法之上或超越于法治之外的"裁决权"与"处理权"，出现"法官未判，记者先判"的现象。

---

① 魏永征：《论采访权》，载展江《新世纪新闻舆论监督的语境与实践》，中国海关出版社2002年版，第23页。

(三) 媒体舆论监督的"异化"

舆论监督是指借助于新闻媒介的传播优势，以公开的方式反映公众对某一种社会现象、某个社会事件或社会问题所形成的比较一致的意见。实际上它是代表公众的以至对社会现实作出强有力的主动回应，因而在实施对社会监督方面具有很强的影响力和权威性。① 由于舆论监督具有监视、控制、调整、制衡、平衡功能，新闻媒介在进行舆论监督时，能起到"起爆器"、"放大器"和"助推器"的功效。媒介监督的力量应当在于媒介自身的影响力，这是一种软性的监督，媒介的影响力是无形的，不拥有有形的权力。当它代表舆论的时候，这种监督的力量会显得十分强大，等于"媒介的影响力+现实舆论"在共同作用。②

由于我国近些年来对于舆论监督的日益重视，舆论监督的力度在逐年加大，加上传媒拥有影响力广泛的优势和公众基于对媒体的一贯信赖，其监督、批评权利往往会异化为代替司法审判的"权力"。所谓"异化"，用马克思的话就是说："原本隶属于你的东西却成为了一种异己的，外于你的东西。"③ 媒介的这种舆论监督的"异化"尤其在对司法监督的问题上，表现得更为突出。当前，舆论监督在法律程序上的不当表现是，不仅存在对上监督流于形式和对下监督"杀伤力"过大的问题，而且个别新闻媒体的舆论监督有时取行政和法律的功能而代之，表现出凌驾于其他社会机构和监督部门甚至法律机构之上的倾向，出现超越应有功能，不当干预，特别是影响到司法操作的现象。④ 中国的舆论监督具有自己的特色，往往依托强大的行政力量，从而促成问题的解决。

媒体的舆论监督的"异化"，造成媒体从"权利"到"权力"的错位，使得本不了解真相的公众顺应媒体的指示，形成舆论的一边倒。而相对封闭的法院在这个时候很难有自己的"话语权"。信息传播的不对称，会严重影响人们对案件真实情况的判定。"本来，舆论监督只是一种精神的力量，但是在我国它多少是一种党政权力的延伸和补充，加上强调舆论

---

① 何梓华：《新闻理论教程》，高等教育出版社2004年版，第178、134—135页。
② 魏永征：《论采访权》，载展江《新世纪新闻舆论监督的语境与实践》，中国海关出版社2002年版，第23页。
③ 赵南坚：《舆论监督和批评报道的"异化"与回归》，《青年记者》2009年第2期。
④ 魏永征：《论采访权》，载展江《新世纪新闻舆论监督的语境与实践》，中国海关出版社2002年版，第129页。

引导的环境氛围，媒体揭露批评性的报道尽管不应该是一种舆论审判，但是实际效果，多少就是一种舆论审判（实为'媒介审判'现象）。过大的'监督'效果，不得不要求我们媒介的记者，在写作时要想到会形成何种社会心理、造成何种社会行为。"① "……目前，传统媒体舆论监督的最大无奈是，它让原本属于一种权利，具有平等性的舆论监督权力化了，这极大地重伤了舆论监督本身的生命力和存在价值。"②

（四）媒体经济利益使然

在市场经济条件下，新闻业被推入了市场经济的大潮中，政府对新闻业的拨款骤减，这使得新闻业发生了巨大转变——由"吃皇粮"演变为"自收自支、自负盈亏"。新闻业要在激烈的市场中取胜，拥有一席之地，就必须采取一些必要的竞争手段。在这样的背景下，市场元素也慢慢渗透到媒体的枝枝节节，于是，一向号称"人民的代言人"和"社会的瞭望者"的记者们开始品尝到市场带给他们的物质大餐。物质利益的诱惑让媒体的记者们开始浮躁起来。为了追求商业利益，达到轰动效应，不惜冲破道德底线，追求哗众取宠、低级趣味的报道。"媒体的日趋商业化，争夺第一时间报道新闻，促使大量偏离传统新闻学的坏新闻的涌现：不核实、不准确、不公正、猜测、低级趣味。"③ 商业化运作下的媒介，受到经济利益及地方利益的牵制，竞相追逐法制案件报道这个热点，以此吸引受众的眼球，提高媒体的发行量和收视率，进而刺激广告商投放广告的热情，为媒体带来可观的经济效益。由于新生媒体簇生，媒体相互之间竞争加剧，各家媒体都想在时效性、权威性、预测性、趣味性等方面胜人一筹，以求产生轰动效应。媒体一旦涉足司法案件报道，就难免出现超越司法程序、抢先报道的行为，从而对司法审判形成干扰。正如一位学者所说，传媒传播职能一跃成为了传媒的审判职能，传媒这样换位置是蛮开心的，不仅民众情绪调动了起来，自己也虚拟了一下法官生杀予夺的大权，电视的收视率上去了，报纸的发行量增加了，可谓名利双收。④

---

① 陈力丹：《关于舆论监督的几个认识问题》，载展江《舆论监督紫皮书》，南方日报出版社2004年版，第82页。
② 郑玥：《试比较网络与传统媒体舆论监督》，《声屏世界》2002年第1期。
③ 李希光：《畸变的媒体》，复旦大学出版社2003年版，第4页。
④ 赵中颉：《法制新闻与新闻法制》，法律出版社2004年版，第79页。

（五）媒介自律行规不健全，从业者自律意识的淡薄

我国目前的媒体自律行规有：1991年1月正式出台的《中国新闻工作者职业道德准则》。该准则是我国第一个全国性的新闻职业道德行为规范，具有里程碑的意义。1999年4月我国23家上网新闻媒体通过了《中国新闻界网络媒体公约》，同年12月，中国报协也制定了《中国报业自律公约》。虽然我国的媒介行规建设发挥了一定的作用，但是，随着我国新闻传播业的突飞猛进，加上传播理念的日益更新，我国的媒介自律行规在规范媒体行为效果方面出现了现时代的偏差。中央人民广播电台法律顾问、高级编辑、律师徐迅指出，目前我国的传统的内容规范虽然具有其自身的价值，但也存在难以避免的缺陷：法律依据不足、缺乏弹性、管理成本高、从业者职业道德疲软、行业自律机制生长缓慢等等。徐迅指出我国的媒体自律文件《中国新闻工作者职业道德准则》已经有11年未作修改，它的语言体系是政治化的，同时也缺乏以伦理学为基础而产生的引导力。更为重要的是，十几年来，中国新闻业遇到了一系列崭新的职业道德问题，包括：媒体审判、故意隐瞒事实真相、暴力与血腥、色情与低俗、付费买故事甚至造故事、夸大其词的炒作、冷漠处理灾难事件和悲剧题材、滥用暗访和偷拍等等，《准则》对这些问题均未做出回答，不能满足实践的需要。

媒介自律行规的约束力小以及行规本身存在的问题，必然导致新闻从业者对于行规的漠视，媒介自律意识差也就在所难免。形同虚设的媒介行规一旦失去其应有的约束力，那么媒体从业者的失范行为就会丛生。我国发生的"媒介审判"现象，在很大程度上在于媒介自律意识差的缘故。一些媒介对某些案件的报道不惜篇幅，长篇累牍地大肆炒作案件中的"情人"艳事，报道格调低下，情节荒诞离奇，内容黄色下流。对常州劫案的"魔头"张君的报道，一些媒体上来便"深度挖掘"，一腔的深情放在张君的"情人"身上，什么"患难情人"、"妈妈级情人"，什么"最喜爱的小老婆"、"坚贞不渝的故乡情人"等等，一幕惨绝的凶杀案变成了一曲缠绵的情歌。① 由于我国没有《新闻法》和《舆论监督法》，在缺乏法律规范的情况下，媒体及其从业者的自律就显得尤为重要。但是，目前新闻业运作模式的局限性使得新闻行业竞争非常激烈，生存压力很大。

---

① 王建国：《新闻法制理论研究》，吉林大学出版社2007年版，第319页。

新闻业运作模式的局限性主要表现为新闻媒体在专业化分工、商业运作、广告承揽的不成熟、不规范方面。为了寻求生存空间，争取最大的发展，新闻媒体不得不出奇招、显奇能，用与众不同的表现来吸引受众，表现为：一是对"故事"感兴趣，特别是对涉及"色情、暴力和隐私"的社会新闻。为了追求轰动效应，将某些新闻讲得绘声绘色来制造"卖点"，不惜夸大其词，言过其实。二是个别媒体出于生存需求，迎合受众口味，不顾事实、不辨真伪，对一些有轰动效应的新闻，仅凭一面之词就抢先报道，快中出错。三是有相当报道不是为了树立正确的舆论和价值导向、维护社会公共利益，而是纯粹为了提高发行量或收视率，故意制造"新闻"。四是个别新闻从业者素质偏低，缺乏责任心和职业道德，张冠李戴，敷衍了事；更有甚者，极个别新闻从业者为泄私愤或为一己私利，发表假新闻等等。这常常导致一些新闻媒体及其从业者过分看重业务量，而在自律方面未给予应有的重视。

三 社会其他层面

（一）法官的"民愤情结"和公众的"清官情结"的交织

在中国，人们用"人怨神怒"、"人神同嫉"、"人神共嫉"等成语来形容民愤极大。在中国漫长的封建专制制度的洗礼中，"民愤情结"在当时社会语境下具有了正义的内涵。一个为官公正的执政者常常以民愤作为判案的依据。与此同时，人们的人治情结已经根深蒂固，只要遇到不平之事，寄希望青天大老爷给予公平和正义之判。但是，在现时代语境下的中国，无论是"民愤情结"还是"清官情结"都出现了与现时代语境相背离的地方。

就"民愤情结"而言，在一个依法治国的国度里，民愤只是一种众人的情绪，而情绪性的东西，不仅代替不了法律，还将会给法律添乱。再说了，民愤本身就是一个极主观的东西，它常常会因人不同而产生变异。所以世界如此之大，也没有一个国家敢全然抛开法律条文而依据所谓的民愤给犯人定罪，因为这样不光会导致不当刑罚，而且还将导致冤狱遍地。故而若靠"民愤"之火来维护法律的尊严，最终只会将法律之剑熏烤得面目全非。[1] 而现实生活中，我们的一些法官似乎还没有完全摆脱"民愤

---

[1] http://www.people.com.cn/GB/guandian/30/20030322/949949.html

情结"的影响,在判案的时候往往很容易受到其干扰。最高人民法院院长王胜俊在广东珠海调研时,着重强调了"群众感觉"在判决死刑案件中的重要地位,他指出,判不判死刑应该有三个依据:一是要以法律的规定为依据;二是要以治安总体状况为依据;三是要以社会和人民群众的感觉为依据。只有以"群众感觉"为依据,才能达到法律效果和社会效果的统一。王胜俊院长的"群众感觉论"一出,立即引起了一定范围的质疑。支持者认为,依据群众感觉并不等于民意审判,应当把群众感觉当作对司法的监督,但它应当通过制度影响判决。而质疑者则认为,司法应以法律为准绳,岂能"跟着感觉走",何况群众感觉往往充斥着许多非理性的内容。

就人治情结而言,在现代法治社会里,公众在潜意识中还萌生"清官情结"。一有不平事,便要寻"青天"。有些人特别是孤立无助的弱势群体常把目光投向有着"衙门"背景和官方色彩、信息来源广、联系渠道多、社会影响力大的新闻媒体,想借助其"话语权"对司法界和行政部门施加压力,形成有利于自己的审判或裁决。公众一旦借助媒体成功实现其个人利益,那么长此以往的功效会把"现代包青天"角色定位转移给媒体。民间流传"找法院不如找记者"、"记者是法官的法官"的说法恐怕就是公众的"青天情结"在起作用,有人给《焦点访谈》起个"焦青天"的雅号也就不足为怪了。

总之,法官的"民愤情结"和公众的"清官情结"相互影响和交织,一方面,来自"不杀不足以平民愤"的民愤无形地影响着法官独立判案的思维;另一方面,来自于人治情结下的媒体舆论开始肆虐法律的尊严,"媒介审判"现象也就不可避免地产生。

(二) 公众的"媒介素养"不高

日本媒介教育专家铃木(Suzuki)认为,媒介素养(media literacy)是指公民对媒体加以社会性、批判性的分析、评论并接触使用媒体,以多样的形态创造互动、沟通的力量。获得这种力量所做的努力便称之为媒介素养。其实,媒介素养说通俗点是指人们对各种媒介信息的解读和批判能力以及使用媒介信息为个人生活、社会发展所用的能力。我国的具体国情,决定了我国公民在媒介素养方面存在问题。中国传媒大学国际传播学院的《中国城市居民媒介素养现状调查报告》显示,我国公众的媒介素养状况从总的来说,国民的媒介素养相对较差,这与国民的文化素养、政治环境、社会环境等因素具有十分密切的关系。比如在对新闻的特性、新闻的偏见的认识问题上，被调查的居民对于新闻更应该体现客观性与平衡性的特征存在认知欠缺。也就是说，公众对于新闻报道的引导处于被动地位，也就无法认识到媒体报道的还要受到个人的价值观、意识形态偏见以及所服务新闻机构或上级认识方法等等因素所左右。

公众的媒介素养不高，将直接导致公众被媒体误导，甚至失去理性的判断。在媒体对于司法案件的报道中，公众对于媒介所营造的"拟态环境"根本不存在任何疑义，殊不知两者之间存在天壤之别。媒体一旦介入司法审判，先入为主，先行判案，并不断反复渲染"不杀不足以平民愤"的舆论态势，公众的理性的判断会失去效用，非理性占据上风，促使舆论的螺旋高涨，被媒介报道煽动起来的公众心中的问题已经不是"这个被告有罪"，而是"应当如何惩治这个肯定会被判罪的被告"。在网络媒体日益凸显的今天，公众的媒介素养不高将会对司法审判形成强有力的干扰。结合网络媒体的特点，传者和受者的界限变得日益模糊，网民可以根据自己的认知设置议程，发动一起网络舆论风暴，这在网络中是很容易实现的。

第六章
我国"媒介审判"现象的传播模式及其机理

第一节 "媒介审判"现象的传播模式

在新闻传播学中有个"模式"的概念。为形象地理解我国"媒介审判"现象,不妨引入传播学中的"模式"概念。有些专家认为模式是一种认识论意义上的确定思维方式,是人们在生产生活实践当中对积累的经验的抽象和升华。简单地说,就是从不断重复出现的事件中发现和抽象出的规律,是对解决问题形成的经验的高度归纳总结。只要是一再重复出现的事物,就可能存在某种模式。有些专家认为所谓模式就是在科学研究中以图形或程式的方式阐释对象事物的一种方法。[①] 笔者在研究我国"媒介审判"现象时,通过知网收集了具有代表性的 20 个典型案例,从中总结规律性的特征,并以模式构建。一位美国的学者本杰明(Benjamin)在考察了中国媒介和司法关系后认为,中国媒介影响司法的基本模式是媒介影响领导、领导影响法院。[②] 这样的说法虽然有失偏颇,但至少说明了领导对于司法影响的事实。对于我国发生的"媒介审判"现象,领导对于司法的影响不可小觑,但媒介、民众以及司法领域的专家等也是不可忽视的因素,笔者认为我国的"媒介审判"现象是由媒体发起并影响民众、领导和其他专家,以致最终的舆论合力形成对司法的干扰。因此,可以说我国的"媒介审判"是各种幕后力量博弈的结果。鉴于以上分析,笔者将我国的"媒介审判"现象进行了"模式化"处理,如图 4—1。

---

① 郭庆光:《传播学教程》,中国人民大学出版社 2003 年版,第 59 页。
② 王建国:《新闻法制理论研究》,吉林大学出版社 2007 年版,第 307 页。

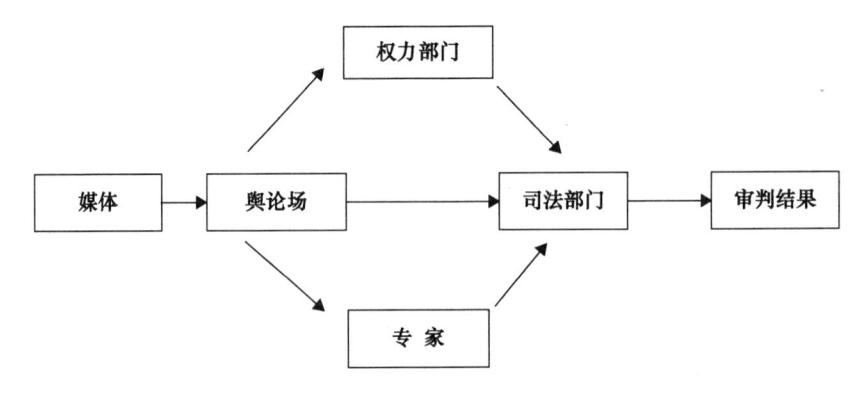

图 4—1　我国"媒介审判"现象的模式

第二节　"媒介审判"现象的传播机理

如果从传播学原理来解释我国"媒介审判"现象的模式，其内在的传播机理包含以下几个阶段：

第一阶段：媒体通过议程设置形成"舆论场"。

"议程设置"理论最早在美国传播学家 M. E. 麦库姆斯和 D. L. 肖合著的论文中提出，这一功能是指大众传媒作为"大事"加以报道的，同样也是以"大事"出现在受众的意识中，并且每天强调越多，受众对此事越重视。大众传媒具有一种为公众设置"议事日程"的功能即"议程设置"功能，传媒的新闻报道和信息传达以赋予各种"议题"不同程度的显著性的方式，影响着人们对周围世界的"大事"及其重要性的判断。[①] 媒体对所关注"议题"进行梳理和整合，进行全方位"议程设置"，达到强化舆论和放大舆论的功效。媒体在进行议程设置时，更多地注入媒体自身的主观倾向，而且其设置的议题会使受众在认知上产生与媒体议题的高度一致性。伊特曼认为媒体具有"建构"世界的两种方法：突出法和选择法。他认为，构造作用引起人们注意现实的某些方面，而掩盖可能引导受众作出不同反应的其他实质，这就可能提供了片面的事实，从而产生错误影响舆论的机会。因为，通过选择，社会现实的一些方面被

---

① 郭庆广：《传播学教程》，中国人民大学出版社 2003 年版，第 215 页。

摈弃于媒介现实之外;通过突出,改变了现实的各个方面在人们眼中重要性的比例关系。① 一个普通的司法案件,一旦被传媒"突出"和"选择",那么这样的司法案件会不断通过媒体手段被强化,要么以头版头条的形式出现,要么以连续的追踪报道形式,或者消息配深度评论和调查的形式出现。随着众多媒体的关注,舆论风向逐渐趋同,持不同意见者则开始"沉默",从而形成"一边倒"的强大舆论,从而引发"舆论场"的形成。

"舆论场"的概念是有些学者为了研究的方便而引入"场"概念的结果。中国人民大学甘惜分教授认为:"无数个人要求和意见只有在场的作用下,经过多方面的交错、协调、组合、扬弃,才能形成一致的共识,舆论便成为这种场的产物。"② "舆论场"的形成过程呈"瀑布模式",信息从高位往低流的时候,就如同多级瀑布一样,往往会经历一个一个的水潭,最上面的水潭由精英组成,然后是媒介的水潭、意见领袖的水潭、大众的水潭,等等。水潭之内会形成回流,进一步影响下一个水潭的结构和流向。同时也会有部分向上蒸腾的过程,而这种蒸腾如果发生在早期,就可以形成议题,决定舆论是否成功形成。③ 新闻传媒的重要特点在于赋予与放大作用,它在建构"场"的同时,也在构建自己的影响圈,通过恰切的议题设置,强化社会干预力度,扩大舆论的影响力。

在实际生活中,"舆论场"包含两个方面的内容,一个是老百姓的"口头舆论场"即"民舆场";一个是新闻媒体的"舆论场"即"新闻场",如图4—2。在新闻媒体没有充分发展时期,由于人们缺乏必要的信息沟通工具,"民舆场"起到主导作用。民间流传的"不杀不足以平民愤"的民意可能是"民舆场"最典型的传播符号特征。到了媒体发达时期,随着媒体对人们的影响逐渐加深,人们对于媒体的依赖感倍增,媒体所制造的"拟态环境"也愈来愈有"现实客观环境"的趋势,因此,媒体"新闻场"作用凸显,"民舆场"淡之。根据目前的状况而言,"民舆场"很难形成,往往由新闻媒体的"新闻场"对民众形成直接的影响,

---

① 王石番:《民意理论与实务》,台湾黎明文化事业公司1995年版,第202页。
② 甘惜分:《新闻学大辞典》,河南人民出版社1993年版,第40页。
③ 陈力丹、易正林:《决策信息来源单一与信息机会主义》,《学习时报》2007年8月8日。

间接地形成了"民舆场"。当"新闻场"和"民舆场"出现共鸣时，其威力非常巨大，足有达到"舆论可以杀人"的功效。

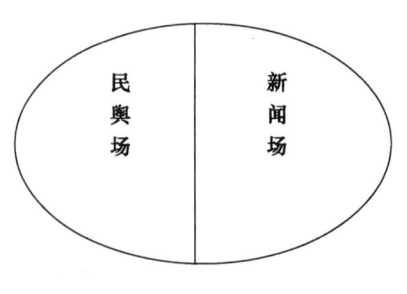

图4—2 "舆论场"的构成

第二阶段："舆论场"对司法审判产生的直接影响。

"舆论场"对于司法的影响力究竟有多大，这在国外也没有得到实证性的结论。关于这方面的研究最早回溯到美国立国之初。当时，许多刑事审判系统的司法人士认为，在刑事案件中，密集的、有偏见的报道对司法审判形成影响和干扰，从而造成审判的不公正。许多科学家试图以实证的研究来推翻上述观点，但由于法律禁止使用真实案件中的真实陪审员作为研究对象，因此多次试验均未成功。① 不过，人们普遍认为"舆论场"对司法的影响是不争的事实。② 魏永征认为传播学和舆论学的研究早就证明了舆论环境对于人们心理、思想和行为的巨大影响，这种影响有时是难以抗拒的，历史上由于舆论压力或影响而导致的错案屡见不鲜。③

在我国，新闻媒体都有党政部门主办，新闻媒体的意见非常容易被理解为代表了某些党政部门的意见，很容易导致媒体的"权利"异化为"权力"，因此，以《人民日报》、新华社、中央电视台等为主的重量级媒体，其舆论监督的杀伤力巨大。再加上媒体已有的"舆论放大"的功能，一旦出现媒体对司法案件的报道，就会形成一种舆论压力环境。当司法人员看到传媒的报道或批评后，或多或少、或大或小、或正或反总要受到影响。如果出现在案件尚未审理完毕或司法审判刚刚启动时，新闻媒体开始

---

① [美] 唐·R. 彭伯：《大众传媒法》，张金玺、赵刚译，中国人民大学出版社2005年版，第392页。
② 王建国：《新闻法制理论研究》，吉林大学出版社2007年版，第304页。
③ 魏永征：《新闻传播法教程》，中国人民大学出版社2006年版，第134—135页。

先入为主对案件进行"定性"或"定罪",那么强大的舆论会使法官深深陷入"不定罪有悖舆论",而"定罪又违背法律"的维谷境地。张雯等人认为:司法人员既是执法者,又是生活在社会中的人,处在社会力量的影响下。当新闻媒体的舆论监督发生作用时,他们作为社会大众的一部分,不可避免地也被传播的这些信息影响。如何从情感上和法理上区分这些信息的真伪与正误,司法人员在产生判断结果之前无疑会有多种选择,以至于给司法人员造成过大的心理压力,影响到最后的判决。①

第三阶段:意见领袖的出现,对司法审判产生绝对影响。

"舆论场"对于司法的影响能否引发"媒介审判"现象的发生,关键在于意见领袖的"临门一脚"。所谓意见领袖是指在传播学中,活跃在人际传播网络中,经常为他人提供信息、观点或建议并对他人施加个人影响的人物或组织。② 基于意见领袖优越的信息来源、知识背景、生活经验或社会地位,公众更愿意相信意见领袖,意见领袖掌握了对这一问题的权威话语。从"药家鑫案"、"李天一案"中,司法部门已然切身感受到了网络舆论的威力,要保证司法审判的权威性以及公正性,必须重视网络意见领袖的作用。如在新浪微博上,各领域都有较为权威的"大V",新浪微博对其进行特殊标注,旨在给予意见领袖特殊的关注与尊贵地位,他们对政治文明进程的影响,对司法审判案件的舆论引导,起着很重要的作用。司法系统在加强网络建设的过程中,应当设立评论员、版主、管理员在影响力较大或观点争议较多的地方及时关注舆情,以便实时进行引导,与网民在互动过程中不动声色地引导舆论走向。一般而言,造成"媒介审判"现象的意见领袖有如下几种:

1. 象征权力部门的意见领袖。中国的国家权力机构是按照一定的原则组织和运作的,并形成一定的权力机构。能对司法产生影响的国家权力机构主要包括"内部权力机构"和"外部权力机构"。"内部权力结构"是指法官在法院系统中的地位。这就涉及审判权与其他权力(如本法院审判委员会、院长、庭长等)之间的关系;③ "外部权力结构"是指司法权在国家权力体系中的地位,即涉及司法权与其他权力之间的关系。其表

---

① 张雯、汪洋:《浅论新闻监督与司法公正》,《新闻知识》2000年第6期。
② 郭庆广:《传播学教程》,中国人民大学出版社2003年版,第209页。
③ 郭俊:《法官的角色分析》,《法制与社会》2007年第3期。

现形式为：党组织的影响和政府部门的干涉。对于内部权力机构而言，由于请示汇报制度的存在，上下级法院之间的审级关系演变为行政隶属关系。由于法院内部审判委员会等内部监督机制的存在及其法官级别制度的存在，法官之间的等级关系也演变为行政上的上命下从关系。① 正由于此，在未决案件的审理中，上级法院领导的指示或言论有可能对上下级之间的司法审判造成一定的影响。比如在 2008 年"两会"期间，备受争议的"许霆案"再一次引起了大家的关注。最高人民法院副院长姜兴长就"许霆案"表示，"我个人认为定盗窃罪没问题，但法院判刑太重了。"他认为这个案件可以适用《刑法》第 63 条，即"轻案请示原则"。这是最高法院负责人首次就许霆案定罪量刑表态，这一表态显然是批评性的。② 实际上，在此之前，出席广东省"两会"的广东省高院院长吕伯涛就"许霆案"接受了记者的采访。吕伯涛说，这个案子有很多的特殊性，比如柜员机算不算盗窃金融和许霆的行为方式算不算盗窃等都是可以讨论的。他间接对广州市中级人民法院的裁决表示了异议。③ 一个中级法院审理的刑事案件，受到两个上级法院的副院长的批评性评价，由此可见，其对于未决案件的最终审理会产生一定的影响。

真正对司法审判带来重要影响的还是外部权力机构，这些机构领导的批示或者电话对司法审判的结果起着关键性的作用。我国的法院和检察院由同级人民代表大会产生，公安和司法行政机关则各属于政府的一个部门，他们的编制、财政、人事等都受制于地方党委和政府，再加上法院地方化、行政化趋向明显，媒体所代表的强大舆论一旦影响到了上级领导，那么上级领导的电话和批示可能对司法审判带来直接的影响。如"赵湘杰案"。1999 年 9 月 22 日《中国青年报》"冰点"专栏以《一审死刑，终审判 15 年，赵湘杰案改判追踪》为题，详细报道了该案的来龙去脉。赵湘杰酒后交通肇事撞死伤人后又接受异性按摩并拒绝交警传讯，该事件被《焦点访谈》曝光后，当地领导经过批示，定性为"以危险方法危害公共安全罪"，一审被判死刑。湖南省高院二审认为，被告行为与危害公

---

① 贺卫方：《司法的理念与制度》，中国政法大学出版社 1998 年版，第 117—125 页。
② 廖卫华、谢佳君：《广东高院副院长：社会应理性对待许霆案》，《成都商报》2008 年 3 月 11 日第 3 版。
③ 夏令、吴瑕：《广东省高院院长称许霆案难界定为盗窃金融机构》，《信息时报》2008 年 1 月 18 日第 3 版。

共安全罪不相符，应定交通肇事罪，因案情情节恶劣，以此罪最高法定刑15年量刑。被告律师认为，一审判决畸重是受到了舆论的影响，这种影响是通过"行政干预"实现的。一审判决在感情上满足了舆论，但破坏了法律的权威性。二审法官认为，新闻舆论、社会影响、民愤等因素在判决时是应该考虑的，但前提是"以事实为依据，以法律为准绳"，在法律规定的幅度内从重处罚。①

象征权力部门对司法审判的重要影响，主要归因于中国"官本位"的思想。这种思想根深蒂固，普通民众、法官和记者都无法挣脱其束缚。对于普通民众、法官和记者而言，在"官本位"思想的驱使下，领导的"批示"成了衡量公平和正义的砝码。比如2003年12月14日，《三湘都市报》的记者们采写了一篇重要的新闻报道，新闻标题《山村命案惊动中央领导批示后恶霸仍被判轻刑》值得玩味。从记者精心制作的标题中，可以读出记者的疑惑：领导都批示了，你法院还能轻判？媒体在宣扬法治和正义的同时，深陷权力的泥潭，迷失了自我。在这则报道中，更为重要的是领导批示的信息"严惩凶手"被媒体解读为"死刑立即执行"，即便法院判了"死刑缓期两年执行"，都被认为是有违"批示"，由此可见，"官本位"思想的余毒影响之深远。② 再如抚顺市14岁少女小兰（化名）在回家途中遭到歹徒灭绝人性残害的事件，经新闻媒体披露后，引起社会各界的强烈震撼。省委书记闻世震就此给抚顺市市委书记周银校、市长王大平写信，要求全力以赴，救治小兰；严惩凶手，加强社会治安管理，切实维护好人民群众的切身利益。信的内容如下：

银校、大平同志：

要全力以赴抢救小兰，争取早日康复。对伤害小兰的这个罪不容诛、灭绝人性的人犯，要严惩不贷。对此案，各级领导干部要深感内疚，深刻反思。这个案件的发生说明社会治安还存在严重问题，还没有保护好广大人民群众的人身安全。要痛定思痛，引以为戒，要以高度的政治责任感，切实加强社会治安工作，深入开展好严打整治斗争，坚决刹住暴力犯罪和带有黑社会性质的犯罪活动。要加强巡逻，加强对劣迹人员监控，强化全社会治安管理，给人民群众创造一个安全的环境。此案也引起我们反

---

① 赵中颉：《法制新闻与新闻法制》，法律出版社2004年版，第128—129页。
② 王琳：《正义的账单》，中国检察出版社2006年版，第252页。

思，城市建设、亮化工程一定要解决小街小巷、居民社区、学校周边的基础设施不配套、条件差问题。亮化，不仅主要街道要亮起来，也一定要使群众生活区亮起来，把环境建设搞好，维护好广大人民群众的切身利益。

闻世震
2002年4月4日

（辽宁频道摘自4月6日《辽沈晚报》）

2. 司法领域的专家意见领袖。最近几年，在一些争议比较大的大要案中，专家意见和看法成为左右和动摇法官审判的影响因素之一。这些专家一般是法律理论界、实务界的教授、副教授和博士。媒体一旦对重大案件设置议程，强大的舆论会对司法领域的专家形成影响。这种影响可能有两种情况：其一，专家屈从于媒体舆论，常常以专家姿态发表文章，对案件进行评说，抢先对案件进行定性审判。比如"许霆案"，案件终审判决还未审理之前，有些知名的法律专家公开在《南方周末》等有影响力的报刊发表文章，对案件说三道四，这明显有误导民众，对司法审判造成影响的倾向；其二，专家没有屈从媒体舆论，但媒体设置的议程成为专家关注的焦点，经常采用"专家论证"形式出现，对司法审判提出质疑。有人认为，专家论证意见以专家论证形式出现，给人是中立的表征，特别是掌握法律话语霸权"专家"的字眼，加剧了公众的盲从与提交一方当事人的偏执，干扰了法官的视野，动摇了法官的信心。比如在"刘涌案"中，该案首犯由死刑改判死缓，其中的专家意见起了很大的作用。2001年9月19日，包括中国政法大学前校长、著名刑事诉讼法学教授陈光中，北京大学法学教授、刑法学专家陈兴良在内的14位专家人士针对"刘涌案"，出具了一份专家论证意见书。《意见书》中说："与会专家听取了律师的介绍并查阅了公诉人提交的证据，一致认为：本案在证据方面存在严重问题。"有些人认为，正是这个《意见书》在此案中起了比较关键的作用，是导致该案被改判的重要依据之一。改判引发的质疑和声讨把专家论证会推到了风口浪尖之上。[①]

意见领袖的意见会加剧舆论的螺旋效应。"沉默的螺旋"最早见于1974年德国著名传播学者诺依曼《沉默的螺旋：舆论——我们的皮肤》

---

① 李琳：《法律专家论证干扰司法公正畸形制度产生怪胎》，《南方都市报》2003年10月9日第11版。

一书，该理论基本描述了这样一个现象：人们在表达自己想法和观点的时候，如果看到自己赞同的观点且受到广泛欢迎，就会积极参与进来，这类观点越发大胆地发表和扩散；而发觉某一观点无人或很少有人理会，即使自己赞同它，也会保持沉默。意见一方的沉默造成另一方意见的增势，如此循环往复，便形成一方的声音越来越强大，另一方越来越沉默下去的螺旋发展过程。意见领袖的观点和看法是少数人的意见，往往被人们当作多数意见来认知，其结果也会造成"沉默的螺旋"现象发生，最终法官没有办法不考虑公众舆论的压力，导致一些案件无法得到公正、合理的审判。

第七章
对我国"媒介审判"现象的理性思考

第一节 中西"媒介审判"现象特色对比

我国"媒介审判"现象毕竟不同于西方的真正意义上的"媒介审判",这一点主要是基于两者的司法审判制度的不同所造成的。除此之外,笔者梳理了西方典型的"媒介审判"案例,比如美国的"谢帕德"案、"辛普森杀妻案"等,与此同时也梳理了"孙志刚事件"、"张金柱案"、"刘涌案"、"王斌余案"以及"邱兴华案"等,发现中西"媒介审判"现象在一些方面还是存在不同差异,具体有以下几个方面:

其一,从审判案件本身分析,事件具有典型的公众性,媒体的活动在很大程度上与公共性和公益性有关,并受公共性和公益性的制约,这是形成"媒介审判"的前提,这一点中国与西方的"媒介审判"有很大的差别。所谓传媒的公共性与公益性一般指在社会上传媒围绕共同关心的公共事务或问题应尽的责任和义务,依据表现在三个方面:其一,传媒在满足受众的信息需求方面起着公共服务的作用;其二,传媒的强大影响力涉及社会秩序和社会公共生活;其三,传媒作为公共财产,必须对社会和公众承担相应的义务和责任。[①] 正是传媒的公众性和公益性,在一定程度上牵制了传媒的活动,因此,传媒的活动必须符合社会公共利益。在我国,我国的国家性质决定了我们媒体活动受宣传目标和公共性制约的程度最高,因此,我国传媒必须以追求社会效益为第一己任。比如"孙志刚事件"从某种意义上来说,也是个典型的"媒介审判"的例子。2003年3月17日晚上,任职于广州某公司的湖北青年孙志刚在前往网吧的路上,因缺少暂住证而被强行收容,在一家收容站受到工作人员以及其他收容人员的野蛮殴打致使死亡,于是以《南方都市报》为代表的媒体责问肇事者,并

---

① 郭庆广:《传播学教程》,中国人民大学出版社2003年版,第160页。

振聋发聩地将批判的锋芒直指收容制度。在全国媒体的集体舆论压力下，"孙志刚案"不仅得到及时审判，而且最终促使国务院废止实施了二十余年的《城市流浪乞讨人员收容遣送办法》，引发了中国新政策的出台，致使中国的救济制度代替了收容制度，促进了中国法治的进步。

西方传媒作为商业媒介的主要目的是追求利润，它受公共性和公益性的制约最低。有些所谓的黄色小报为了达到这样的目的，不惜采用煽情刺激炒作的方法来招徕读者或观众，甚至以牺牲"报格"或"台格"为代价。比如美国的"谢帕德案"就是最好的证明。当初的报纸为了追求卖点，不惜制造谢帕德的黄色桃色新闻，说谢帕德是一个玩弄女人感情的人，并大肆炒作，误导了大批受众，也间接促使了冤案的发生。

其二，"媒介审判"案件中的当事人的特殊身份也是促成"媒介审判"的关键性因素，比如"张金柱案"中的张金柱此人曾任郑州市公安局二七分局局长、郑州市高新技术产业开发区公安分局政委，"刘涌案"中的刘涌是沈阳嘉阳集团董事长、和平区政协委员、中国致公党沈阳市直属支部主委、市人大代表等。按照常理，这些特殊身份的人往往在社会上占有强势，结果容易让受众产生"违法者逍遥法外"之嫌。但是一旦有媒体的介入，这些特殊身份更容易激起舆论的力量，于是舆论的螺旋开始起作用，最终的结果是加速了"媒介审判"的进程。而西方的"媒介审判"却大不相同，其所涉及的人物身份主要还从趣味性上入手。比如美国世纪审判"辛普森杀妻案"中的辛普森是美国家喻户晓的橄榄球大明星。辛普森的名人效应，从明星到杀人嫌疑犯的戏剧性变化以及黑白通婚、性的问题，这一切要素完全符合公众和新闻媒介的猎奇需求，于是从1994年6月17日该案被曝光开始，美国的各种媒体竞相长篇累牍报道，规模空前。该案之所以被媒体称作"世纪审判"，主要由于当该案裁决即将宣布之时，整个美国一时陷入停顿。据当地报纸描述：当时的美国总统克林顿推开了军机国务；国务卿贝克推迟了演讲；华尔街股市交易清淡；长途电话线路寂静无声。数千名警察全副武装，如临大敌，遍布洛杉矶市街头巷尾。CNN统计数字表明，大约有1.4亿美国人收看或收听了"世纪审判"的最后裁决。

其三，从媒体的行为来看，我国的媒体的行为旨在维护社会的公正，还原事件的真相。媒体保证社会的公正是一个记者最起码的道德要求，也由我们的国家性质所决定。关于社会的公正，罗尔斯认为，为了达到正义的原则，人们必须处于"无知之幕"（veilofignorance）的背后，即当人们对一切茫然不知所措时，所有的人都是一样的，处于同一起跑线上。当从幕后走入社会，人们面对价值观多种选择，要么为了个人利益最大化，要么为了弱势群体受到保护。作为新闻媒体而言，应当反思均衡，充分考虑到正义的分配问题。比如"张金柱案"、"刘涌案"、"王斌余案"以及"邱兴华案"等几乎都涉及社会公正问题。西方"媒介审判"主要从趣味性入手，往往忽视了社会的公正问题，过分渲染人的感官刺激，导致社会的伦理道德的沦丧。比如美国世纪审判"辛普森杀妻案"，记者大肆渲染辛普森从明星到杀人嫌疑犯的戏剧性变化、黑白通婚的起疑性、还有性的问题等，几乎掩盖了新闻事实的真相，对受众造成了不良的影响。

其四，从与舆论监督的关联程度来看，我国的"媒介审判"现象在很大程度上取决于我国媒介的舆论监督功能。新中国成立到80年代中期，中国很少存在本论著所界定的"媒介审判"现象，这主要由于我国媒体仅有的"喉舌"宣传功能，对什么该报，什么不该报，都有了硬性的规定，根本不是依据新闻规律来报道新闻。随着改革开放后，我国的法制化和民主化进程加快，舆论的呼声开始显山露水，也就出现了"媒介审判"现象的先例。比如1979年发生的"渤海二号沉船事件"，死亡72人，直接经济损失达3700多万元。这是天津市、石油系统自新中国成立以来最重大的死亡事故，也是世界海洋石油勘探历史上少见的。"渤海二号"事件发生后，并没有得到有效的处理，群众对此颇有微词。后经过媒体的干预和如实报道，1980年国务院在处理"渤海二号"沉船事故时就解除了原石油部部长的职务，当时主管石油工业的一位副总理被记大过处分。近些年来，我国的新闻舆论监督功能正逐渐增强，"媒介审判"现象的案例也越来越多。我国的"媒介审判"现象与舆论监督是分不开的，两者的关系十分密切。在社会生活中，我国的新闻媒体号称为"舆论工具"。我国的媒体是舆论的载体和放大器，某种舆论一旦被载入新闻媒体，舆论就开始复制，最终把无形的意见转化为强大的具有约束力的有形力量。正如《大河报》前副总编马云龙谈起"张金柱案"的报道说："如果它是一个标志，那就是表明媒体开始以前所未有的深度来干涉社会，成为监督的一种力量。"此外，媒体的议程设置功能往往能够反映舆论和引导舆论，这在一定程度上为"媒介审判"现象提供了强大的助推器。当然，由于我国政治体制的原因，来自行政上的力量往往也是造成"媒介审判"现象的关键因素。在现实生活中，我国的"媒介审判"现象往往是舆论力量直接影响的不是司法部门，而是上级法院和其他公权机关的权力（包括行政权力），然后由这些权力部门出面，对司法部门造成影响。因此，在我国，"媒介审判"现象大部分原因在于舆论的力量和其他力量的合力所形成的幕后控制。西方国家的媒体则不同，它们一直宣扬自己是独立的"舆论机关"，号称"第四种权利"，因此媒体放大的权利对司法的过多干预造成了司法审判，当然也不排除是由媒体的不负责任和过度追求猎奇迎合受众而造成的，公众的舆论只起一定的作用。

其五，从媒体和司法的关系来看，在过去相当长的一段时期，一些政府官员和司法部门习惯了将媒体当作自己的传声筒，纯粹将媒体看作自己管理的工具，这种认识显然是将新闻媒体当作一种类似于"半导体"的角色，而忽视或者排斥新闻传播中由民众向社会和政府的逆向渠道。媒体和司法的关系似乎是井水犯不着河水，给人的感觉是穿着一条裤子走路，共用一个鼻孔出气。随着我国民主化进程的加快，公民的法律意识也逐渐增强，人们得到的新闻自由的空间越来越多，舆论的呼声开始闪现，于是也就慢慢形成了媒体对司法的监督问题。我国媒体和司法的关系正如大法官肖扬所说："从现代社会的组织构架来看，司法与媒体之间存在着广泛而密切的联系。司法过程所蕴含或展示的丰富内容，对于媒体来说具有永恒的吸引力。司法实践所衍生、引发的事件与问题，从来都是媒体关注的热点。而现代媒体所拥有的信息传播力量、广泛社会影响、舆论监督作用，也使得司法机关无法忽视媒体的作用。"司法机关作为社会正义的天平，具有很大的强制力和威信，并要求任何机关在执行法律时为其提供方便。媒体，作为舆论的载体和放大器，通过舆论的引导，形成"沉默的螺旋"，进而影响司法等部门。近些年来，我国出现的"媒介审判"现象遭受法律专业人士的非议，很大程度上是从保护法律的尊严和正常的司法程序的角度出发，以此来强调司法独立对于国家的重要性。比如1997年8月24日发生在河南省郑州的张金柱交通肇事逃逸事件发生后，舆论的螺旋把张金柱送到了断头台上。据说，张金柱在临死前说：是媒体害了他，这是一个典型的"媒介审判"现象。在沉寂几年后，一些法律专家开始对此案提出了质疑，认为在此案中，张金柱最多也只能被判刑7年至10年而不应该是死刑，并称媒体和媒体激起的民愤，"诛杀了公安败类的代表张金柱"。现在的问题是如果法律人士仅仅从保护我国法律的威严和正常的司法程序而否定"媒介审判"现象，那么由于司法部门的原因而造成的判决失误又由谁来监督呢？在西方，媒体生来和司法部门就是一对冤家，媒体也一直把监督司法权力部门作为媒体衡量新闻自由空间的敲门砖。因此，西方的媒介与司法部门远非中国媒体和司法部门的关系那样融洽。如果按照媒体和司法的关系来看，似乎西方的"媒介审判"现象数量要比我国多得多。其实未必，这主要由于西方的司法独立，而且法制很健全，即使媒体的报道对司法部门或陪审员产生影响，他们总有解决的办法，比如异地审判或严格入选陪审员等措施，尽量把媒体对司法部门的影响降到最低限度。

第二节 "媒介审判"现象存在的现实意义

一 "媒介审判"现象存在的现实语境

基于上文对中西"媒介审判"现象的不同分析，因此在评判我国"媒介审判"现象时，更要考虑其存在的现实语境。

首先，就司法而言，我国司法存在的问题不容忽视。作为实现社会公平正义最后一道关口的司法机关，腐败现象依然存在，甚至是十分严重。"进入20世纪90年代中期以来，我国的司法腐败便不断滋生蔓延，且呈现愈演愈烈之势。……可以毫不夸张地说，司法腐败几乎已经扩散到每一个司法机关，渗透到每一个司法环节，成为司法机关久治不愈的顽疾和恶性肿瘤。"[①] 除了司法腐败之外，司法公正还存在诸多问题。随着建立社会主义法治国家和构建社会主义和谐社会的时代使命的提出，司法公正已经成为社会民众普遍关注的焦点问题之一。近年来，随着社会主义市场经济的逐步建立和完善，原有的利益格局被打破，引发的各种纠纷明显增多，司法任务越来越繁重，社会公众对司法公正与效率的要求越来越高，但目前我们在司法理念、司法体制、管理制度、队伍素质等方面还不能完全适应形势发展的需要，司法公正中还存在不少问题，必须及时解决这些问题，才能确保实现社会正义的最后一道屏障不失，确保实现司法公正对构建社会主义和谐社会的推进作用。

其次，就媒体而言，我国媒体舆论监督的空间有限。当前，我国媒体

---

① 谭世贵：《司法腐败防治论》，法律出版社2003年版，第1页。

舆论监督的现状：其一，"两头热，中间冷，抽象肯定的多，具体否定的多"。① 由于地方保护主义，许多处于中间地位的领导对于批评报道总是抽象肯定而具体否定，在很大程度上束缚了新闻传媒实施舆论监督的手脚，致使我国新闻批评的现状总是不能令人满意和乐观；② 其二，"只打苍蝇，不打老虎"。以研究舆论监督著名的郭镇之教授在对《焦点访谈》节目研究后得出结论：《焦点访谈》对于批评对象存在"只打苍蝇，不打老虎"现象，即新闻媒体的舆论监督对下层的监督要远大于对上层的监督。③ 探究我国媒体舆论监督这种"只打苍蝇，不打老虎"方式，郭镇之教授认为"媒介对政府的依附，决定了中国的新闻传播在对权力实施舆论监督、特别是批评报道方面处于天然的劣势，从而产生'只打苍蝇，不打老虎'的问题。中国的新闻媒介从来没有独立揭发出真正重大的政治经济问题；披露严重的社会问题常常受到压制；面对铺天盖地的腐败现象少有作为。同时，由于监督对象及其上级部门越来越老练的抵制与干预，新闻媒介的舆论监督处于十分困难的境地"；④ 其三，异地监督难。我国媒体分布处于"条块分割"状态，基本上地方媒体都有自己的势力范围，再加上党的宣传纪律规定新闻媒体不得批评同级党委，这在一定程度上造成了异地监督的困境。

二 "媒介审判"现象存在的现实意义

鉴于我国"媒介审判"现象存在的现实语境，不难理解其在当下存在的现实意义。正如学者周泽所说："从中国的社会现实来衡量，即使中国存在'媒介审判'现象，也完全有存在的理由、甚至不可或缺。"⑤ 从中国"媒介审判"现象的产生来看，促使"媒介审判"现象的发生，绝非易事，它不仅需要多方合力来促成，更为重要的是媒介所关注的司法案件涉及不同阶层之间权力话语的博弈。比如"张金柱案"中的张金柱，

---

① 曹柯：《书生快意南方剑——新闻批评和新闻调查》，广东人民出版社2001年版，第256页。
② 李文明：《新闻评论的电视化传播：〈焦点访谈〉解读》，四川大学出版社2003年版，第404页。
③ 郭镇之、赵丽芳：《聚焦〈焦点访谈〉》，清华大学出版社2004年版，第322页。
④ 阮志孝：《谈我国大陆媒介的监督组织与机制》，《新闻知识》2006年第9期。
⑤ 周泽：《"媒体审判"、"舆论审判"检讨》，《中国青年政治学院学报》2005年第3期。

其身份是警察，曾任郑州市公安局二七分局局长、郑州市高新技术产业开发区公安分局政委，而受害者是来自底层的百姓；赵湘杰案中的赵湘杰是某公司工会主席，而受害者也是来自底层的百姓；刘涌案中的刘涌，原沈阳市人大代表、沈阳嘉阳集团董事长，而受害者则是普通百姓。在中国法治还不健全的情况下，媒体作为"党和人民"的代言人，关注底层人民的呼声自然具有很好的现实意义，这一点是无可否认的，也是值得首肯的。具体而言，表现在两个层面：

首先，"媒介审判"现象有助于完善司法审判制度，在一定程度上能够实现社会的公平与正义。从司法语境来看，由于司法不完善和司法制度不健全等造成的媒体干预司法的现象是值得反思的。在司法腐败十分严重的现实国情下，如果我们不能排除司法机关有枉法裁判、执法犯法的可能性，自然就不应该排除和阻挠媒体对案件审判有倾向性的报道。比如在现实社会中，应该立案法院没有立案，不具有管辖权的法院却枉法立案等明显的司法不公现象，媒体经调查研究核实后提前介入司法，可以对司法腐败起到直接的阻碍作用。[①] 从司法角度来看，传媒和舆论的适当介入有助于司法抵制其他干预而达到司法公正的目的。网络被称为草根民主的实验厂和交流平台。网民可以通过对一些事件的参与提升参与感，而且，网民在个体案件的参与过程中能够发挥"民意"、"感知社会的皮肤"功能，一些著名的案例，其审判结果，确实是在网络舆论强大的攻势下最终形成的。如2003年发生的"孙志刚案"就是一个很好的例子，许多媒体报道了这一事件，在社会上掀起对收容遣送制度的大讨论。这一事件，也许会被记入中国依法治国的历史。这一案件从某种程度上印证了新闻监督对司法公正有益的论断。有学者指出，如果没有新闻媒体的报道，这个案件也许结果不是这样，也许不会这么快解决。西方有句古老的谚语："正义不仅应当得到实现，而且应当以人们能够看得见的方式得到实现。"公开、公正是民主本身的要求和体现之一。传媒及舆论的介入有助于增加司法过程的公开性，有利于透明司法的实现，可以为社会公众评说司法行为并参与司法进程创造条件，从而在最大限度上降低司法专横和司法武断的可能性，能够起到监督司法、防止和矫正司法偏差的作用。新闻媒体对于案件

---

① 唐远清：《对"反对'媒介审判'论"的辨析》，载展江、白贵《中国舆论监督年度报告（2003—2004）》，社会科学文献出版社2004年版，第144页。

进行的倾向性报道，一方面为社会公众评说司法行为提供了话语平台，降低了司法专横与司法武断的可能性；另一方面在一定程度上促进司法将案件的审判推向最大限度的公正，从而起到防止和矫正司法偏差的作用。2008年3月31日，一段时间沸沸扬扬的"许霆案"，经历了国内舆论界对法官和法院的"严厉"声讨，经广东高级人民法院裁定"事实不清，证据不足"发回重审后，再由广州中级人民法院重新审理，作出了与原审大相径庭的判决：由原审判决无期徒刑减为有期徒刑5年。在许霆被一审判无期徒刑后，北京市瑞风律师事务所律师李方平联合7名律师针对"许霆案"向全国人大常委会和最高人民法院提交了一份名为《关于刑法及其法律适用若干问题亟待修改》的公民建议书，一致认为该案件存在制度性缺陷，表示无论许霆是否构成盗窃罪，量刑标准都存在问题。建议书中指出，《刑法》第264条规定的盗窃金融机构情形存在重大的立法缺陷问题。其他的侵犯财产类案件的量刑标准都实现了无缝衔接，然而盗窃金融机构情形则不然。依照相关司法解释，盗窃3万元至10万元以上的，可定为数额特别巨大。ATM一旦认定为金融机构，超过10万元依法就只能判处无期或以上徒刑。在建议书中，李方平等律师还分别提取了1997年和2006年的全国职工平均工资，来表明1998年发布的《关于审理盗窃案件具体应用法律若干问题的解释》，在盗窃公私财物量刑数额标准上滞后，盗窃量刑标准却没有根据国民经济、人均收入的提高相应调整，以至于判决结果相较10年前显得越来越重。这种现状如果继续维持，则与罪行相适应原则背道而驰。总之，"许霆案"，由于该案件所涉及的司法制度存在制度性缺陷，无论许霆是否构成盗窃罪，量刑标准都存在问题。在媒体狂轰滥炸式的报道中，司法部门终于作出了改判，由原审判决无期徒刑减为有期徒刑5年。回顾"许霆案"，虽然媒体在对该案进行的舆论监督具有"媒介审判"嫌疑，但是这种"审判"是建立在法律存在漏洞与不足的前提条件下，因此，从社会效果考究上看还是具有深远的现实意义。

其次，"媒介审判"现象有助于媒体发挥舆论监督功能，在一定程度上能够杜绝"媒介失语"。从我国媒体舆论监督的语境来看，"媒体报道影响司法是一种非常正常的社会现象，不宜也不需要对之过分担心，更不应当以此为由来压制媒体，使本来呼吸空间就先天不足的媒体的报道空间进一步消减。"① 如果司法部门以防止"媒介审判"现象为借口,动辄对媒体实施制裁,这容易压缩新闻舆论监督的权利与空间,使许多媒体因害怕官司缠身,而采取"不作为"或"少作为"的态度,会造成"媒介失语"。所谓"媒介失语"就是媒体在面对公共性事件发生时无为的表现。"媒介失语"的后果会导致社会监督的严重缺位,司法的天平可能由于缺乏媒体必要的舆论监督而失去平衡,社会的公平正义将会荡然无存,记者的伦理道德将会受到严重的挑战,因此,"媒介失语"在某种程度上比"媒介审判"现象更可怕。② 如在"佘祥林案"中,媒体集体失语而酿成的冤案就是明显的证明。1994年4月,湖北省京山县农民佘祥林被当地人民法院以故意杀妻罪判处有期徒刑15年。2005年3月28日,其妻张在玉突然出现,至此,佘祥林的冤案昭然于世。这里不禁有人要问:造成这起冤案的原因是什么呢?据有关媒体的报道,造成这起冤案的主要原因是我们的司法人员滥用司法程序,甚至采取刑讯逼供手段获取证据所导致的直接结果。然而,造成司法人员违法行为的原因又是什么呢?笔者想主要还是一个监督缺失的问题。自佘祥林入狱11年来,其母、其兄没少为其申诉辩白,几乎所有的单位都已跑尽,但所有这些都归于徒劳,尤其是媒体在此期间也"哑言失火",使佘家的申冤之路走到了尽头。在"佘祥林案"中,有关媒体前后截然不同的态度,值得我们忧虑,同时也向我们传递了这样的信息:我们的许多媒体在强权面前还相当脆弱,作为社会监督最后一道防线的媒体的"不作为"现象应引起社会的足够重视,媒体不能担心"媒介审判"现象而招引"新闻官司"缠身而失言,这使得佘家的申冤之路走到了尽头。③ 不过,随着媒体职业信念的建立,媒体会日渐成熟,一旦涉及其他利益和社会责任感的博弈时,社会责任感会成为其职业理念的第一要义。比如"许霆案",媒体在热炒该案的同时,也有人警告过度炒作"许霆案"会造成"媒介审判"现象的发生,但是传统媒体和网络新媒体并没有出现失语状态,而是积极应对这样的说法,比如《南方日报》的一篇文章《媒体关注许霆案远没达到舆论审判的地步》

---

① 王四新:《从黄静案看媒体与司法的关系》,《现代传播》2007年第6期。
② 庹继光、李缨:《"媒介失语"比"媒介审判"更可怕——以一个典型的个案为例》,《新闻界》2005年第4期。
③ 李衍玲:《新闻伦理与规制》,社会科学文献出版社2008年版,第181页。

等，这在很大程度上稳定了舆论的"螺旋"继续发挥其应有的作用，最终导致"许霆案"峰回路转，实现了社会最大的公平正义。作为一个"为民代言"和社会"瞭望者"的记者，"他要在一望无际的海面上观察一切，审视海上的不测风云和浅滩暗礁，及时发出警告。他不计自身的成败荣辱和老板的喜怒盈亏，而是为信任他的人民服务"。（约瑟夫·普利策语）在现实生活中，要充分认识到媒介失语的危害性，要加强媒体对于司法的监督。其实，媒体对司法的舆论监督，就是媒体正常功能的体现，也是媒体监督的应有之义。我国学者夏勇总结，传媒监督司法其利有三：一是作为司法不公的特殊救济手段；二是在于满足公众的知情权；三是在不违反法律的前提下，对具体案件中的司法机关、嫌疑人和被告人提供支持。①

总之，以上所述都是基于辩证的观点来看待我国当下的"媒介审判"现象，其存在的现实意义必须基于其依存的现实语境，但是绝非放纵和漠视"媒介审判"现象的发生。放纵和漠视"媒介审判"现象的态度在实践中是有害的，它使我们好不容易建立起来的现代化国家所具备的基本宽容精神，又重新回到非理性主义和蒙昧主义时代，更为重要的是它在很大程度上纵容媒介的失范行为，对此，我们必须有一个清醒的认识。

第三节 法治视野下"媒介审判"现象的负面效应

考虑到我国正在"全面落实依法治国基本方略，加快建设社会主义法治国家"，而且胡锦涛同志在十七大报告中强调"推进依法行政。深化司法体制改革，优化司法职权配置，规范司法行为，建设公正高效权威的社会主义司法制度，保证审判机关、检察机关依法独立公正地行使审判权、检察权"，"媒介审判"现象的出现无疑与我国法制建设的宗旨是相违背的。因此，从长远来看，我们必须坚决杜绝此类现象的发生，这是原则性的问题。只有深刻认识到"媒介审判"现象对我国法治建设所造成的负面影响，才能使媒介与司法处于和谐状态，从而化解两者之间的冲突。

---

① 王好立、何海波：《"司法与传媒"学术研讨会讨论摘要》，《中国社会科学》1999 年第 5 期。

一　干扰司法独立

司法独立是国际公认的基本法治原则，指司法机关依法独立行使职权，不受任何其他机关、团体和个人的干涉，依据法律事实，依照法律的规定对案件作出公正的判决。在我国，《宪法》第126条规定："人民法院依照法律规定独立行使审判权，不受行政机关、社会团体和个人的干涉。"《宪法》第131条规定："人民检察院依照法律规定独立行使检察权，不受行政机关、社会团体和个人的干涉。"《人民法院组织法》第4条规定："人民法院独立进行审判，只服从法律。"司法的独立审判，是为了使司法审理过程不受社会各界的影响和干扰，以保证对案件做出准确判决，维护公民的合法权益。①

在"媒介审判"现象中，媒体由于没有秉承"无罪推定"、"罪刑法定"、"罪罚相适应"等法律原则，先入为主，抢先在司法审判之前进行"审判预设"，这在某种程度上严重干扰了司法独立原则。比如在"刘涌案"中，刘涌被警察拘押的时候，媒体进行了大量倾向性报道。二审因无法排除刑讯逼供的可能，根据"疑罪从无"的原则改判死缓。之后媒体评论铺天盖地。"刘涌不死，谁人当诛？"的舆论震耳欲聋。互联网上的相关评论达到了几十万条之多。最高法院将刘涌改判死刑的终极判决很有可能是因为考虑到外在舆论的压力。此外，由于我国媒体是党政权力的延伸，媒体在集中报道了某个案件后，由于舆论导向对人们心理和行为的巨大影响，某些行政领导往往会加以关注或批示，导致法官不得不按照行政领导的意志来断案。从这个层面上来说，媒介的报道很容易被理解为代表了某些决策层的首肯和意见。这种来自行政等方面的外部干扰也损害了司法独立原则。比如"夹江打假案"，当该案的判决结果公布后，中国行政法学界的代表刊物《行政法学研究》以编辑部的名义发表评论，认为"制假者状告打假者决非怪事，打假者也需依法进行"。一些法律界人士称此案的判决是"传媒威逼法院"、"舆论强奸法律"。②

---

① 魏永征：《新闻传播法教程》，中国人民大学出版社2006年版，第133页。
② 曾文经：《传媒的魔力》，时事出版社2001年版，第260—261页。

二 践踏司法公正

司法公正是社会公正的最后一道防线，司法公正的基本内涵就是要在司法活动的过程和结果中坚持和体现公平与正义的原则。在这里，司法主要指法院的审判活动；公正的含义则包括公平、平等、正当、正义等。司法公正既要求法院的审判过程遵循平等和正当的原则，也要求法院的审判结果体现公平和正义的精神。前者可以称为程序公正，后者可以称为实体公正。它们共同构成了司法公正的基本内容。就媒体和司法所追求的终极价值来看，两者都是追求社会公平与正义。就表现形式来看，司法界追求的是法律上的公正，而传媒体现社会道德上的公正。但是，媒体在追求"道德公正"的同时，往往践踏了司法公正原则。"我们必须认识到以报界、新闻界为代表的舆论界也并不总是公正无私的。总体说来，它们并不比司法界更崇高，更大公无私。从统计学上看，'好人'和'坏人'在社会中的分布是均衡的。因此很难说，舆论界在道德上比其他各界更为优越。"① 比如在"董晓阳案"中，湖北女子董晓阳，因贩毒174.7克，原本按我国法律要判处死刑。但是因为该女在监狱中折千纸鹤，并在每个纸鹤上写一个字，构成一篇煽情的《千字忏悔文》，因此被众多媒体纷纷以同情怜悯的角度报道，其中在有些报道中还出现"罪不至死"等词句。法院在最后的判决中，迫于强大的舆论压力，改判董晓阳死缓。再如"河北大学车祸案"中，肇事者在醉酒驾车撞人之后扬长而去，被拦阻后还说出："我爸是李刚！"的言论，从道德层面来看，这种行为确实应该受到谴责，但是客观地说，这只是一件醉酒交通事故，到底该作出怎样的判决应该由司法部门来定。而"媒介审判"现象非但无助于案件的依法处理，反而不断产生大量的非理性言论，一方面很容易影响网民对案件的客观判断；另一方面也会误导网民认为，不管案件的犯罪程度怎样，判决的结果都会朝着"民意"所向的方向发展。长此以往，必然会严重妨碍网民树立正确的法律观念，从而严重影响整个社会法制观念的形成②。

---

① 苏力：《法治及其本土资源》，中国政法大学出版社1996年版，第149—153页。
② 陈硕：《网络时代的媒介审判》，《江淮论坛》2010年第9期。

三　有损法院威信

西方有句谚语："法院不受尊重，国家走向衰亡！"在法治社会里，法院理应比任何其他机构更能代表正义，更应该受到尊重，更应该让人民感觉到这是神圣的殿堂。"媒介审判"现象往往在法院"未审"或者正在审理案件的前提下，超越司法程序抢先作出定性、定罪、定刑以及胜诉或败诉报道，实际上代替了"法院审判"，篡夺了法院作为宪法所设定的司法审判机关的应有功能，有损法院的尊严和权威。[①] 如果"媒介审判"的结果和法院审判的结果吻合，由于"媒介审判"的先入为主和媒体广泛的影响力，一般公众会"合理想象"，认为法院的判决是屈从于舆论的压力，这会使法院的判决失去了实际的影响力，削弱了法院判决的权威性。民间出现"打官司找记者"的说法就说明了法院在公众心目中的威信大大降低。这种思维范式一旦形成"刻板成见"（stereotype），很难修复和重树法院的威信。如果"媒介审判"的结果与法院的判决的结果不一致，一方面会在审理的过程中形成了对法院的不恰当的压力；另一方面，不一致的结果公布于世后，由于"媒介审判"的先入为主和媒体的广泛影响力，公众的思想和情感更容易倾向于媒体，这也同样会使法院的判决失去实际的影响力，实际上剥夺了法院的权力，削弱了法院判决的权威性。[②]

四　造成"新闻侵权"

"媒介审判"现象往往对当事人进行侮辱、诽谤他人或揭露、宣扬他人隐私等行为，侵害了当事人的名誉权或隐私权，构成新闻侵权。魏永征认为：新闻侵权行为是指在新闻采集和传播中侵害他人（自然人、法人）人格权的一种行为。[③] 一般而言，新闻侵权行为侵害的主要是公民的人格权，包括公民的名誉权、肖像权、隐私权等。"媒介审判"现象所造成的新闻侵权大部分集中在名誉权和隐私权。被告一方面面临的是刑事审判；另一方面面临的是隐私权被曝光的命运，人格再次受到伤害。被告人作为

[①] 陈弘毅：《从英、美、加、德一些重要判例看司法与传媒的关系》，载北京大学法学院人权研究中心《司法公正与权利保障》，中国法制出版社2001年版，第157—158页。

[②] 杨磊、周大刚：《"起诉"媒体——新闻法律热点问题透视》，知识产权出版社2006年版，第42页。

[③] 魏永征：《中国新闻传播法纲要》，上海社会科学院出版社1999年版，第195页。

社会个体，也有维护个人名誉和形象的权利，即使被判有罪，其正当的合法权益也并不因此而丧失，更何况在判决前，被告人还仅仅是犯罪嫌疑人而已。以"尹冬桂案"为例，尹冬桂被"双规"后，其生活作风问题在媒体间甚为流传，其版本很多，有的说"尹冬桂与100多个男人有染"，有的说"43个"，有说"20来个"，甚至还有令人瞠目的数字：308个。可是，在湖北省宜城市人民法院开庭审理尹冬桂案时，庭审中并未涉及尹冬桂生活作风问题。面对社会上传得沸沸扬扬的谣言，6月25日尹冬桂在庭审陈述时说："我特地感谢省纪委在办理我的案子中，澄清了谣言、诽谤，澄清了我的生活作风问题，还了我人生的清白，还了我作为一个女人的人格尊严。"然而，就在庭审的次日，武汉一家媒体还是以"与多位男人有染，霸占司机6年"为引题，以《枣阳有个"女张二江"》为题，报道了尹冬桂的"生活作风问题"。该报道很快被全国各地媒体转载，并且多以"女张二江"为题。①

新闻侵权一旦发生，往往会导致新闻官司的发生。新闻官司也叫新闻纠纷，即对新闻侵权行为的诉讼。新闻报道由于主观因素的影响，造成不应有的失误而触犯法律，受害者自觉地用法律保护自己，对名誉、品德、声望、信誉等受到的损害提出上诉，就要促成一场新闻官司。② 近些年来，随着记者对法制新闻的热衷和炒作，新闻官司有增多的趋势。媒体在对司法审判的报道中，在使用"恶魔"、"财色双收"、"肉弹轰炸"等词汇以及涉及个人隐私问题上，要慎之又慎，否则会出现不应有的新闻官司。比如"刘涌案"中所牵涉的当事人原辽宁省沈阳市中级人民法院副院长、"慕马案"女贪官焦玫瑰，因《中国青年报》第七版"法治社会"栏目发表了一篇题为《揭开刘涌保护伞：干爹干妈和姘头》，称其为沈阳黑社会头目刘涌的"姘头"，当事人一纸诉状将《中国青年报》推上被告席。③ 原被告双方最终都表示愿意调解，《中国青年报》公开赔礼道歉，为原告消除影响，恢复名誉，并判令被告赔偿原告精神损失费20万元及诉讼费。

特别在网络媒介日益盛行的当下，"媒介审判"现象大量涌现，往往

---

① http://news.xinhuanet.com/newscenter/2003-07/03/content_952182.htm.
② 刘建明：《宣传舆论学大辞典》，经济日报出版社1993年版，第3页。
③ http://news.sina.com.cn/c/2004-11-18/09224272740s.shtml.

同时伴随着大量的"舆论暴力"。"舆论暴力"是随着网络舆论的形成而滋生的衍生品，主要指在一定的时间和空间内，多数网民通过网络言语和现实行为对网络最新事态中的当事人表达非理性的基本一致意见，从而造成人格侵权的不公正力量。鉴于网络社会往往不讲究程序，不讲究证据的确凿，网络也没有专业的法官，所以对于某一件事情的评判，网络往往是诉诸道德的正确，诉诸激情的宣泄，只要你能得到多数的认同，你就占据了制高点。网络"舆论暴力"通常表现为一些匿名网络用户聚集起来，调查一些真实或想象的道德罪行并执行处罚。一般而言，常见的舆论暴力有两种情况，其一是借语言施暴，对被告形成人格伤害；其二是借道德名义施暴，形成舆论围剿，实施处罚。例如"刘涌案"，一些媒体用"黑道霸主"、"黑帮"、"黑老大"一类词语，远远胜过"罪犯"一词的分量，事实上宣布了刘涌的罪行十分严重；此外有些媒体还刻意用"恶行"替代"罪行"，用"血案"替代"罪案"，这种以公布罪状方式撰写的报道，无疑已经在法院判决以前确定了刘涌有罪。由此看来，网络"媒介审判"现象不仅损害了当事人的利益，其包含的虚假信息也严重地侵害了网络媒介的公信力，最终影响网络媒介生态环境的发展。

第 八 章
我国"媒介审判"现象的防范对策

在我国现阶段,从我国"媒介审判"现象依存的现实语境出发,"媒介审判"现象虽然可能存在一定的现实意义,但从长远来看,这又与我国正在积极提倡"法治社会"、"和谐社会"的发展目标是背道而驰的。因此,从整体层面来考究的话,其负面影响要远远大于其存在的现实意义。所以,对待"媒介审判"现象还是以防范为主。

在防范"媒介审判"的对策方面,不同的发达国家与地区采用了不同的制度与做法,各具特色。我国台湾地区采取较为严厉的手段,直接在法律内规定传媒不能"评论"一个未决案件;英国将重点置于对造成"媒介审判"的后果如何救济的问题,除非有触犯诽谤法庭罪嫌,否则不干涉新闻报道与评论之行为;德国则对"媒介审判"采取"不合作"的方式,即司法机关可以不提供相关信息给新闻媒体,但对媒体的报道及评论,则不予干涉;加拿大继承了英国普通法中关于如何平衡公正审讯与新闻自由的一般处理办法(如藐视法庭原则),但自1982年加拿大在其宪法中加上《加拿大权利与自由宪章》以来,加拿大法比以往更加重视新闻自由,因此,加拿大在协调公正审讯与新闻自由方面的取向,可算是介乎英国法和美国法之间;纵观美国在防范"媒介审判"的对策方面,制度设计比较合理,规范得较为详细,为防止陪审员受到外界的干扰而采取强有力的措施。首先,利用法规约束媒体。较早涉及大众传播与司法活动关系的法律是古老的藐视法庭罪和1789年的《司法法》。藐视法庭罪渊源于英国的普通法,其惩罚范围宽泛:凡不服从或不尊重法庭或法官、可能影响司法运行之言行,皆可治罪。1789年的《司法法》规定,法院对一切侮辱或妨碍司法言行,都处以罚金或监禁。到1791年美国联邦宪法第一修正案通过之后,对出版物评论司法的言论实施以藐视法庭罪引起某些人士的反对。其后,美国国会开始通过一系列法令对藐视法庭罪的使用予以限制,导致了"明显而即可的危险"(clear and present danger)原则在案件中的运用。所谓"明显而即可的危险"（clear and present danger）原则是指所使用的语言在特定的情形下，其性质足以产生明显而即可的危险，将带来国会有权阻止的极大的恶果时，可以允许法律制裁。也就是说只有存在着针对正常司法秩序的一种"极其严重的"实际恶意和一种"迫在眉睫的"险情，法院之惩罚出版物言论的行为才不失为正当，而实际上，出版物言论对法庭秩序极少有可能构成一种"明显且即可的危险"，因此，美国媒体通常极少采取以藐视法庭罪处罚的方式来制止"媒介审判"。其次，发布限制令（restrictive orders）。限制令（restrictive orders）是法院签署的旨在限制某种信息流通的命令。限制令有针对诉讼参与人和针对大众传媒两类。前者旨在限制诉讼参与人向外界泄露有关案情；后者则旨在禁止媒体传播有关信息。对于前者而言，美国最高法院认为，初审法官有权发布禁令，禁止检察官、辩护律师、当事人、法院工作人员和法律执行人员向传媒披露可能导致法官审理案件时产生偏见的事项，如被告人的陈述、证人的身份和可能提供的证言，或者与案件是非曲直有关的评论意见。后来全美法官、检察官、律师协会制定"诉讼发表规则"，规范并制约法官、检察官、律师在外发表言论，从而减少媒体报道的机会。由于美国处在极为尊重新闻自由的传统下，限制令（restrictive orders）主要针对参与法庭诉讼的人员，主要是律师及检察官，不准在法庭外对传媒发表"庭外言论"，以免造成舆论压力。对于后者，新闻界则称之为"钳口令"或者"口嚼子令"（gag orders）。针对媒体的限制令并没有一个统一的标准，其限制的范围则要视法官在具体案件中的需要而定，一般而言，是相当宽泛的，例如，限制传媒报道某些特定情节，被告供述或预审记录，以及暗示被告可能有罪或无罪的证据材料等。如1975年发生的内布拉斯加州出版协会诉斯图尔特案，案发三天后，因记者公布了犯罪嫌疑人欧文·查尔斯·西曼茨的情况，内布拉斯加州法院采取并颁布了"限制性命令"。该令禁止参加审判的任何人"以任何形式或方式公开或授权公布任何证词或提供的证据"。这主要由于"新闻媒体的大量报道"以及"新闻报道"所带有的合理的、可能的偏见，很难甚至不可能产生一个公正的审判团，以至往往会阻碍公正的审判。但后来美国最高法院大法官一致推翻了该州法院的直接约束传媒的限制令。① 再次，诉诸司法程序手段，灵活运用司法实践。美国法院规定：法庭和法庭的一切设施受法庭控制，法官有责任严格控制法庭和法院处所的环境以确保传媒和公众不干预被告接受公正审判。在美国，通常有五种做法来确保新闻报道对于刑事被告人不会产生不利影响：（1）严格审核陪审团人选，剔除那些对有罪或无辜有固定意见的人，并对陪审员的宣誓职责进行清晰有力的指导，以保证陪审团成员没有受到新闻报道先入为主的影响。如在家政女皇斯图尔特证券诈骗案中，新闻报道产生的压力使法官不得不采取了一个非常措施，他下令关门审查，重新选择陪审员；②（2）变更审判地点和陪审员，转移到受新闻报道影响较小的地方。如1997年6月对美国南部俄克拉荷马城爆炸案中的主犯麦克维（McVeigh）的审判，就采取了异地审判的做法；③（3）隔绝证人或至少警告他们在作证前不要听从传媒对于诉讼的报道；（4）如果案件受到媒体影响，案件必须重新审理。如1961年"欧文诉多德"（Irvin v. Dowd）因审判前案情公开而推翻了该案作出的判决，重新审理后改变了原来的死刑判决；④（5）推迟审判，以使公众对此的注意力减退。如一位法官准备星期一上午审理一起医疗事故案件，但是凑巧的是，当地报纸星期天刊登的一篇报道中指出：医生向病人收取了额外费用。这篇报道被广泛传读，所以同样需要向医生支付费用的陪审员极有可能做出有利于病人的判断。为了避免这种状况，法官延期两个月审理此案，目的是"让这篇报道从公众的印象中褪色"。⑤ 最后，最为重要的是媒体与司法签署协议方式。美国一些州尝试了新的避免"媒介审判"的方法，在保障言论自由的前提下，通过协议的方式，约定媒体对案件报道的范围和禁区。这种司法与媒体互动机制，在美国的出现实在难能可贵。一方面，美国媒体向来以追求新闻自由为目标，决不会屈服于司法；而另一方面，司法也一向以司法独立为目标，决不允许媒体来插手司法的事情。应当说，美国司法与媒体

---

① ［美］约翰·D. 泽莱兹尼：《传播法判例：自由、限制与现代媒介》，王秀丽译，北京大学出版社2007年版，第138页。

② 陈丽丹：《美国的陪审制度与"媒体审判"》，《传媒观察》2008年第63期。

③ 魏永征：《西方传媒的法制、管理和自律》，中国人民大学出版社2003年版，第135页。

④ ［美］斯坦利·J. 巴伦：《大众传播概论》，刘鸿英译，北京大学出版社2005年版，第465页。

⑤ 陈丽丹：《美国的陪审制度与"媒体审判"》，《传媒观察》2008年第63期。

签署协议的方式是美国司法和媒体长期进行权力博弈的结果。实践证明，这种合作方式是有效的，而且在美国的24个州推广使用。

通过上述国外或地区对"媒介审判"现象防范对策来看，我们得到的启示很多。本论著下面将从我国司法、媒体发展现状和公民媒体素养情况入手，提出一些科学性和可行性的对策来防范我国"媒介审判"现象的发生。

第一节　强化和完善司法体制改革

俗话说，打铁还须自身硬。"媒介审判"现象只是一个形象化和虚拟化的称谓，媒体不可能在现实中代替法官来判案，真正判案的最终决定权还是在于法官和司法审判部门。作为司法机关，一方面要重视舆论监督；另一方面又不能屈从于舆论压力。1995年美国著名棒球明星辛普森涉嫌杀害前妻一案，美国媒体几乎一边倒地反映民意，认为辛普森就是最大的杀人嫌凶，但最后辛普森却被判无罪。这恰恰说明，对于一个公正、成熟、独立的陪审团和法庭来说，媒体对司法的介入并不是像有些人想象的那样会对他们有多大影响。一个合格的、称职的、有理性的法官，理应清楚媒体报道和舆论与司法审判是什么关系，应该明白自己判案是以法庭审理查明的"事实"为依据，以法律为准绳，而不是以媒体报道的"事实"为依据，以"舆论"为准绳；不能无视案件事实和法律，任由媒体的报道和舆论牵着鼻子走。如果从马克思的辩证法来看，对于"媒介审判"现象，媒体对于司法的干扰是外因，司法本身的问题才是内因，才是其发生的根本内核。学者王振民认为，"诚然，在舆论的强大压力之下，司法机关确实纠正了不少冤假错案，传媒的'监督'功劳似乎应予肯定。但问题是，如果一个国家的司法机关只有在镜头下才可以依法公正判案，就像农民只有在舆论监督下才好好种地，司机只有在舆论监督下才认真开车，医生只有在新闻监督下才精心做手术，这种情况难道正常吗？"[①] 因此，从司法本身入手，提出合理的对策才是问题的关键。

[①] 王好立、何海波：《"司法与传媒"学术研讨会摘要》，中国社会科学出版社1999年版，第5页。

一 推进法院体制改革,增强法院和法官的独立审判权

我国《法官法》在规定人民法院依法独立审判的同时,更是明确地规定了"法官是依法行使国家审判权的审判人员"(第 2 条),法官有"依法审判案件不受行政机关、社会团体和个人的干涉"的权利(第 8 条)。法官和法院独立,能有效地防止外在压力对司法审判的干扰,能最大限度实现公平正义。但是,我国的法院体制存在法院地方化、行政化甚至部门化(专门法院在体制上从属于所在部门)的倾向,法官要听命于其上级,法院要听命于上级法院或者其他国家机关、有关领导,法院的人事和财政处处受制于地方党委、政府,难以做到独立审判。再加上法官自身因素诸如"工匠化"、总体素质不高、对社会责任的承担能力较弱等状况,不可避免地出现"媒介审判"等现象。新闻、舆论之所以热衷代替法官进行审判,且遭到民众热烈追捧,恰恰因为,媒体、民众往往从其经验获得判断,认为法官在执法过程中受多方掣肘,而司法系统的独立性匮乏,令民众对审判公正及法官廉洁充满疑虑。"那些损害司法公正的制度障碍一日不除,舆论就会本能地对法院审理案件的过程进行扭曲的'监督',这类监督还会得到民众甚至很多学者的支持,而势难查禁。即使查禁,法官也缺乏必要的道德与法律权威。进行司法改革、强化法官独立,不仅是化解当前社会冲突的根本办法,顺便也能化解'媒介审判'现象愈演愈烈之势,为法官解围。"①

要想真正增强法院和法官的独立审判权,首先,要改革我国的法院体制。针对我国法院体制"法院地方化、行政化"的弊端,理论界纷纷献策,提出了各种改革我国法院体制的方案。有些专家建议改革法院设置、把法院的财政预算和人事任免权收归中央或较高级别权力机关、改革法院的具体制度等。② 有些专家认为最切实可行的是不改变现行法院设置而将法院财政预算和人事任免权收归中央的主张。这种主张的好处在于这种改革与我国的政体以及国家结构形式不造成冲突,而且这种主张的推行成本

---

① 南方都市报社论:《法官独立消解舆情之困》,《南方都市报》2007 年 6 月 18 日第 8 版。
② 胡夏冰、冯仁强:《司法公正与司法改革研究综述》,清华大学出版社 2001 年版,第 133—162 页。

低廉，比较容易推行。①

其次，赋予法院和法官不受干预的权力，为法官营造独立的判案环境。要树立起全社会不干预审判、维护审判独立的意识，理顺党委协调案件、人大对法院的个案监督和司法评议等做法，规范传媒对审判的报道，废除上下级法院之间的请示汇报制度，取消审判委员会的裁判权，废除法院内部行政领导对案件进行"把关"的做法，完善合议庭评议机制，实现审判内部独立、实质独立。

再次，应当注重对法院和法官独立的物质保障，保证法院有充足的财力，保证法官的待遇、任期，完善惩戒制度，实现法官的人身独立。

最后，提高法官自身综合素质，增强对外抗干扰能力。法官素质差的直接后果就是独立判案的能力差，抗外界干扰能力较弱。要做到这一点，必须努力提升法官的职业素养，培育法官的独立精神，尽量不受外界干扰。司法人员应当认识到他们自己是审判者，而不是媒体。英国《每日镜报》曾指出："本报认为，按照法律的立场而不是按照某些人所喜欢的立场来执行法律时法官的责任。"但是，考虑到我国传媒的官方色彩浓厚，上级机关主办的传媒之从业人员在行政级别上要低于下级法院，传媒还会对同级和下级党政领导产生重大影响，从而导致这些领导对法院和法官办理的案件进行干预的可能性。因此，对法院负有领导职责的党政领导不能过分相信传媒，从而干预法院和法官的工作，这是处理传媒与司法的关键之所在。② 公正的司法要求法官的强大，不能屈服于公众舆论，不能受制于新闻评论的影响。要像美国大法官道格拉斯说的那样："法官应当是坚韧之人，在恶劣的气候中也得顽强生存。"一旦媒体对未决案件进行干扰，如果这些法官专业素养不够，必然屈服于媒体的压力，成为臣服媒体的奴隶。一个合格的法官应当在平时主动加强思想政治和业务理论的学习，增强独立审判的能力。

二 完善和落实审判公开制度，增加司法审判透明度

信息公开在国外已成为惯例，其基本原则之一是信息公开是常规，不

---

① 李昌林：《从制度上保证审判独立——以司法独立的国际标准为参照》，《西南政法大学学报》2005年第7卷第3期。

② 李昌林：《从制度上保证审判独立——以刑事裁判权的归属为视角》，法律出版社2006年版，第281页。

公开是例外。《马德里规则》在《附录·实施的策略》中指出："法官应当接受有关处理媒体事务的规定。应当鼓励法官提供牵涉到公共事务的案件的判决书的简写本或者以其他形式向媒体提供信息。尽管对于法官回答媒体的问题可以通过立法作出合理的规定，但法官不应当被禁止回答公众提出的与司法有关的问题。上述规定可以就法官与媒体交流的方式作出规定。"美国司法部在其《与媒体关系指南》中要求联邦调查局与检察署"仔细衡量的一方面是言论自由、公开审判等所要求的、民主社会应当公开的执法官员、检察官、法庭在法律实施过程中的信息的个人权利；另一方面是被告人的个人人权。而且，应当重视公共安全、对政治避难者的理解、公众需要对公共法律的执行、公共政策的发展和变化产生影响的信息有知情权。这些原理必须进行评估，对在该陈述中不能预测和包括的具体情况应当进行公平的自由裁量。公开审判制度在我国宪法和四部基本法律、法律条文中予以规定，比如在现行《宪法》第一百五十二条规定、《刑事诉讼法》第十一条、《民事诉讼法》第一百二十条、《行政诉讼法》第四十五条规定等。1999年，最高人民法院发布《关于严格执行公开审判制度的若干规定》，其中提到审判公开包括公开开庭，公开举证、质证，所有案件公开审判。"① 公开审判的实质是将审判活动置于公众的监督之下进行，约束法院和法官依法行使审判权，杜绝"暗箱操作"，保证审判的公正。媒体对于司法审判进行报道本身就具有法律性规范，也是司法公开审判的重要标志之一。

在司法实践中，虽然审判公开是人民法院审判工作的基本原则，但仍有少数法院出于这样或那样的考虑而落实不到位，特别表现为对传媒权益的漠视。一些司法机构往往以技术化的理由抵御传媒对司法过程具体状况的了解，这在很大程度上隔绝了媒体的信息源，限制了媒体对司法的渗透能力。在这样的情形下，新闻媒体主观臆断、穷追猛打，双方的互不信任在一定程度上导致了信息失真、新闻失实，甚至出现媒体对法官判案结果表示质疑的情况，也可能有媒体对法官未审案件进行提前舆论定调，给司法部门以影响。鉴于此，司法部门应该完善和落实司法公开制度。具体措施如下：

1. 凡公开审理的案件均应准予媒体采访报道，除了法律禁止范围内

---

① 魏永征：《新闻传播法教程》，中国人民大学出版社2006年版，第126—131页。

的除外。在我国，虽然法律规定了公开审判制度，但过去一段时间由于受到各种因素的制约，公开审判制度的落实情况并不是很好。1998年4月15日，原最高人民法院院长肖扬在全国法院教育整顿工作会议上发表讲话，强调法院要自觉接受舆论监督。要把宪法和法律规定的"公开审判"制度落到实处。各类案件除涉及国家机密、公民个人隐私、未成年人犯罪以及法律另有规定不予公开审理外，一律实行公开审理制度，不许实行"暗箱操作"。公开审理案件，除允许公众自由参加旁听外，还要允许新闻机构以对法律自负其责的态度如实报道，并在必要时进行电视和广播对审判活动的现场直播。比如中央电视台对重庆綦江虹桥垮塌案件进行的电视实况直播，在全国引起了轰动。庭审直播的前提是公开审判，不公开审判的案件，是不能进行庭审直播的。但是对公开审判的案件，不一定完全适于庭审直播。对公开审判案件的庭审直播应当有所选择，这需要司法部门制定详细庭审案件直播的硬性条件。

2. 司法机构通过新闻发言制度等方式，建立与媒体对话的常规渠道。最高人民法院已经宣布在全国中级以上人民法院设立新闻发言人制度。作为法官和媒体的对话渠道，条件成熟的基层法院也可以设立新闻发言人制度。一般而言，案件的主审法官（包括合议庭全体成员），在审理期间不能接受媒体的采访，但是可以由法院指定的新闻发言人与媒体接触和对话。这样既可以接受新闻监督，又可以防止媒体对法官的干扰。

3. 依法应予公开的司法文书制作要规范，信息要全面，均应允媒体机构查阅。法律文书在长期的法律实践过程中逐步形成了相对稳定的体裁和格式，依照法律的规定，按照一定的格式，把特定的内容和项目简明扼要、条清理晰地表达出来，不仅是形式上的需要，便于制作、查阅、管理和执行，而且还是法律文书管理的规范化和科学化的需要，唯有规范的法律文书，才能保证其完整、准确和有效。当然，规范的法律文书还要改变传统条条框框的束缚，尽量做到通俗易懂，不能专业性太强，即使对于法律知识不完备的人来说，也要做到理解和明白，这样的话便于新闻工作者在进行深度报道司法案件时也能明白其要义。不过，从操作层面来看，有些法律文书规范的形成不能改变，但作为司法部门要搞好服务意识，如在民众或记者查阅司法文书时能及时提供帮助，这才是更好的解决办法。

4. 建立裁判理由说明制度，并在判决书上公开。《最高人民法院关于人民法院在互联网公布裁判文书的规定》已于2013年11月13日由最高人民法院审判委员会第1595次会议通过,自2014年1月1日起施行。各级法院要加强对当事人争议较大、法律关系复杂、社会关注度较高的案件裁判文书的说理性。对争议不大的一审民商事案件和一审轻微刑事案件,使用简化的裁判文书,通过填充要素、简化格式等方式提高裁判效率。

5. 对在社会上有重大影响的案件,司法机构应给予媒体某些特殊便利,配合媒体适时报道进展情况。对重大案件的报道是媒体报道的首选,这是媒体的天生属性。司法机构应当了解媒体的天性,不能与媒体为敌,这样更不利于司法工作的开展。对于社会上有重大影响的案件,司法部门一方面严格按照司法程序来操作,另一方面也要及时给媒体更多报道的便利,而且这些便利都是在司法的许可下进行,这样的话就能最大限度满足媒体对于这些案件的报道要求。

三 借鉴西方司法审判经验,灵活运用司法实践

两百多年来,西方国家的宪法为新闻媒体的言论自由和新闻自由提供了安全的避风港,但是在逐渐认识到"媒介审判"现象的现实风险及巨大危害后,各国法官运用多种手段来减少新闻报道可能对陪审员造成的不当影响,建立起了一套有效的司法制度来规范和协调媒体与司法之间的关系。比如在美国,首先,赋予司法机关规制媒体的权力,由法院具体判断媒体的报道是否触犯法律规定,并给予相应的裁决。其次,允许审判前对案件信息进行限制,从源头上消灭对独立审判可能产生不利影响的潜在因素,限制的形式分为间接限制和直接限制两种情形。间接限制的手段具体包括推迟案件审理、改变审判地点、对陪审员进行预先审核、隔离陪审团等措施。最后,是审判过程中对案件信息的限制。主要做法有不公开审理、封闭部分物证、封闭相关人员言论、限制摄影摄像者和相关设备的使用等。

在我国,根据国情适当采用西方的司法实践,比如一些重大有影响的刑事案件采用改善回避制度、延期审理和异地审理、利用案件重审机制等司法救济,这在理论上是可行的,也是能最大限度上预防"媒介审判"现象的不利影响。在改善回避制度时,凡是司法审判人员已经从新闻媒体的审前报道中形成了预断,并且可能影响案件的公正性,应该采取回避。被告人或律师获悉上述情况也可以提出回避申请,对审判委员会也同样适用回避制度;对于延期审理和异地审理,法官如果考虑到强大的舆论压力

对于案件形成强大的影响力，可以将案件转移到其他地方审理或者推迟审理。这两种做法使得民众慢慢地由于时间的推移和地点的更换，非理性的情绪得到消除，从而较为客观地看待案件的判决。比如原云南省省长李嘉廷受贿案，由北京市第二中级人民法院审理等；① 对于启用重申机制，刑事被告人或者其辩护律师如果有证据证明媒体的报道对于案件的审理形成影响，那么就可以向法院提出重申建议，以确保被告人受到公正审理的权利得到合法保护，其合法权益得到维护。

第二节 积极构建良性的媒体生态

媒体生态是传播学中非常重要的一个概念。媒介作为社会的一个子系统，其构成要素之间、媒介与媒介之间、媒介与外部环境之间也存在着密切的互动关系并保持着某种和谐。尼尔·波兹曼在其1968年的演讲中，将媒介生态学定义为"将媒介作为环境来做研究"（"Media ecology is the study of media as environments"）。这是媒介生态学这一独特的媒介研究领域在发展过程中具有相当意义的一步。完整的媒介生态系统包括媒介生态因子（媒介各构成要素之间、媒介之间的相对平衡的结构状态）和环境因素（社会文化、新媒体、经济等外部环境因素与媒介关联互动而达到的一种相对平衡的结构状态）两方面。媒介生态因子构成媒介微观生态，是媒介各构成要素之间、媒介之间的相互作用所产生的平衡，这种平衡能够使媒介的结构趋向完美的状态。媒介各构成要素之间、媒介之间的相互作用所产生的平衡，还要受到环境因素的制约。环境因素构成媒介宏观生态，是指政治、经济、文化等生态因子与媒介的相互制约和相互影响，即：人—媒介—社会—自然。从这个意义上说，媒介是在环境中，同时媒介本身也构成生产和传播环境。② 当下，我国的媒体生态处在积极的构建阶段。在这个阶段，媒体失范行为经常发生。从"媒介审判"现象的产生因素来看，除了司法自身的因素外，更大程度上还归结于媒体生态的不和谐。为防止"媒介审判"现象的发生，媒体需要改进的对策很多。不

---

① 王琳：《正义的账单》，中国检察出版社2006年版，第81页。

② http://baike.baidu.com/link? url = uEbqoWXA54kV_ 3NoeGRuIqgUBPAdrxkpqRxM2fwLvW2YUHmHOI1x5J1lzsb6s9T6zTE2CUaO_ 9GLBXfJqqWWx

过，结合西方传媒的一些对策和我国现实的媒体生态环境，笔者提出以下对策：

一　加强媒介自律建设，提倡"第三种规范"

相对于国外媒介自律建设情况，我国媒介自律建设的现状不容乐观：首先，自律行规的数量与媒体从业人员数量激增的偏差。近些年来，随着我国媒体事业的发展，新闻从业人员处于激增状态，据中国传播学评论的消息称，目前我国传统媒体有编辑记者75万人，拥有网络编辑人员近300万。而我国的媒介自律行规除了全国记协1991年制定的《中国新闻工作者职业道德准则》外，其他的自律规约几乎没有引起太多的关注，基本消失在新闻从业者的视野之中。其次，内容陈旧，约束力和引导力差。目前我国的媒介自律规范虽然具有其自身的价值，但也存在难以避免的缺陷：法律依据不足、缺乏弹性、管理成本高、从业者职业道德疲软、行业自律机制生长缓慢，等等。比如《中国新闻工作者职业道德准则》虽然明确规定，我国新闻工作者"对于正在进行司法审理的案件不得在判决之前作定性、定罪和案情'无罪推定'报道；对任何在大众传媒上公开审理案件的报道，必须符合司法规定的程序"，但现实的可操作性差，对媒体工作者无任何约束力。有些学者针对中国目前的媒体传播内容规范文件概括为"他律挤压自律"，这不符合执政党依法执政的理念，同时也不利于我国文化产业的发展与繁荣。[①]

如何解决我国媒介自律行规方面的缺陷，学者徐迅建议在我国提倡"第三种规范"行规建设，笔者认为这是在实践中行之有效的办法。实际上，"第三种规范"是指由行业组织或媒体自身制定的准法律或准自律行规。所谓"准法律"规范是由政府依法建立的专业委员会或行业协会制定的，包括实体和程序在内的规范性文件，参照立法的许多技术型方法，表达相当严谨，以英国独立电视委员会的《节目标准》为代表；准自律规范是由广播电视媒体自行制定的，集法律、职业道德和编辑经验于一身

---

① 徐迅：《探索"第三种规范"：行规——对媒体法和媒体伦理结合模式的研究》，《国际新闻界》2008年第8期。

的规范性文件，风格各异，如美国CNN《新闻标准与操作指南》等。① 这些"准法律"或准自律的管理规范共同的特点是具有鲜明的行业特色，同时具有很强的可操作性。一些记者一旦违背了这些行规，将会面临终身不得从业的命运。因此，结合我国媒介自律行规存在的问题，建议在我国提倡国外的"第三种规范"行规建设，即加强"准法律"或准自律规范。

提倡"第三种规范"建设具有很大的现实意义。徐迅认为"希图让法律这种具有普遍约束力的规范专门对新闻或广播电视业加以具体规范是幼稚的；在利益多元化、诚信严重缺失的状态下，指望每个电视从业者都坚守良知更是枉然。"② 只有建立操作性强的"第三种规范"，媒体一方面可以接受来自本行业或其他行业的有效监督；另一方面，对违反行规的行为会形成"过街老鼠人人喊打"的局面，使其受到不同程度的制裁，最大量的是受到内部或者公开的批评，自觉或被迫向公众道歉，情节恶劣的可能会导致行会罚款甚至被政府吊销许可证。对于新闻记者而言，会有一个业务上的操作指南，而且在事后惩治方面给记者一个无形的心理防线，真正发挥媒介自律行规的作用。

二 遵循客观报道规律，改进案件新闻报道

客观报道最早发轫于西方的大众化报纸——《纽约时报》，由美国著名报人奥克斯所创造的客观报道手法，对美国报纸和世界新闻事业产生了开拓性的影响。日本新闻学者武市英雄在评价《纽约时报》的报道手法时认为："经过杂报、官报、政论机关报、煽情等各个阶段之后，从《纽约时报》起，终于进入了奠定今日新闻报道基础的客观报道时代。"从此，客观报道便正式作为一种新闻写作理念和报道方式成为一种潮流，在西方记者眼中备受推崇。童兵教授认为，客观报道是指新闻按照事物的本来面目如实报道的特性，包括内容和形式两个方面。内容上的"客观"，是指新闻所报道的事实是一种客观存在的事物、人物或事件；形式上的"客观"，是指新闻所显示的倾向性，是通过其所报道的事实的逻辑力量实现的，作者用的是"客观陈述"的方法。如果用简单明了的话语来解

---

① 徐迅：《探索"第三种规范"：行规——对媒体法和媒体伦理结合模式的研究》，《国际新闻界》2008年第8期。

② 同上。

释客观报道的内涵，就是写新闻要用事实说话，这也是客观报道最典型的特征。根据客观报道的内涵，记者一般不能在新闻中发表宏论，不能直接把观点和立场强加于读者头上，客观报道最忌讳在新闻报道中发表记者的看法和立场。对已被受理的诉讼案件进行客观报道已提了多年，但真正做到"客观"却并非易事。因为记者毕竟对案情有了个人的主观判断，问题在于记者们听到和看到的往往并非案情的全部。由于种种因素包括有偿新闻的影响，记者所掌握的案情常常是支离破碎的、片面的，有时甚至是一面之词。① 纵观我国近些年来发生的"媒介审判"案例，媒体对未决案件进行报道之时，事先对案件的相关情况进行倾向性报道，或者发表带有明显倾向性的评论，甚至提前给涉案人员定罪，这些都是记者违背新闻客观报道规律的表现。对于案件新闻报道，如何利用客观报道手法来防范"媒介审判"现象？这需要注意几个问题：

1. 选择恰当的报道时机。新闻讲究时效性，要求报道要快，这是新闻立足的根本。徐宝璜教授的《新闻学》一书讲道新闻要新鲜："明日黄花之消息，亦不能认为新闻。盖新闻有如鲜鱼，鱼过时稍久，则失其味，新闻愈时稍久，其价值不失亦损矣。"但是，对于案件新闻而言，虽然也要讲究时效性，但考虑案件新闻的特殊性，记者在报道新闻时必须讲究报道的时机。所谓报道时机是指现实生活中潜存着的游离于某项报道获得良好效果的计划。选择恰当的报道时机，应注意发表时的环境与背景，读者的兴趣和注意的变化，此外还要考察是否与实际生活及重大政策等步骤相配合，既不要超越发展的阶段，也不要落后于工作的开展，更不要由于抢新闻而给实际工作带来不必要的损失。②

关于案件新闻报道时机这一问题，目前新闻界和法律界主要有三种主张：一是立案说，即案件一旦立案就可以报道；二是结案说，即案件办理完结以后才允许采访报道；三是文责自负说，即在法院宣判前，新闻机构可以自负其责的态度如实报道。笔者认为案件报道时机总体原则要快，这符合新闻规律，而解决问题的关键在于媒体与司法之间建立关于案件报道的一些技术规范。这些技术规范是建立在双方协作的基础上，既不损害

---

① 徐迅：《法庭新闻的价值取向——兼议"夹江打假案"报道之得失》，《现代传播》1998年第7期。

② 童兵：《理论新闻传播学导论》，中国人民大学出版社2003年版，第89页。

新闻的时效性，也不对司法造成干扰。比如对于一个具体的刑事案件报道，法院方面要做的事情就是在全面斟酌个案的具体情况后，提出哪些事项是记者要回避的问题即可，这是法院方面审判前要告知的义务。这样做既能弥补记者法律知识的空缺，同时又为记者提供了更大的报道空间。而对于记者而言，首先要遵守司法审判的规章制度和法院有关告知事项，在尽快报道案件新闻的基础上，还要及时与法院沟通，以避免对司法审判形成干扰。

2. 注意案件报道的连续性、阶段性。对案件报道进行客观报道，必须注意案件报道的特殊性质，也就是案件报道具有很大的连续性和阶段性。在我国，审理刑事案件的工作流程具体包括开庭、法庭调查、法庭辩论、被告人最后陈述、合议庭评议和宣判等法律程序，时间跨度较长，一般在立案后二十五日内首次开庭，刑事公诉案件和适用普通程序审理的被告人被羁押的自诉案件，应在一个月内审结，至迟不超过一个半月，需要延长的经报请批准的除外。适用普通程序审理的被告人未被羁押的自诉案件，应在立案后六个月内审结，需要延长的经报请批准的除外。至于再审的案件，时间跨度更长。因此，案件审理的阶段性和时间跨度长的特点，也就决定了案件报道必须有连续性和阶段性，否则容易造成新闻的局部失实。为防止"媒介审判"现象的发生，国外一些学者曾经撰文对媒体在司法各阶段报道司法的原则进行了介绍。他们认为，在审判前阶段，要注意保护当事人的隐私，维护司法尊严，坚持无罪推定。在审判阶段，要注意维护司法程序之尊严，保护个人的隐私，保护当事人受公平审判的权利。在审判结束后，媒体可以对司法裁决和司法行为表达意见、提出批评，但要注意维护司法尊严。[①] 这些原则对于我国从事新闻报道的记者很有借鉴意义。

结合理论界和我国的相关法律规定，笔者个人认为案件报道应注意以下几点：

（1）传媒在案件进入司法程序之前的报道。案件在进入司法程序之前，从严格意义上来说，还不能称之为案件，只能算作事件。传媒对新闻事件的考量具有自己的价值判断，只有那些具有重要性、显著性、接近

[①] 李昌林：《从制度上保证审判独立——以刑事裁判权的归属为视角》，法律出版社2006年版，第273页。

性、趣味性等才可以成为媒体报道的议题。如果案件具有以上与众不同的"特质",除非法律明文规定禁止的以外,媒体有权进行报道。媒体在报道时,一定要进行客观报道,千万不要进行过多的渲染和猜测,否则容易新闻侵权,要承担法律责任。媒体在这一阶段的报道需注意不要将未进入司法程序的事件定为犯罪,更不能把行为人定为犯人或犯罪嫌疑人。对于不宜公开的案件要切实保护好当事人的隐私等权利。

(2)传媒在审前程序中的报道。审前程序是指从立案侦查到公诉的这一阶段。在这一阶段,我国《刑事诉讼法》第85条第3款规定要为报案人、控告人、举报人保守秘密。由于控辩双方还未对簿公堂,传媒掌握的材料可能是一面之词,如果要报道的话,也一定要展示双方的观点,千万不要为某一方说话。即使案件具有强烈的强弱身份反差,也一定要给双方以表达的权利。传媒在这一阶段,不要进行定性分析和预测司法审判结果,要依据事实说话。

(3)传媒在审判程序中的报道。审判阶段是指在起诉以后法院判决生效以前的阶段。在这一阶段,是控辩双方争论最为激烈的阶段,矛盾纠葛点和意见碰撞点闪现。媒体在报道时,应当以法庭调查核实的证据事实为准,不得公布未经调查核实的证据,不得对事实作出结论,也不得对事实作有倾向性的报道,只能全面、客观地报道法庭上的举证、质证、辩论的情况。媒体在这一阶段需注意的关键点是在法院一审判决生效之前的敏感期,千万不要对案件进行评头论足,否则容易陷入"媒介审判"现象的泥坑。在案件未决之前,电视媒体不能以访谈的名义,邀请专家学者和法院工作人员进行案件剖析和预测,这是原则上不允许的。虽然不是媒体的直接言论,只是专家的个人看法,但从整体传播效果而言还是间接干扰了司法审判。

(4)传媒在判决生效后的报道。在判决生效以后,法院对案件的审理就基本上告一段落。媒体报道可以采取多种方式,比如访谈、深度报道、评论专题等。有些法学研究者指出,在判决生效后,"由于司法活动已经结束,司法机关已经对案件作出处理决定(如不起诉决定书、二审判决书、裁定书,减刑、假释裁定书),因此任何单位和个人包括新闻媒体在内就可以对其发表意见,作出评价,予以批评甚至抨击,而不管意见是否激烈，批评是否尖锐，都不会构成对司法独立的侵权"。① 传媒在这一阶段要避免对法官进行人身攻击，对故意贬损法院和法官形象的新闻应当予以制止。有些法官指出"舆论对审判活动的监督应该体现在，看法官是否严格依照法律规则包括程序法和实体法则审判案件，而不是考虑法律程序之外的信息，包括新闻媒体的信息；新闻舆论对审判活动的监督更应该体现在裁判是否体现了法律上的公正，而非事实上或简单化的政治上的公正"。②

3. 事实报道与评论相分离。媒体报道通常采用两种主要的报道方式，一是事实报道；二是发表评论。对于新闻报道而言，叙述是最基本也是最重要的表达手法，新闻报道的叙述是在尊重客观事实的基础上的叙述，其叙述基调是介于记叙文和说明文之中，既有记叙文的生动叙述，也有说明文的本位叙述。议论在新闻报道中，尽量不要用，如果是消息，千万不要议论；如果是评论或其他体裁，即使要议论，也要依托事实，与事实融为一体，尽量避免记者在采访镜头前进行大量的议论。由于我国目前的新闻媒介尚未对事实与评论进行严格区分，因此，新闻报道本身也常常明显夹带媒体的倾向性意见。在我国，"媒介审判"现象的表现形式就不仅体现在事实报道之中，也存在于专门的评论之内。在事实报道中，记者虽然没有直接发表言论，但巧妙地通过事实借新闻当事人之口来展现观点，容易给人以主观评价的印象，就容易发生"媒介审判"现象。

例如，在"小兰案"中，媒体通过犯罪嫌疑人亲戚之口、群众之口、犯罪嫌疑人之口以达到媒体早已经有的报道基调即"犯罪嫌疑人罪恶极大，该杀"，也就是说，媒体已经确定犯罪嫌疑人有罪，而且还对其进行了量刑，属于典型的"媒介审判"现象。具体表现在几个方面：其一，通过犯罪嫌疑人亲戚之口。有媒体在对小兰受到摧残的报道中，通过嫌疑人父亲的口说："儿子犯了这么严重的罪，判多少年都不过分"；其二，通过群众之口。有媒体报道有关群众建议"对歹徒从重从快严惩"；其三，通过犯罪嫌疑人之口。

有些媒体通过提审式的"采访"，让犯罪嫌疑人说自己"该死"，"我知道自己是该枪毙的人，我也觉得自己该枪毙"，甚至有媒体在报道中直

---

① 谭世贵：《论司法独立与媒体监督》，《中国法学》1999年第4期。
② 高树德：《新闻舆论与公正审判的有关问题》，《人民司法》1998年第12期。

言不讳地说嫌疑人"灭绝人性"、"罪不容诛"。因此，对于事实报道中夹杂的议论成分，应该坚决清除掉，尤其对于案件报道。客观报道决不允许任何观点和成见，新闻媒体对案件的报道应当全面客观，站在公正的立场上，要反映案件的全貌，反映双方当事人的意见，不能带有片面性、倾向性，更不能主观臆断，妄下结论。媒体对司法活动的监督过程中，应当将对正在进行的司法活动的反映严格限制在报道的范围内，将报道与评论分开，不随意评论。案件判决前，媒体不应作定罪定性的报道。实际上，我国媒体人员在一般新闻报道后，仍感觉对此事件意犹未尽，还专门配发新闻评论。新闻评论中的社论、评论员文章、编者按、短评等一般都是编辑部的编辑、评论员执笔撰写，代表编辑部发言，直接体现编辑部的观点和态度。在评论报道中，不少媒体都设有评论栏目，对于新近发生的新闻事件进行评论，一部分为媒体内部的记者代表媒体说话，也有约请媒体外部人士撰写的署名评论性文章。因此，媒体一旦对未决案件进行评论，从严格意义上代表媒体说话，那么就会对司法审判形成必要的干扰。对于群言型的专栏评论以个人的名义发表，不代表编辑部的立场和观点，虽说可以自由发言和讨论，但是鉴于在媒体上刊载本身就已经具有相当的影响力，普通读者并不理会该评论是否代表媒体自身。[①] 因此，一些过激、煽情的话语出现在评论上，就更加直接地造成了舆论意见，无疑也是最为直白的"媒介审判"现象。

当然，这些群言型评论原则上不受外在形式的限制，但这些评论一定是建立在事实的基础上进行的理性的客观的评价，绝非是片面的耸人听闻式的原始情绪类发泄。当然，普通公民、媒体记者、人大代表，他们对案件都有评论权。当然，普通公民、媒体记者、人大代表，他们对案件都有评论权。根据《媒体与司法关系的马德里准则》规定，"媒体的权利和责任是收集和调查公共信息，对司法管理加以评论"。媒体有权"在不妨害无罪推定原则的前提下，对审理前、审理中和审理后的案件加以评论"。一般来说，对于审判后的媒体评论，国际准则几乎不作特别的限制；而对审判前的限制，提出"不妨害无罪推定原则"，也就是说对有利于犯罪嫌疑人、被告人的评论不受限制。从实践角度看，有些学者认为，"不妨害无罪推定"可以扩张理解为"不妨害司法独立"。在审判前不论是对犯罪

---

① 胡卫龙：《新闻评论教程》，中国人民大学出版社2000年版，第283页。

嫌疑人、被告人有利或不利的评论都应受到限制，避免影响司法独立。但是对于揭发犯罪的报道，世界各国都不认为是"妨害无罪推定原则"的，因为这是以调查所得的事实为基础的，有利于监督司法机关打击犯罪。①

对以上说法，笔者表示赞同。但对待言论自由，按照国际惯例，尽量最大限度地满足人民的表达自由，不能以任何理由阻碍人们发表意见的自由。媒体自由是表达自由的一部分，是民主社会实行法治的基础。法官的责任是承认和实现言论自由，适用法律时作有利于言论自由的解释，只能根据《公民权利与政治权利国际公约》明示授权才能对媒体自由予以限制，其中第11条规定："即使对规则规定的权利加以限制，也只能以尽可能最低的程度和最短的时间，可以用较低限度的方法达到目的时，不能使用较高限度的方法。"规则只是规定了言论自由的最低标准，它并不妨碍更高标准的确立，这也是很多国家的通行做法。

三 遵守案件报道法规，提升从业者的法律修养

世界各国为了防范"媒介审判"，都制定了相应的法规与政策。《世界人权宣言》第10条规定："人人完全平等地有权由一个独立而无偏倚的法庭进行公正的和公开的审讯，以确定他的权利和义务并判定对他提出的任何刑事指控。"《公民权利与政治权利国际公约》第14条规定："在判定对任何人提出的任何刑事指控或确定他在一件诉讼案件中的权利和义务时，人人有资格由一个依法设立的合格的、独立的和无偏倚的法庭进行公正的和公开的审讯。"《欧洲人权公约》第10条也有类似规定。

我国为了防范"媒介审判"现象，制定了相应的法规与政策。1997年修订的《刑事诉讼法》规定："未经人民法院审判，任何人不得确定为有罪。"这是记者报道法制新闻首先要考虑的问题之一。自20世纪80年代以来，我国有关部门陆续以部门法规、规章、通知、条例等形式，对传媒介入司法报道作出了一些规定：1985年3月27日，中宣部、中央政法委出台了《关于当前报刊在法制宣传方面应注意的几个问题的通知》："对正在侦查、起诉或审理的案件，以及尚未作出终审判决的案件，不要登报刊、广播或上电视；个别必须见报的，要先报道破案、起诉或审理的消息，以后再报道判处结果，不得不超越司法程序抢先报道，更不能利用

---

① 王方玉：《从马德里准则看媒体与司法关系的基本原则》，《新闻记者》2007年第3期。

新闻报道制造对司法机关施加压力的舆论。"1994年1月1日起施行的《人民法院法庭规则》规定，旁听人员必须遵守下列纪律：（1）不得录音、录像和摄影；（2）不得随意走动或进入审判区；（3）不得发言、提问；（4）不得鼓掌、喧哗、哄闹和实施其他妨害审判活动的行为。新闻记者作为旁听人员也应遵守本规则。1996年初中宣部、司法等部门发布的《关于进一步搞好法制新闻宣传的意见》，其中规定："不对正在审理的案件作有倾向性的报道。"2005年中宣部和中央政法委《关于加强和改进案件报道的通知》要求："不得超逾司法程序，不得违反事实和法律，不得擅自对案件定性。"这些规定是新闻从业人员首先要考虑的问题，也是从事新闻报道的底线。

　　新闻工作者遵守以上法规与政策，在特定的历史时期对于防范"媒介审判"现象发生，维护司法公正，能够起到一定的作用。但是，随着我国法治建设和司法体制的改革发展，实践证明某些规定存在与现代法治环境不符的状况，还亟须完善与修订。比如2003年某地高级人民法院出台的《关于规范采访报道法院审判案件活动的若干规定》，曾经引起很大的争议。该规定对记者的采访报道作出了一定的限制："依法公开审理的、尚未宣判的案件，记者可以旁听，但不得进行公开报道"，"新闻单位的相关报道需经法院批准后方可进行"，甚至还有"不得作出与法院判决内容相反的评论"的规定。有些学者指出这等于变相剥夺了公众的知晓权，扼杀了新闻媒体的监督权，更何况这样的规定明显有违背我国宪法和现行法律法规之嫌。①

　　笔者认为，这需要从长远层面考虑问题，应当针对案件的新闻报道做出具体的新闻报道规则或法庭规则。具体而言，一是要规范传媒采访报道的时间、范围和方式。传媒对诉讼案件是可以进行采访报道的，但究竟在什么时间、以什么方式、在多大范围内进行采访报道，现行的法律缺乏明确的规定。有些即使有规定，没有从传媒的媒体特性的考量，只是从司法层面的考虑。涉及国家机密、商业秘密、个人隐私、未成年人犯罪等案件不公开开庭审理时，记者不能到庭采访，也不能查阅开庭记录及相关资料。法庭合议、审判委员会讨论案件时，记者不能到现场进行采访。对于要求查阅或复制案件材料时，应严格按照司法程序来操作。在采访方式

---

① 王建国：《新闻法制理论研究》，吉林大学出版社2007年版，第310页。

上,传媒可以借助相机、录音机、摄像机等现代采访设备进行采访,但不能违反法庭秩序,干扰司法活动的正常进行。二是对现代采访设备的使用,也要作出适当的限制。目前,美国已有48个州允许新闻媒体在法庭审理中进行一定的录音录像报道,其中有37个州准许电视台对法庭审理进行转播。我国1999年最高人民法院《关于严格执行公开审判制度的若干规定》第11条第1款规定:"依法公开审理案件,经人民法院许可,新闻记者可以记录、录音、录像、摄影、转播实况。"虽然是允许,但绝不意味着媒体在法庭上可以不受法庭的约束,而且要求媒体进入法庭的采访设备的数量不能太多,以免干扰司法进程。总之,开庭时审判的场所,具有严肃性和权威性,正常的法庭秩序是公开审判的必要条件。违反法庭规则的新闻记者,应受到警告、训诫或没收采访设备,责令退出法庭,甚至追究刑事责任。①

除了遵守我国案件报道法规与政策,新闻工作者还要增强法律修养。《经济日报》原总编辑艾丰谈到新闻工作者的素质时提出:"记者搞批评报道,不仅要有法制报道观念,还要具备相当的法律知识,起码要具备自己想报道领域的法律知识,缺乏法律知识,在批评性报道中违背法律规定是最危险的。"② 从媒体从业人员自身素质来说,有的媒体人员法制观念淡薄、法制知识匮乏。比如在有关"张君案"的报道中,个别媒体竟然以《重庆满街声讨"魔头"》为题,公然宣传"张君该千刀万剐"。再如有些记者在新闻报道中经常混淆罪犯和犯罪嫌疑人这两个概念。罪犯不同于犯罪嫌疑人。根据我国刑事诉讼法的规定,只有被法院依法判决为有罪的人才能称为罪犯。在判决之前,则根据诉讼的不同阶段分别有不同的称谓。在立案侦查阶段应称为"犯罪嫌疑人",提起公诉后称为"被告人"。由此可见,"逮捕3名扰乱金融秩序的罪犯"中的罪犯和"逮捕2名杀人罪犯"中的罪犯都应该改为"犯罪嫌疑人"。新闻学者顾理平指出:"由于我国法制建设进度较快,新闻工作者自身的法律素质远不适合时代的要求,在新闻工作中,新闻记者以热情和道德代替法律,法制观念淡漠,法律知识欠缺等现象还不同程度地存在着。"③

---

① 林爱君:《舆论监督与法律保障》,暨南大学出版社2008年版,第136—138页。
② 艾丰:《舆论监督十题》(上),《中国记者》1999年第9期。
③ 顾理平:《新闻法学》,中国广播电视出版社1999年版,第117页。

鉴于案件报道不同于其他新闻报道，有其专业性和精确性的属性，因此，司法报道的记者必须加强必要的法律知识。记者具备法律知识，一方面，保证报道的深度和广度的准确性，即把握好从法律上讲，哪些可以报道，哪些可以不报道。哪些现在可以报道，哪些现在不能报道；也可以保证所用词的准确性，如有些记者对抢劫和抢夺两词差异把握不准。另一方面，可以使记者更加清晰准确发现其中的问题，及时作出报道。新闻单位应配备专门的法律事务人员，同时还应该提高记者等媒体从业人员的法律素质，以免对司法活动产生不必要的重大误解。经过专门的法律事务人员或者说高素质的记者群对即将刊发的文章进行审查，防止可能影响司法独立或者侵权的报道流向社会。记者对于法制新闻的报道，应提倡"法律真实"，严格地说，是法律意义上的客观报道。记者要以法律的眼光来审视新闻事实，规范新闻报道。在进行采访时，应尽量找一些与对立冲突的双方没有利益牵连者进行询问，应跳出被采访人或举报者的安排，避免被人牵着鼻子走，要让矛盾双方都有话语权。

四 呼吁新闻法的尽快出台

防范"媒介审判"现象的方法和举措很多，但最终解决问题的原点还是归结到新闻立法的问题。英国丹宁勋爵说："传媒在司法活动中扮演着非常重要的角色，可以监督每一次审判是否公正、公开、光明正大。但传媒也有挣脱缰绳的一天。法律应该对其错误行为给予处罚。"① 在世界许多国家，新闻报道活动和司法活动之间是一个特别需要界定的问题。司法活动被认为是社会公正的最后防线，所以需要媒体的监督。但司法又必须独立进行，不受外界干扰，各类涉案人士包括诉讼双方、证人、受害人等的权利必须予以保障。与此同时，新闻采访和报道必须充分尊重不得侵犯。新闻与司法的关系，因此成为媒介法中一个重要的研究话题。世界各国为保障新闻工作者的新闻自由，同时为了防范媒介权利的滥用诸如"媒介审判"现象，最有效的办法就是制定了严格的新闻法律规范。在实行制定法或成文法（statutory law）的大陆法系国家，新闻法主要表现为各种法律文件，而在英美法系国家，习惯、判例等在新闻传播法中有重要

---

① 于秀艳编译：《英国法庭新闻自由与藐视法庭之间的界限》，《人民司法》1999年第2期。

地位。无论是大陆法系还是英美法系，对我国都有重要影响，其中以大陆法系的影响为主。大陆法系国家普遍制定作为宪法下位法的新闻法或者在宪法中对新闻自由做详尽的保护。比如瑞典 1766 年出台了《新闻自由法》，法国 1881 年出台了《出版自由法》等。

在我国，新闻传播法的渊源有宪法、法律、行政法规、地方性法规以及规章等，新闻传播活动已经做到有法可依。但是，随着我国媒体的飞速发展，新闻法制建设的落后日益凸显，新闻法出台的呼声愈来愈大。就目前来说，我国处理媒体与司法关系的法律规范，分布比较散乱，立法体例混乱，法律法规的内容存在许多薄弱环节。所以要更深入地处理好媒体与司法的关系，需要进行制度创新，在借鉴其他国家法律制度的基础上，坚持马德里准则所体现的基本原则和精神，尽快制定相关的基本法律，界定各自的权利与义务，以此指导和规范双方的行为。[①]

首先，我国新闻法制结构亟待完善。我国《宪法》第 35 条规定了公民享有言论、出版自由的权利，但这属于原则性规定，在司法实践中的可操作性不强，这就需要普通法来使之具体化。如果缺乏普通法的具体规定，那么当正当的舆论监督权利受到侵害时，就无法有效地寻求法律救济。因此，我国现行的新闻传播法制对公民、新闻媒体及其新闻工作者从事新闻传播活动的权利与义务呈现出不对等状态。[②]

其次，在我国现行的新闻法制中，占数量最多的是国务院及其新闻传播行政管理部门发布的行政法规和部门规章，而行政法规和部门规章在整个法律体系中的效力位阶以及它们的功能，使其无法对新闻传播行为主体之间形成的全部权利、义务关系予以有效调整。并且，根据《宪法》和《立法法》规定的立法程序，《新闻法》等专门的新闻传播法律的缺失，使行政法规和部门规章的制定缺乏上位法的依据。[③]

再次，这也是保障新闻工作者正当合法的舆论监督权利和规范媒体从业者滥用职权的需要。近些年来，记者采访屡遭殴打，揭露黑幕的报纸被恶意收购，新闻官司接连不断，"媒介审判"现象时有发生。[④] 通过新闻

[①] 王方玉：《从马德里准则看媒体与司法关系的基本原则》，《新闻记者》2007 年第 3 期。
[②] 陈建云：《中国当代新闻传播法制史论》，山东人民出版社 2005 年版，第 259 页。
[③] 同上书，第 258 页。
[④] 同上书，第 246 页。

立法，一方面可以有效地保护我国新闻媒体实行正常的舆论监督功能，能有效地维护社会的公平和正义；另一方面也可以规范媒体的行为，从而保证媒体适度和合法的舆论监督，最大限度地预防诸如"媒介审判"现象等媒介失范行为的发生。

从1978年开始，我国几乎每年的全国人大会议和全国政协会议都有人大代表和委员要求制定新闻法。我国新闻立法从1984年开始启动至1989年新闻出版署拿出《新闻法》和《出版法》两个新稿后，《新闻法》的起草工作基本上停顿下来。① 我国《新闻法》始终处于"千呼万唤始出来，犹抱琵琶半遮面"的局面，一些学者认为我国制定《新闻法》的时机和条件不够成熟，过早出台可能不利于新闻传播的发展。② 但是，时过境迁，我国出台新闻法在当下的紧迫性日益凸显。人类社会进入21世纪以来，全球化进程加快，世界各国的传媒业彼此之间的渗透与合作加快。如果我国在传媒方面缺少相应的立法，势必对我国传媒产业带来不利影响。我国经历了30多年的改革开放，无论是执政党还是普通民众对民主和自由都有了很高的认识，都以一种前所未有的心胸面对世界上的一切先进文明的成果。早在1998年，中国政府签署了《公民权利和政治权利国际公约》，这个国际公约极大地推动了中国融入国际社会的信息和决心。1997年党的十五大，已经把"依法治国，建设社会主义法治国家"确立为我国的基本治国方略。1999年3月15日九届全国人大二次会议通过的《宪法》修正案，也非常明确地把"依法治国，建设社会主义法治国家"写进我国的根本大法之中，完善的新闻传播法治理应成为"依法治国，建设社会主义法治国家"的题中之义。随着我国法治化进程的加快，媒体与司法的关系将会出现更加复杂的局面，人们呼唤新闻法出台的呼声将会愈来愈大。

第三节　构建媒体与司法合作机制

为防范"媒介审判"现象，媒体与司法除了做好职责范围内的事情

---

① ［美］唐·R. 彭伯：《大众传媒法》，张金玺、赵刚译，中国人民大学出版社2005年版，第17页。

② 张立伟：《外资年底进入报刊发行〈新闻法〉近期不会出台》，《北京晨报》2002年11月16日第2版。

外，还要加强双方的合作与交流。笔者认为，在中国，媒体与司法只有在"互信、互动、互惠"的基础上，才能达成共识和默契，从而防范"媒介审判"现象的发生。

一 在求同存异中增进互信

我国属于社会主义国家，这在一定程度上决定了媒体与司法之间的关系不存在根本上的利益冲突，而都是为了维护社会公平正义这一最大的契合点，更好地为社会主义国家服务，因此，两者之间即使有暂时的冲突，也并非不可调和，两者完全可以求同存异，增强互信，消弭彼此之间的矛盾和分歧。对于司法机关而言，应当认识到传媒有权报道司法。在此基础上，司法机关应当给媒体更加宽容的舆论监督环境，以保证媒体对于司法的正当的舆论监督；对于传媒而言，传媒要尊重法官独立司法，遵守法院规则。在文明社会中，人们对司法是怀着一种敬畏心情的，首先是敬，因为它代表着社会公正；任何力量都不能挑战司法，因为它是社会正义和安全的保障。其次是畏，司法具有相对的封闭性，它不受任何外力的干扰，它的最终裁决是任何力量不能动摇的，是无法改变的。我国正在建立法治社会，司法在人们心目中的地位，民众的法律意识的培养，以及司法独立的推进，还有待进一步提高。鉴于此，传媒应当保持必要的克制和耐心，呵护正在成长初期的法律权威，尊重司法判断的特有逻辑，提升法律素养，避免对司法乱加指责，进一步改进报道方法，力求全面报道。

二 在信息交流中加强互动

梁衡曾说："信息与其说是旨在储藏，不如说旨在流通。在一个国家里，如果信息和科学的状况适应于国家的种种需要，则它就会得到最大的安全。"[①] 因此，司法机关应当在信息的公开化方面多与媒体互动，从而保障信息的真实传播。具体来说，两者应该要做到以下方面：（1）建立信息公开发布机制；（2）司法机关与新闻媒体应建立重大案件信息沟通机制；（3）双方互相举办专题讲座，共同提高双方业务认知。比如司法部门经常举行法律性普及讲座或者法律普及座谈会，邀请媒体人员参加；媒体部门也可以经常举办媒体基本知识讲座，邀请司法人员参加，提高司

---

① 梁衡：《新闻原理的思考》，人民出版社 1996 年版，第 112 页。

法人员对媒体属性和业务认知度。

三 在平等协作中给予互惠

媒体与司法通过平等协作关系，相互促进，进而满足各自功能性需求，这在很大程度上能消弭两者的冲突，有效防范"媒介审判"现象的发生。媒体与司法如何建立平等协作关系，这就需要媒体与司法签订实体性平等合作协议。在美国，国家鼓励新闻单位与法庭签署协议。协议内容大致包括：在开庭审理之前，应尽量不发表有偏见的报道，不要就被告是否构成犯罪或是否清白发表评论意见；对关涉被告的名誉、被告的畏罪托词、证人提供的内容与实际勘察之间的差异、证据效力的争论等内容不准发表报道等。[1] 这种协议能有效防范"媒介审判"现象，双方都能从中受惠。一方面，司法可以不受媒体报道的影响而独立判案，以最大限度地满足司法公正；另一方面，媒体可以在司法程序的允许范围内，有效地对司法实施监督功能，以实现其传播效果的最大化。

第四节 加强公民的媒介素养教育

进入 21 世纪以来，传统社会在全球信息化浪潮的推动下加速了向媒介化社会嬗变的进程。在这一转变过程中，发达的媒介技术在给人们的生活带来极大便利的同时也引发了不少问题。由于很多公民对媒介知识不了解，造成对媒体传播信息的误读和误导，因此，只有人们需要具备完备的媒介素养知识，才能独立地、坦然地面对各种媒介和媒介所传播的信息，做出正确的判断，进而利用媒介为自己服务，使其能够充分利用媒介资源完善自我，参与社会发展。媒介素养的概念属地地道道的舶来品。据学者鲁宾分析，主要有三个层面，即能力模式、知识模式和理解模式。就能力模式而言，指公民所具有的获取、分析、评价和传输各种形式信息的能力，侧重的是对于信息的认知过程；知识模式观点认为，媒介素养就是关于媒介如何对社会产生功能的知识体系，其侧重点是信息如何传输；而理解模式的观点声称，所谓媒介素养就是理解媒介信息在制造、生产和传递过程中受到来自文化、经济、政治和技术诸力量的强制作用，侧重的是对

---

[1] 陈丽丹：《美国的陪审制度与"媒体审判"》，《传媒观察》2008 年第 6 期。

于信息的判断和理解能力。1992年美国媒体素养研究中心对媒介素养下了如下定义：媒介素养是指在人们面对不同媒体中各种信息时所表现出的信息的选择能力、质疑能力、理解能力、评估能力、创造和生产能力以及思辨的反应能力。概括地说，所谓媒介素养就是指正确地、建设性地享用大众传播资源的能力，能够充分利用媒介资源完善自我，参与社会进步。主要包括公众利用媒介资源动机、使用媒介资源的方式方法与态度、利用媒介资源的有效程度以及对传媒的批判能力等。

据复旦大学信息与传播研究中心对中国公众媒介素养状况调查报告（2007年）显示，首先，在所有被调查公众中，约有25.6%表示"喜欢在阅读新闻时寻找弦外之音"，23.7%表示"一般"，而超过一半（50.6%）表示这一说法与自己"不大符合"或"不符合"；其次，约有32%的受众"经常在接触新闻报道时提出疑问"，24.2%表示"一般"，43.8%表示不怀疑或不大怀疑；再次，43%的被访者表示自己"有时会拒绝新闻报道所提供的观点"，而29.1%表示不会或不大会，另有27.8%表示"一般"；最后，当遇到有矛盾的新闻信息时，26.8%的受众能够主动通过多种途径来进行核实和确认，19.2%表示"一般"，53.9%则倾向于否定的回答。综合来看，目前中国公众的媒介信息处理能力总体上处于中等偏弱水平。我国"媒介审判"现象之所以泛滥，最根本的原因就是公民的媒体素养知识良莠不齐。特别在网络媒体日益发展的今天，公民对媒体的认知程度较之网络媒体发展的速度还远远不够，这必然影响网络舆论的发展与传播。新媒体环境下，构建新时代的网络秩序，培养网民形成自主型网络舆论意识，共同构建自律和他律相结合的网络传播环境，已经迫在眉睫。网络社区的道德环境以及网络成员的道德水准、自律程度，在很大程度上影响着网络舆论的传播，制约着舆论的形成。网络的匿名性、开放性，使得我们接受的传统道德在网络时代发生了变化。因此，对网民进行道德教育，培养网民的媒介素养，在这个大环境下就显得尤为重要了。因此，提高公民的媒介素养必不可少。

一　多渠道提升公民媒介素养教育

公民媒介素养教育，是一个社会化的全过程，因此，只有通过学校和公共信息平台等多渠道教育，指导和引导学生正确认识媒介的性质、学会利用和使用媒介获取信息，系统地普及、提高青少年对媒介的知识和认识,才是进行媒介素养教育的最有效的途径。不同阶段的青少年认知特点不同,媒介素养教育方式也该有所不同。比如中小学学生,教育重心要以灌输为主,要让他们了解,从媒介中所接触到的现象和看法只不过是很多现象和可能的观点中的一部分而已,帮助他们学习如何用自己的感受来欣赏、理解所看到的内容。对于已经具有较强的自我判断能力的高年级学生来说,媒介素养教育的重要内容是引导他们如何正确解读媒介内容,并懂得如何利用媒介满足自己在学习、生活中的多方面需要。[①] 除了学校教育外,还应通过社会公共信息平台的搭建,例如,网络中各式各样的虚拟学习社区等,向公民普及和推广媒介知识,将是今后提高公民媒体素养的主要途径。公民的媒体素养的提高,必然对媒体舆论有清晰的认知,不会被媒体牵着鼻子走,即使媒体有越位的表现,公民也不会盲目跟风,"媒介审判"现象自然也就失去了群众基础。国家有关部门要通过各种渠道让广大网民认识到网络舆论中的各种不负责任行为同样要承担相应的法律责任。网民在参与互动、评论、各抒己见时,都要注意自己的用语,增强网民实践网络道德行为的自觉性、能动性,促进网民自控意识的提高,构建和谐的网络舆论环境。特别对司法机关而言,一方面,普及法律知识是全社会范围内的事情,应在全社会广泛普及网民应遵守的法律知识,一点点树立网民的司法的权威意识;另一方面,可以通过公开审理社会热点事件,使网民了解到"以事实为依据,以法律为准绳"的司法审判原则,引导并培养网民法律意识,使民众在一种轻松的环境下更能理解司法的审判思维。

二 提倡媒体向公民开放

传媒接近权(the Right of Access to Mass Media)是公民的一项基本权利,著名新闻传播学家郭庆光在他编写的《传播学教程》中有过专门论述。这一理论的首倡者美国学者巴隆认为一般社会成员可以有也应该有利用传播媒介阐述主张、发表言论以及开展各种社会和文化活动的权利,同时,这项权利也赋予了传媒应该向受众开放的义务和责任。为确保大众的言论自由,也必须由宪法确认大众"接近"媒介的权利。这个新的权利概念出现于 20 世纪 60 年代的美国,并在西方国家产生了普遍的社会影

---

① http://news.xinhuanet.com/zgjx/2012-02/02/c_131388283.htm?tn=gongxinjun.com

响。有的学者认为，从法学角度看，媒介接近权成为表达渠道权，指的是"公民或社会组织享有的，有法律规定、认可和保障的，为公开发表、传递自己的意见、主张、观点、情感等内容而使用各种媒介手段与方式，不受任何他人或组织非法干涉、限制或侵犯的权利"。我国的传媒实行社会主义公有制，从原理上来说是不存在媒介接近权问题的。不过，伴随着近年的市场经济的发展，我国的大众传媒也逐渐具有了经营实体的性质，有了自身的经济利益。当传媒的自身利益与受众利益发生冲突之际，如何自觉地尊重、维护和保障受众的权利和利益，在我国的传媒活动中也是一个应该引起重视的问题。因此，提倡媒体向公民开放理应成为媒体应有的责任和义务。公民通过传媒接近权能够更好地了解媒体背后的制作信息的过程，了解传播者如何有效发送信息，如何引导民众舆论，进而提升每一个公民的媒介素养，这在一定程度上能够防范我国"媒介审判"现象的发生。

第九章
我国"媒介审判"现象的经典文献

传媒与司法三题

【推荐理由】《传媒与司法三题》是北京大学法学教授贺卫方于1998年发表在《法学研究》第6期的一篇对于传媒与司法的研究论文。该篇论文算是对中国传媒与司法两个不同领域进行较早思考的科研作品,在知网被引频次达到318,下载频次3481,文中对"媒介审判"现象也有很精辟的见解,可以算是法学领域研究"媒介审判"的权威文献。

"三权分立"在我们这里是一个名声很不好的原则,不少宪法学家似乎"成分论"观念很重,谈起它来总把它说成是社会主义国家沾染不得的货色,然而,这些宪法学家们在讨论国家政体时,还是不得不将立法、行政、司法三种权力分门别类,加以解说。舍此三权,法学家的视野中似乎还看不到在国家权力方面新的"权种"。然而,如果我们从社会控制以及社会秩序的形成的角度着眼,就会发现,在今天的社会中,以报纸杂志、广播电视等形式出现的大众传媒的影响力正呈现出愈来愈强化的趋势。有人干脆称传媒是所谓"第四权",因为它对传统的三权构成的制约在许多方面一点也不亚于三权之间的制约。因此,如果我们要研究社会生活中活的法律规范的话,对传媒与立法权、行政权以及司法权之间的关系就不能不给予关注。

这里想拈出传媒与司法制度之间关系的三个方面作些简要的讨论。这三方面是:第一,新闻自由对维护司法权的正当行使乃至维护良好的社会秩序的价值;第二,传媒监督司法权的过程中该遵循哪些必要的限制;第三,司法如何切实地保护新闻自由。

一 传媒监督司法的重要性

目前,我国法治建设的重点已经由立法转向了司法,这样的转向是十分必要的，也是非常自然的。因为中国社会正处在建设社会主义市场经济的过程之中，在过渡时期，社会生活的各个方面必然要经受深刻的和剧烈的变化。历史的经验表明，在剧烈变革的时代，立法由于层次高、程序复杂而迟缓，往往难以及时地回应社会的变化，不大可能为各种新型社会矛盾的解决提供及时的和周到入微的方案。调和冲突、化解矛盾甚至在一定程度上创立规则的重任势必要更多地落在司法机关的肩上。假如司法界由于自身素质上的缺陷而不能够胜任这一使命，或者由于腐败非但没有解决反而加剧社会的冲突和积怨，那么，可以不夸张地说，我们正在进行的改革大业是难以成功的。[1] 任何公共权力的正当行使都离不开一定的监督机制；没有了监督，握有权柄者便必然会运用自己的权力牟取私利，从而导致腐败。在许多文化中，人们似乎都对于司法权的正当行使有相当的期待。但是，这并不意味着行使司法权的人们会天然地追求公正。一般人在期望公正司法的同时，一旦卷入诉讼，又往往试图对法官施加影响，以图获得自家利益最大化的结果。这本是人之常情。问题的关键在于，司法界是否有足够的免疫力抵御种种腐败的侵袭。要有这样的免疫力，首先是司法界自身要有相当高的素质和尊荣感，这当然离不开法官选任方面的高标准；其次应当营造合理的制度环境，从而使法官们不至于因为抵御腐败行为而使自身利益受到损失；最后，必须强化对司法权的监督，使得发生于法院这一神圣殿堂的任何腐败现象都能得到及时地揭露。在这方面，大众传媒将起到极其重要的作用。

近年来，各种新闻媒体对法院的监督力度已经有了明显的加大，这是十分可喜的趋向。但是，就笔者个人对目前司法界情况的了解而言，这种监督还需要进一步强化。我们面临的主要障碍，一是媒体本身的管理模式有时会造成监督方面的某些特殊困难和某些死角。由于我国的主流媒体是所谓"机关报"类型，机关报式媒体的最大特点是它要以所隶属机关的意志为意志，而不能够单纯地以新闻事业的规则去运作。在一定程度上说，机关报式媒体不过是我们古典的邸报型官式媒介在现代的翻版。[2] 与之相适应，对机关的依附又常常导致媒体的官僚化和对受众需求的漠视。它们往往无须参与市场竞争，因而其生存压力通常取决于所隶属机关的好

---

[1] [法]托克维尔：《旧制度与大革命》，冯棠译，商务印书馆1992年版，第94页。
[2] 戈公振：《中国报学史》，生活·读书·新知三联书店1955年版，第25—30页。

恶和评价。在特定时期，甚至机关亲自参与监控，从而加剧媒体与大众需求的脱节。机关报式媒体管理模式的第三个特点是，媒体类型往往与党政机关的职权划分相对应，例如，每个部委、每个地方的党委都有一份报纸，每家媒体都有主管其事务的归口机关。这种条块分割、各有归属的格局虽然初衷是为了便利对媒体的管理和控制，但是在实际的效果方面却相当复杂，一方面有助于促进媒体的专业化，使得媒体在相关的报道和分析方面能够有相当的深度；另一方面，就揭露、批评性的报道和分析而言，当涉及本部门、本行业时，不免要受到某些掣肘。于是，我们可以看到，对本部门本行业的褒奖性的报道大多发表在自家媒体上，而批评性的报道或分析却"礼失求诸野"，不得不在其他部门和行业的媒体中寻找。专业化的记者只能写些歌舞升平的颂扬文字，批评文字又多出于外行之手，这种情况无疑削弱了媒体所应当发挥的监督作用。

总之，现行媒体管理体制基本上还是计划经济时代主导观念的产物，在实行社会主义市场经济的今天，这样的体制已经明显地滞后了。如果仍维持这种体制，将会造成束缚经济发展，甚至加剧社会动荡的后果。我们可以看出，那些力图维持现行体制的主张往往是建立在一些似是而非的观念基础上的。例如，担心新闻自由会导致社会秩序的不稳定。其实，古往今来的历史所揭示的教训是，新闻自由所焕发的乃是社会的活力，而非暴力。任何社会都难免有不满情绪，不满之中往往包含着改善制度所需要的智慧和动力。新闻自由的价值在于能够使千千万万人的聪明才智得以无所顾忌地表达。当然，其中不免有情绪化的宣泄，甚至某些观点会是反社会的，对主流价值具有破坏性。但是，无法解决的一个矛盾是，如果设置某种"过滤"机制，只允许那些建设性的"良好"意见发表出来，最后的结果却是，"恶劣"的意见被封杀的同时，"良好"的意见也没有了。正像托克维尔所指出的那样，"报刊是把善与恶混在一起的一种奇特的力量，没有它自由就不能存在，而有了它秩序才得以维持。……为了能够享受出版自由提供的莫大好处，必须忍受它所造成的不可避免的痛苦。想得到好处又要避免痛苦，这是国家患病时常有的幻想之一。"① 更可怕的是，压制与新闻控制所带来的后果往往是万马齐喑、死气沉沉与暴民造反、社

---

① ［法］托克维尔：《论美国的民主》（上卷），董果良译，商务印书馆1988年版，第206—207页。

会动荡之间的交替重演。

对新闻自由的担心又往往来自于保护政府机关和官员形象的动机。邸报传统是报喜不报忧，而现代自由媒体的准则则更多的是报忧不报喜，所谓"狗咬人不是新闻，人咬狗才是新闻"。官员们兢兢业业地工作，劳苦功高，媒体却视为当然，不赞一词，然而一旦发现芝麻大的一点小失误，记者们便兴致勃勃，连篇累牍，直闹得沸沸扬扬，天下无人不晓。于是，为官者就总是如履薄冰，生活在传媒的巨大压力之下。然而，相对于维持一个廉洁的政府——更不必说是民主的政府——而言，由于新闻自由而给政府带来的压力是必要的。再说，媒体的这种牛虻战略固然对人民的利益有好处，同时也是对政府官员们的一种保护。记得前年河北省高级人民法院院长平义杰因为利用职权，用公款长期租用高级轿车归自己使用，并无偿使用大量公物，终于被中央纪律检查委员会撤销党内职务，并经全国人大常委会批准撤销院长职务。当时的各种传媒纷纷加以报道，引为反腐败之大举措。然而，平义杰的腐败行为持续非一年两年，如果我们的新闻界能够在其行为刚刚冒头之时便予以揭露，何至于让此类腐败分子在省院院长的高位上端坐数年之久，给我们的司法造成那般恶劣的影响！况且恶行冒头之际便加以揭露，实际上也挽救了平义杰本人。甚至可以说，如果我们有自由传媒的严厉监督，许多官员根本就不会有腐败的开端。所以，新闻界对于司法官员——当然也包括其他官员——的腐败行为遮遮掩掩，或者不允许新闻媒体及时地揭露，表面上好像保护了那些官员，但最终却是把他们推进更可怕的深渊。

机关报传统对于传媒的负面影响不仅仅体现在特定系统内的问题难以被隶属本系统的媒体所揭露，而且这一事实本身便显示出同样的腐败问题难以得到同样的揭露和惩罚。从社会控制的角度说，对不当行为的惩罚固然十分重要；然而，更重要的是，惩罚应当是平等实施的。同样的恶行，一些人被痛加揭露，严厉打击，另外一些人则毫发无损，逍遥法外，这样的惩罚，不仅无助于起到平常所谓"以儆效尤"的效果，而且会使受到惩罚的人难以心悦诚服，认为自己之所以受到揭露，并不是因为恶行本身，而是由于"经验"不足，手脚不够隐蔽，或者是由于缺少强有力的后台，"腐败"只是权力角斗落马的借口而已。因此，在传媒对司法界的监督问题上，我们需要明确的观念是，对腐败以及其他负面现象的揭露也应当强调平等原则，即媒体对于任何人、任何机构的腐败，只要发现，就一定加以揭露,而不是厚此薄彼,轻重失衡。

总之,新闻自由不仅是公民的一项宪法权利,而且它有助于维护各种官员的操守,有助于促进健康价值的弘扬,有助于疏导某些冤情,当然也就有助于维护社会秩序的稳定。

二 传媒监督司法的界限

传媒对司法监督虽然非常必要,也非常紧迫,但是,这种监督仍需要遵循一定的规则。上面我们说到近年来媒体强化了对司法的监督这一可喜的趋势,但是,媒体超越合理界限的情况也有所增加,同样亟待解决。

什么是媒体超越监督的合理界限?就是传媒侵犯了司法的独立,造成是传媒而不是法院对案件进行审判的情况。我们看到,不少传媒热衷于对一些法院未审结的案件加以报道,在报道时丝毫不顾及所使用的语言、表达的情感是否足以造成法院不得不听命于传媒的舆论环境。例如,直呼犯罪嫌疑人为"罪犯",把检方的指控当作实际发生的情况,无所顾忌地使用煽情的和各种带有倾向性的话语,等等。我们在前面已经说过,目前我国的传媒以"机关报"类型为主流,因此具有浓厚的官方色彩。不仅如此,传媒的报道又经常导致高层次领导人的批示,批示下来,党政各部门便要紧急动员,"高度重视,限期解决"。另外,跟西方一些国家法官享有终身制特权的情形不同,我们法官的交椅是很容易被端走的。所有这些,都进一步加剧了法院在审判那些已经被传媒广泛报道过的案件时所承受的压力,有时只能听命于传媒,导致某些案件无从得到公正的审理。

当然,就目前的情况来看,传媒对某些案件所作的报道与评论大多是有助于司法权更公正地行使的。尤其是涉及某些权力部门或豪强人物的案件,平民百姓的利益受到侵犯,在司法机关里得不到公正的解决,甚至压根儿告状无门,情急之下,投书传媒,记者仗义执言,揭诸报端;领导人见报也怒不可遏,愤笔批示。巨大的压力之下,司法机关不得不公正而迅速地加以解决。不久前,传媒报道过的两起案件或许可以说明这一点。一是内蒙古普通职工邓成和诉包头市邮电局案,一是郑州市的"张金柱案"。我很赞成一篇作者署名为"红枫"的文章[①]所表达的观点,即如果没有传媒的参与和报道,法院能否公正地审理张金柱案是大可怀疑的。邓

---

① 红枫:《张金柱的哀叹》,《南方周末》1998年2月13日第7版。

成和案也是在不止一家传媒报道之后,自治区高院才作出裁定,宣布这位为讨公道而付出沉重代价的原告人胜诉。① 不过,中国如此之大,我们的记者再敏锐、再能干,能够得到传媒关注的案件也毕竟极其有限。我们无法在每个法院都派驻记者作人盯人式的监控。况且还有些报道所采用的方式甚至表达的观点还有相当严重的问题呢。以轰动一时的四川省夹江县所谓"造假者状告打假者"的案件为例。中央电视台《焦点访谈》的报道用了"打假者上了被告席"作题,仿佛打假者永远正当,打假过程中违反法定权限,或手段违法,公民或法人也无从申辩。又仿佛只要是造假者,便应当是"老鼠过街,人人喊打",法院也必须参与其中,奋力打击,而无须遵循必要的法律程序,无须对造假者应有的程序权利和实体权利加以保障。该报道营造的那种一边倒的气氛,直把一个相当复杂的法律和程序问题变成了一个是非分明的道德问题。这样的媒体监督既无从使案件获得合乎法律的公正的解决,更使得本来在我们这里便极为脆弱的正当程序观念愈发稀薄。

实际上,如果从制度建设的角度看,我们可以发现,涉及权力部门或豪强人物的案件之所以在法院中难以得到公正审理,与其说是传媒监督不够,不如说是因为法院以及法官不独立。在现行的体制下,法院在人财物诸方面都依赖同级政府。如果法院在司法过程中一味地严格依据法律,不惜开罪政府部门或其他权力机构,法院院长的官位还能保持多久就很难说了。汉密尔顿有言:"就人类天性而言,对某人的生活有控制权,等于对其意志有控制权。"② 据我观察,我们的许多法官以及法院院长都具有很好的专业素养,并且极富正义感,但是现行的这种制度安排实在是令他们徒唤奈何。司法的不独立,使得法院不得不屈从权势;屈从权势的结果又加剧民众和传媒对司法的不满,不断削弱司法机关的公信力,从而又使司法机关的地位更加低下。这种恶性循环不停止,依法治国将真正是托诸空言了。

三 司法对新闻自由的保护

前面我们已经强调过,新闻自由以及媒体监督对于维系司法权的公正

---

① 姜明:《四年告倒两级法院——普通职工邓成和依法维权实录》,《工人日报》1998年1月24日。

② [美]亚历山大·汉密尔顿、约翰·杰伊和詹姆斯·麦迪逊:《联邦党人文集》,程逢如、在汉、舒逊译,商务印书馆1980年版,第396页。

行使，进而维系整个社会的安全所能起到的重要作用。与此同时，媒体也可能对于公民的某些权利造成伤害，从而引起法律上的纠纷。这时，过程便反了过来；法院又要对于传媒是否构成侵权或诽谤罪，如构成民事侵权或诽谤罪，传媒应承担怎样的法律责任加以判断。这是司法与传媒之间关系的又一个层面。

俗话说，"人活一张脸，树活一张皮。"生活在人群之中，名誉乃是人的最重要的利益之一。当一个人的声誉受到损害，他所追求的人格认定便会残缺不全甚至完全崩溃，由此带来的痛苦往往有甚于单纯的人身伤害或财产损失。现代社会大众传播业愈来愈发达，报纸发行量动辄数以数十万上百万份，电视进入千家万户，电脑网络覆盖全世界。传媒时代的这种特征使得媒体损害名誉的可能性增大了，一旦发生侵犯名誉的事件，可能造成的严重程度也加大了。因此，现代法律也需要对这个领域进行更有力的调整。

法律的调整当然包括让名誉受到传媒损害的人们获得法律上的救济，但同时，法律还必须对宪法所确定的公民享有言论和出版自由的权利加以保护。在某些情况下，这两种利益会发生冲突，既要保障言论和出版自由，又要使名誉权受到完整的保护，这几乎是不可能达到的境界。司法制度所能够做到的只是在这两种冲突的价值之间寻求一种对更广泛的利益有益的平衡，当然，这种寻求平衡的过程也是现代司法最具魅力的方面之一。

美国的司法界在这方面便做出了许多开创性的贡献。自60年代以来，美国联邦最高法院的大法官们通过若干里程碑式的判例，对于平衡两种价值发展出了一系列极富启发意义的学说和原则。[①] 从中我们可以看到，虽然在眼下这个传媒日益发达的时代，公民个人的名誉权和隐私权理应受到更加周密和妥帖的保护，但是，在一个民主社会中，言论自由（或表达自由）、出版自由是较之名誉权位阶更高的权利，司法机关在处理相关案件时，必须对于后者给予更高的重视。这里的原则可以粗线条地归纳为如下几条：

第一，普通公民的名誉权如果受到侵犯，只要控告人可以证明其名誉的确受到了伤害，而且相关传媒具有过错，那么传媒便要承担相应的法律

---

① 林达：《历史深处的忧虑》，生活·读书·新知三联书店1997年版，第121页。

责任。这种责任在刑事法律方面可以构成诽谤罪，在民事方面可以构成侵权。值得注意的是，目前的趋势是愈来愈多的地方采取诉诸民事途径处理这类问题。民事侵权的赔偿又可以分为对实际损害的赔偿和"惩罚性赔偿"两类。①

第二，对国家公务员和其他公众人物（public figure）能够提起名誉权诉讼的资格加以更为严格的限制。公务员握有相当的公共权力，行使权力的过程和方式是否合法，乃至日常言谈举止是否妥当，对于社稷安全、公民权利的保障关系极为密切，理当受到传媒更为严厉的监督。如果允许公务员轻易地提起名誉权诉讼，则必将导致政府对传媒的压制，言论自由的权利将会丧失。至于公众人物（通常包括一些社会名流、影视或体育明星、社会团体领袖等等，也包括由于卷入重大事件而暴得大名的普通人），之所以得到与公务员相当的对待，是因为这些人物受到媒体更多的关注，因而拥有利用传媒澄清不实报道的能力。这是对等原则的体现。因此，除非公务员或公众人物能够证明传媒或相关文章的作者具有实际恶意（actual malice）——这通常是极其难以找到证据的——否则将不可能获得法律救济。

第三，在处理名誉权纠纷的时候，无论起诉者是普通人，还是公务员或公共人物，都不可要求传媒所有细节的完全真实。"于传播资讯之过程中，要求［传媒］所及之任何事实均属正确无误，恐非易事。对以此为业者，此种天衣无缝之要求标准，更系难如登天，故对被告至为不利。因此原告之名誉虽得确保，但同时却可能影响他人意见表达之自由。尤其原告为公务员，而被告为反对政府之人士时，妨害名誉之法制即可能成为政府打击异己之利器，法院亦因此于无形中被利用为政治压迫之工具。"②因此，早在1964年的《纽约时报》诉沙利文一案中，美国联邦最高法院便判决认为，所有情节均须属实的要求势必会导致自我审查（self-censorship）的效果。我们也可以想见，在报道任何事件的时候，如果传媒都谨小慎微，"治学严谨"，对所有细节均要考订准确，那么就是以科学家的标准要求记者或传媒文章的作者，新闻本身的时效性便谈不上

---

① 法治斌：《论美国妨害名誉法制之宪法意义》，载《人权保障与司法审查》，月旦出版社股份有限公司1994年版，第50、56页。

② 同上书，第30页。

了。况且讼争一旦开始，传媒便要投入大量人力、财力，即使最后胜诉，所损失已经很多，更不必说还有败诉的可能。于是，传媒就只能是"三缄其口做金人"了。这样，表达自由的生存空间（breathing space）必丧失殆尽。

第四，媒体是否构成对被报道对象的侵权，并不完全取决于对象感到其名誉受到了伤害，更应考虑记者及编辑在处理报道的过程中是否故意违反了新闻从业者的基本伦理准则和正常工作程序。如果没有违反，或并非故意违反，则不应追究媒体责任。

第五，可以构成名誉权纠纷或诽谤罪的，只能是新闻报道，而不可以是评论性的文字。对社会中存在的某一类现象的抨击，对某种政府机关或某个行业的批评，无论言辞如何激烈，都不构成对名誉权的侵犯，也不构成诽谤罪。

【作者简介】贺卫方，男，1960年7月生，山东省牟平县人，北京大学法学院教授、博士生导师。1982年毕业于西南政法学院（法学学士），1985年毕业于中国政法大学（法学硕士）。1985年起在中国政法大学任教并主持《比较法研究》季刊编辑工作。1995年调至北京大学法律学系任教。1992年被聘为副教授，1999年被聘为教授。1993年6月—1993年7月美国密歇根大学、1996年6月—1997年1月哈佛法学院访问学者。担任北京大学司法研究中心主任，兼任全国外国法制史学会副会长，中国法学会比较法学研究会副会长等社会职务。主要著作和译作有《新波斯人信札》（与梁治平、齐海滨等合著）、《外国法制史》（与由嵘、张学仁、高鸿钧等合著）、《美国学者论中国法律传统》（与美国汉学家Karen Turner及高鸿钧合编）、《走向权利的时代》（副主编）、《法边馀墨》、《中国法律教育之路》（编）、《司法的理念与制度》、《法律与革命——西方法律传统的形成》（美国Harold J. Berman著，与高鸿钧等合译）、《比较法律传统》（M. A. Glendon，M. W. Gorden和C. Osakwe合著，与米健、高鸿钧合译）、《比较法总论》（K. Zweigert & H. Koetz著，与潘汉典等合译）、《比较法律文化》（Henry W. Ehrmann著，与高鸿钧合译）、《美国法律辞典》（Peter Renstrom编，主译）、《运送正义的方式》、《具体法治》、《超越比利牛斯山》等。

传媒与司法的冲突及其调整——美国有关法律实践评述

【推荐理由】 侯建是复旦大学法学院知名学者,他撰写的《传媒与司法的冲突及其调整——美国有关法律实践评述》于2001年发表在《比较法研究》期刊。该论文以美国传媒与司法实践为例,深入探讨了在传媒与司法的关系中,有两个问题较为引人注目,一是媒体对司法行为的自由批评与法庭威信之间的冲突;另一是传媒对终审前案情的报道和评论与刑事被告获公平审判权利之间的冲突。该论文是较早以美国传媒与司法实践为个案进行研究的文献,对于后续研究我国"媒介审判"现象的研究者具有十分重要的影响力。

在传媒与司法的关系中,有两个问题较为引人注目,一是媒体对司法行为的自由批评与法庭威信之间的冲突;另一是传媒对终审前案情的报道和评论与刑事被告获公平审判权利之间的冲突。它们的妥善解决,不论是对于促进新闻自由和舆论监督还是对于维护司法公正,都具有十分重要的意义。在我国,这两个问题在理论上和实践上并没有得到很好的解决。

相比我国缺乏一些公认、权威的调整规则,其他一些国家由于现代传媒的发展和司法独立的确立较早,问题发现得也早,因此发展了一些较成熟的规则。它山之石可以攻玉。某些做法或许可以给予一些启示,作为我们解决类似问题的借鉴与参考。本文意在考察美国联邦最高法院调整前述两个冲突的相关经验,并在比较的基础上指出这些经验所给予我们的一些启示。

1. 在美国,较早涉及大众传播与司法活动之关系的法律是古老的藐视法庭罪(the contempt of court)和1789年的《司法法》(*Judiciary Act*)。藐视法庭罪渊源于英国的普通法,其惩罚范围极其宽泛:凡不服从或不尊重法庭或法官、可能影响司法运作之言行,皆可入罪①。《司法法》的规定与之相类,法院对一切侮辱或妨碍司法的言行,得处以罚金或监禁②。

1791年美国联邦宪法第一条修正案通过之后,对出版物批评司法之

---

① R. Goldfarb: The Contempt Power, 1971, p.1.
② 荆知仁:《美国宪法和宪政》,三民书局1994年第3版,第177—178页。

言论施以藐视法庭罪引起某些人士的反对①。1831年国会通过《宣明有关藐视法庭罪之法律的法令》(*Act Declaratory of the Law Concerning Contempts of Court*) 对藐视法庭罪的行使予以限制。该法规定，联邦法官仅能即决性地（summarily）惩罚发生在法庭内的不当言行及"近乎"或"附近的"（so near there to as to）妨碍司法的不当言行。然而，这并没有改变出版物屡陷该罪的命运。第一，联邦法院对法庭外妨碍司法的言论（out-of-courtroom statements）在由检察官起诉并经过一般刑事诉讼程序后便可以行使惩罚的权力；第二，这一法令并不适用于州法院，因而州法院依然对法庭外出版物言论行使即决性或一般性的惩罚权力。

1941年以前，法院在出版物藐视法庭的案件中一般适用两个原则，一是"审而未结"（pendency）原则；二是"合理倾向"（reasonabletendency）原则。前者指在诉讼进行之时，不得出版针对法庭和法官的批评，不得发表未加证实的有关案情的消息。后者意指出版物所为之批评只要具有法官所认定的可能影响司法运作的"合理倾向"，便够得上惩罚，确立此原则的案件是1918年Toledo Newspaper Co. v. U. S.案。该案中一家叫作Toledo News Bee的报纸发表文章和讽刺漫画抨击正在审理另一案件的法官。最高法院认为1831年法令中的"near"一词为"近乎"之意，而该报的批评即具有"近乎"妨碍司法的"合理倾向"，构成藐视法庭罪，一审、二审的有罪判决并未抵触宪法第一条修正案。此后，尚有一系列的案件表明，被告因为不当评论法院、法官或陪审员而获罪。

1941年，联邦最高法院对Nye v. United States一案的判决显示了转变趋势。判决认为，上述"near"一词仅具有地理上的（geographical）含义，并不包括因果上的（causal）含义。这样通过缩小"near"一词的内涵而实际上否定了"合理倾向"原则，并进而导致了"明显且即刻的危险"（clear and present danger）原则②在此类案件中的适用。首次适用这一原则以处理大众传播与司法活动之冲突的案件是同年著名的Bridges v. California案。

亨利·布里奇斯（Harry Bridges）是美国西海岸某工会的主席。在致劳工部长的一封电报中，他批评法官在有关该工会的案件中所作的判决是

---

① D. L. Teeter, Jr. & D. R. Le Duc, Law of Mass Communications, 1992, pp. 75 – 76.
② 荆知仁：《美国宪法和宪政》，三民书局1994年第3版，第63—83页。

"荒谬和不公的",并威胁说如果实施判决就会引发一场罢工。在他同意报社披露此电报之时,重新审判的动议正在考虑之中。因此,州法院援引先例,认为布里奇斯的言论意在胁迫法官,损害法院的权威和司法公正,判定他犯有藐视法庭罪。而最高法院以5比4的多数推翻了原有罪判决,大法官布莱克(Black)在其主笔的判决中认为,在法院看来,宪法第一修正案即标志着美国法律在藐视法庭罪方面同英国普通法传统的分离:只有存在着针对正常司法秩序的一种"极其严重的"实际恶意和一种"迫在眉睫的"险情,法院之惩罚出版物言论的行为才不失为正当。然而,此案所欲惩罚的言论并未达到此种程度。至于州法院据以作出有罪判决的维护和提升法庭威信这个理由,最高法院认为,"对所有公共机构发表评论,尽管有时令人讨厌,但这是一项珍贵的权利。对言论的压制,无论多么有限,若仅仅是为了维护法院和法官的尊严,其结果可能并非是增长人们对法院的尊敬而是招致怨恨、怀疑和轻蔑"。

在形式上,Bridges案仅仅对于使用藐视法庭罪处罚评论法院之出版物的做法施加了一种限制。而实际上,出版物言论对法庭秩序极少可能构成一种"明显且即刻的危险"。所以,该案作为一个新的司法先例,使以此罪名处罚舆论批评的做法为不可能。其后的事实表明了这一点。

例如1946年Pennekamp v. Florida案,最高法院再度适用"明显且即刻的危险"标准,一致同意推翻州法院的有罪判决,认为被告批评地方法官在审理某刑事案件中滥用权力的言论并无不当,并且表明"在那些难以确定批评是否影响了审判独立的两可案件(borderline cases)中,公众之评论自由的重要性大大地超过有关影响未决案件之可能倾向的考虑。讨论自由应当被赋予与公正、秩序良好的司法活动相并存的最宽广的空间"。次年Craig v. Harney案的判决也是如此,主笔大法官道格拉斯(Douglas)指出,"激烈的言辞本身未必够得上藐视法庭罪的处罚","它所点燃的火焰对于司法必须构成一种即刻的、而非仅仅是一种可能的威胁。这种危险不是遥远的,甚至不是有可能存在的,而必须是立即就要发生的。"尤其值得注意的是,最高法院在本案中修改了藐视法庭罪的内涵:"有关藐视法庭罪之法律的创设目的并非在于保护可能对公共舆论潮流敏感的法官。法官应当是意志坚强,有能力在逆境中前进的人"。最高法院所处理的最后一个因出版物评论司法行为引起的藐视法庭案是1962年Wood v. Georgia案,下级法院作出的有罪判决同样被推翻。

自 1941 年以来，联邦最高法院一直不允许以藐视法庭罪惩罚媒体之批评法院和法官的言论，而且，由于言论与出版自由为基本人权，最高法院的法律意见通过宪法第十四条修正案亦适用于各州法院。这已构成一个牢固的司法先例。所以，现在无论在联邦法院，抑或在州法院，藐视法庭罪作为对抗媒体之批评的一个工具实际上已失去作用①。

2. 联邦最高法院在抑止以藐视法庭罪惩罚大众传媒言论批评的做法的同时，并将注意力从保护法院和法官的独立与尊严逐渐转向保护在刑事诉讼中被告的权利。大众传播对被告权利的侵害主要体现在审前对案情的公开报道上。对案情大量的倾向性报道有可能对陪审员的判断产生影响，从而使被告不能获得宪法第六条修正案所给予的受到"一个公正的陪审团"审理和第十四条修正案正当程序条款的保障。从 20 世纪 50 年代以来的一些案例即显示了最高法院解决这一问题的努力和对策。

（1）对于审前报道的影响问题，最高法院通过一系列判例展示的思想是，初审法官必须采取有力措施以使陪审员避免受到任何来自报端的影响，否则所作之有罪判决就要冒被推翻的危险。早在 1959 年 Marshall 案和 Janko 案中，最高法院就以媒体报道了正在接受审判的被告之前科为由而推翻原有罪判决。1961 年 Irvin v. Dowd 案，最高法院全体法官一致同意推翻有罪判决，主笔大法官克拉克（Clark）认为，尽管本案中陪审员自称不受传媒影响，能够作出公正裁决，而实际上先入之见已经在不知不觉中形成，"因为人命关天，所以应在一个不受如此强大的公众舆论之干扰的空间里进行审判——此种要求并不过分"。1963 年 Rideau 案被最高法院以电视报道了预审情形为由而撤销有罪判决。上述四案全部发回重审。

此类案件中，Sheppard 案最为著名也最为重要。最高法院在该案中总结了一系列调和二者冲突的方法。山姆·谢帕德（Sam Sheppard）是俄亥俄州的一位著名外科医生，1954 年因涉嫌杀害已有身孕之妻而被捕。他自称无辜，其妻是外人入室将他击昏后所杀害。此案公开后，立刻引起全国和地方各媒体的极大关注，有关评论和报道随即铺天盖地而来。在谢帕德被捕前，各报纸就认定他犯有谋杀罪。一篇社论题为"为何警察不侦讯首要嫌疑人？"要求将谢帕德拘押在警察局进行讯问。另一篇社论则质问"为何不把谢帕德投牢入狱？"于是，谢帕德被逮捕并被指控犯有谋杀

---

① Barron and Dienes：Handbook of Free Speech and Free Press, pp. 512、516 - 517.

罪。其后，各种形式的媒体仍继续鼓噪。例如，"邻居揭露谢帕德有'性伴侣'"，"车库发现血迹"，"警方宣称发现谋杀罪新证据"，等等，诸多报道与评论频频出现在有关媒体上[①]。而对于庭审过程，媒体亦紧追不放。记者、照相机、摄像机充斥法庭，在选定陪审员、举证及认定事实等方面，媒体极力施加影响。主审法官为了竞选连任而放之任之，未采取任何措施保护陪审团的判断不受干扰。此种情形一直持续至有罪判决作出后方才停息。

　　谢帕德以审判过程被严重干扰为由上诉至联邦最高法院，当时最高法院驳回了上诉。在依人身保护令（habeas corpus）获得联邦法院重审之前，谢帕德已在俄亥俄州的监狱里度过了11年的时光。这11年之中，最高法院的认识有了很大的变化，在大众传播时代保护刑事被告的经验也日益丰富。1966年，最高法院推翻此陈年旧案，主笔法官克拉克在判决意见中极其严厉地批评新闻界的过分报道和初审法官的失职行为，总结了本可以利用的保障被告权利的一系列方法和策略："正当程序原则给予被告获得不受外界影响的公正陪审员审理的权利。鉴于现代传媒的煽动能力和将陪审员与有倾向性的报道隔绝开来的困难，初审法院必须采取有力措施以保证法律之天平决不会不利于被告这一端。上诉法院有责任对审判情形作出独立的评价。当然，并不存在约束新闻界报道法庭之公开消息的规定。但是，若是审前的倾向性报道有合理的可能影响公平审判，法官应当延期审理（continuance）直至影响减弱，或将案件转移到另一未受传媒沾染之地区进行审判（change of venue）。另外，将陪审团与外界隔绝开来（sequestration of the jury），也是法官本应根据辩护律师的建议而采取的措施。如果审判活动被公开报道而可能失去公正，应令重新审判。但是，我们应记住推翻判决只是治标之道；有效措施乃是那些将偏见消除在萌芽状态之中的措施。法院必须采取如此措施以保护其秩序不受外界不当之干扰。检察官、辩护人、被告、证人、法庭工作人员或执行官员皆不得影响法院的此种保护功能"。从该案中，我们可知，第一，最高法院显示了保护被告权利的小心和周到，并将责任明确加之于初审法官；第二，最高法院虽然谴责新闻界的不当行为，但并没有表示要对新闻自由施加直接限制，更没有因其夸大报道和妄加评论审理中的案件而以藐视法庭罪相威

---

　　① Ronald L. Goldfarb：TV Or Not TV，1998，p. 10.

胁；第三，所提出的一系列措施表明最高法院寻求的是一种调和之道，既可以保障被告权利，又不至于缩减宪法第一修正案权利，体现了两全其美的良苦用心。可采取的调和措施除了前一段引文所表明的那些以外，尚包括：预先甄选（voir dire），即法官和律师（以及刑事案件中的公诉人）严格挑选事先不了解案情的"无知者"作为陪审员；作出指示（admonitions to the jury），即法官告诫陪审员不得接触大众传播的消息，必须将法庭所展示的证据作为判决的唯一根据①。

（2）从Sheppard案后一段时期看来，联邦和各州法院有意识加强了对被告受公平审判权利的保护。但是，最高法院两全其美的用心并没有被深刻地体会和把握。由于一些调和方法费时费力，由于一种积极遏止大众传播之有害影响的心理的支配，Sheppard案却成为直接针对媒体的限制令不断增多的动因。

限制令（restrictive orders，新闻界则称之为gag orders）是法院签署的旨在限制某种信息流通的命令。限制令有针对诉讼参与人和针对大众传媒两类。前者旨在限制诉讼参与人向外界泄露有关案情；后者则旨在禁止媒体传播有关信息。尽管两者对新闻自由都构成一定程度的限制，但限于篇幅，本文着重考察后者。

针对媒体的限制令并没有一个统一的标准，其限制的范围则视法官在具体案件中的需要而定，一般而言，是相当宽泛的，例如，限制传媒报道某些特定情节，被告供述或预审记录，以及暗示被告可能有罪或无罪的证据材料等。Sheppard案后，限制令成为法官控制审理中案件公开曝光的常用工具。从1966年至1976年间，初审法院大约签署了175个限制令，其中39个直接限制媒体就审理中案件的某些方面进行报道和评论②。1975年，一桩轰动性的谋杀案给予最高法院就直接针对媒体的限制令发表意见的机会。

埃文·西蒙斯（Ewin Simants）因涉嫌谋杀一个家庭的全部六人而被拘捕。同Sheppard案一样，此案亦引起全国性和当地媒体的广泛关注。于是，在西蒙斯被捕三天后，辩护律师即要求法官签发禁止媒体发表凡不

---

① ［美］T. 巴顿·卡特等：《大众传播法概要》，黄列译，中国社会科学出版社1997年版，第136—137页。
② Don R. Pember: Mass Media Law, 1996, p.371.

利于组成一个公正陪审团和作出公正判决的限制令。初审法官签发了一个范围广泛的限制令。内布拉斯加新闻协会（Nebraska Press Association）上诉至内布拉斯加州最高法院。该州最高法院支持初审法院限制令的合宪性，但是将限制范围缩小至以下三个方面：

（1）被告向执法官员所作的任何供述或承认的情况和性质；

（2）向除了新闻工作人员之外的任何第三方所作的任何供述或承认；

（3）其他与被指控者有密切关系的事实。

内布拉斯加新闻协会继续上诉至联邦最高法院。最高法院签发调卷令（certiorari）进行审查。

最高法院全体法官一致认为，此案中的限制令违反了宪法第一条修正案。首席大法官伯格（Burger）代表法院发表意见，他在回顾了有关案例后指出："贯穿本院有关第一条修正案的诸判决的主题是，对言论和出版的事先约束是对第一修正案权利最严重和最不可容忍的侵犯。"事先约束并非绝对不可以采纳，但应是极罕见之例外而非通常情况。伯格认为，只有一种针对被告受公平审判权利的"明显且即刻的危险"才可能构成例外情况的合宪根据。伯格把"明显且即刻的危险"原则转化为一个审判官签发限制令之前必须考虑的三个因素：

（1）有关案情的强烈、煽动性的公开报道是确实存在的；

（2）其他的替代性办法——例如易地审判，延期审理，对陪审员的预先甄选等——都不能抵消审前公开报道的影响；

（3）限制令将会确实有效地使陪审员避免接触有偏见的信息。

在本案中，确实存在着有关案情的大量报道，然而没有证据表明初审法官曾考虑过其他措施的使用，而且，一个小小的社区里口头传闻可能比新闻报道更不真实和更有害。有五位法官同意上述意见；另外四位法官中的三位则表示，不论在何种情形之下，事先约束都是违宪的，第四位法官同意撤销限制令，但没有发表意见。

Nebraska案被普遍认为是美国联邦最高法院在有关新闻自由——公平审判问题上的最重要判例之一。此后，法官发布限制令必须受到这三个标准的严格检验，而事实上能够满足这三个条件的场合是极少的。Nebraska案大幅度地降低了直接针对媒体的限制令的数量。为数不多的此类限制令之中，又绝大多数因经不起上诉法院的再度推敲而被撤销①。

Nebraska案弘扬了Sheppard案所隐含的一种两全其美的思想。Sheppard案在仔细照顾被告权利的同时，并没有授权对新闻自由的直接限制。Nebraska案从原则上禁止直接针对媒体的限制令，但是并没有置被告权利于无可保护之地。这两个案例清晰、生动地显示了一种智慧和一种品质。这种智慧在于，在新闻自由与公平审判之间，最高法院不愿通过剥夺任何一方的方式来保全另一方，对被告权利的细致照顾并不意味着一般地支持限制新闻自由的观点，反之，主张法院不得事先约束媒体发表通过合法途径获得的信息，"也不是要把第六修正案的珍贵权利牺牲在第一修正案的祭坛之上"。换言之，必须抛弃那种通过实质性地限制这一方或那一方的权利以解决彼此冲突的思想，而应当另辟途径以达成目的。这种品质即是法官的使命感和责任感，法官不应该把保全新闻自由或者被告权利的责任推给他人而应当施加于自身。在两全其美的要求之下，法官必须更耐心、更细致和更中庸，并付出更多的辛劳。

3. 一些启示。在美国，以藐视法庭罪惩处批评法院和法官的媒体言论的做法实际上已被废弃半个多世纪了，而亦未闻有法院转而借助私法上名誉权保护的事情。我国刑法并无藐视法庭罪的规定，但是实践中却有法院以媒体侵犯了"名誉权"为由提起民事诉讼，不仅胜诉且获得赔偿之事。② 这一问题表面上是法院是否享有名誉权这一私法问题，实际上是公共权力的界限问题。从第一部分的评述中可知，并不能够因为言论批评公共决定，降低了公共机构的"名誉"，公共机构就拥有惩罚言论的权力。它仅可以惩罚的是严重威胁现存秩序之正常运行、直接作为行动之工具的言论，换言之，造成了"明显且即刻的危险"的言论。如果没有这种危险，公共机构即没有为了维护自身存在进行惩罚的根据。美国最高法院的有关判例隐含着区别言论与行动并把公共机构的权力一般地限于行动的思想。总之，是否惩罚有关公共机构的言论是一个严肃的公法问题，并且应当应用有关公法原则去解决。现在，新闻媒体对案情的审前报道和评论自

---

① [美] T. 巴顿·卡特等：《大众传播法概要》，黄列译，中国社会科学出版社1997年版，第143—144页。

② 冷静：《从法院状告新闻媒体谈起———起名誉权官司所引起的思考》，载《北大法律评论》第二卷第一辑，法律出版社1999年版，第35页。

由与刑事被告获公平审判权利之间的可能冲突是美国联邦和各州法院在此类案件中考虑的重点。在美国，传媒对案件的过分、倾向性的报道和未审先断的评论主要是通过对陪审团判断力的可能影响而损害公平审判的，并因此形成了以保护陪审团不受外界影响为主要内容的一系列调和方法和策略，以求最大限度地维护新闻自由和保障被告权利。我国司法实践与美国的重要区别之一就是并不实行陪审团制，陪审员在审案中所起的实际作用也较小。媒体报道对公平审判的可能影响也就不存在这样一个主渠道，影响的对象主要是法官、辩护人、被告、证人、鉴定人等。至于法官自身，"应当是意志坚强，有能力在逆境中前进的人"。在陪审制方面，中国法官的两难处境要比外国同行简单得多，两全的难度也小得多。对一些受到媒体关注的案件可以不采取陪审制，如果实行陪审制，则也应当从未受传媒影响的公民中挑选陪审员，并使之与媒体的传播暂时隔绝开来。目前，我国法律并未禁止传媒报道和评论即使是审理中的案件。本文认为这种状况应予维持。有学者指出，传媒对未审结案件的报道可能引起领导的高度重视，批示"限期解决"，因而给法官造成压力[①]。我们不难看出，这种压力并非是法官应当且能够拒之于门外的来自传媒的舆论压力，而是法官所不能抗拒的来自更高层权威人物的政治压力。此种压力实乃由于司法制度本身的缺陷所致，而且，舆论的监督与支持是维系司法独立的重要保证和根本力量之一，具体案件的公开报道有助于法官抵制某些权势者的不当压力。总之，我们应当树立两全其美的调和思想，使新闻自由与公平审判共存共荣。调和的主要途径并不在于简单地限制某一方面的权利，而应当探索和开辟第三条道路，例如，除了上述具体措施外，有关的制度建设至少还应当包括这两方面的内容：健全司法独立和职务保障制度，法官真正独立于其他权力部门，并于品行良好期间不得随意调动或解职；提高法官素质，锻造高于常人的坚强、勇敢之个性和唯服从法律的敬业精神。

【作者简介】侯健，1968年12月生。1992年毕业于安徽师范大学历史系，获历史学学士学位；1997年毕业于北京大学法律系，获法学硕士学位；2000年毕业于北京大学法学院，获法学博士学位。2000年8月起工作于复旦大学法学院，现任教授。主要研究领域为法理学、人权理论、表达自由的理论与制度。主讲《法学基础理论》、《法理学》、《人权与

---

① 贺卫方：《传媒与司法三题》，《法学研究》1998年第6期，第24页。

法》等课程。发表的学术作品主要有专著《舆论监督与名誉权问题研究》、《表达自由的法理》、《人文主义法学思潮》，论文 40 多篇和译著 4 种。曾获得上海市哲学社会科学优秀研究成果著作类二等奖、论文类三等奖，邓小平理论研究与宣传优秀成果著作类三等奖，2005 年中国法学会法理学研究会优秀论文奖，第一届青年法律学术奖（法鼎奖）提名奖等奖项。

一起"媒体审判"事件的传播讹误
——英国离奇命案"黑格案"真相探源

【推荐理由】展江是国内新闻传播学者中较早地对新闻舆论监督有过深刻论述的专家，也是较早地涉足"媒介审判"现象的传播学者。《一起"媒体审判"事件的传播讹误——英国离奇命案"黑格案"真相探源》虽说是最新科研力作，但马上引起很多学者的关注。英国的"黑格案"曾经被国内无数学者引为"媒介审判"现象的经典案例，但作者以求真务实的治学态度，提出了异议，值得一读。

谈到"媒体审判"的典型案例，近年来国内新闻和法学界提及和讨论最多的，应该是英国的"黑格案"和中国的"张金柱案"。对于后者，争议最大、批评和反批评最多的是张金柱该不该死，可谓标准的观点之争。对于前者，国内业界和学界则出现了对基本案情的误译误读，因此可以说是"事实不清"乃至于以讹传讹。国人较多地了解黑格案，应该始于 1998 年初《南方周末》刊登的一篇文章，然后则是英国著名法官丹宁勋爵的著作《法律的正当程序》中文本 1999 年问世之际。笔者认为，现在是该正本清源、以正视听的时候了。

"杀人犯被逮捕归案"？

1998 年初，当时的北京大学法学院贺卫方副教授在《南方周末》撰文《法官与大众传媒》（后收入《司法的理念与制度》一书），其中提到："法院严格禁止新闻媒体对于法院尚未审结的案件作出带有暗示或明显倾向性的报道或评论。黑格先生因涉嫌杀人被捕，英国某法院正待审理，《每日镜报》忽然出现大字标题——'杀人犯被逮捕归案'，并报道说黑格已被指控杀人，且交代其他案犯，供出死者姓名云云。首席法官戈达德勋爵怒气冲天地说：'没有比这更可耻的事情了，应该惩罚他们。'

结果,《每日镜报》被罚款 1 万英镑,当天的值班编辑蹲了 3 个月班房。惩罚之后,戈达德勋爵还不依不饶地说:'让那些编辑们小心,如果再发生这类事情,法律还会制裁他们,让他们明白,法律的力量是强大的。'"文章还提到了丹宁勋爵。①

2012 年 6 月,当北京外国语大学国际新闻专业研究生周卫就此段文字的出处询问贺卫方教授时,他说由于时间较为久远,记不起所写的黑格案的来源了,甚至不记得在哪篇文章里提到过这个案例了。2013 年 7 月初,笔者再次联系贺教授,告诉他上述文章发表于 1998 年初的报纸,询问该文与提及"黑格案"的丹宁勋爵《法律的正当程序》一书(中译本问世于 1999 年)两者的关系。贺教授回答:其实,早在《法律的正当程序》在 1999 年由法律出版社购买版权出版之前,该书第一个中文版在 1984 年就出版了。根据中译本,丹宁写道:②

新闻自由是宪法规定的基本自由,报纸有——也应该有——对公众感兴趣的问题发表公正意见的权利,但是这种权利必须受诽谤法和蔑视法的限制。报纸绝不可发表任何损害公平审判的意见,如果发表了就会自找麻烦……我一般不大看报,这个案件发生时,我只读了《泰晤士报》。这家报纸对法院判决的报道相当出色,世界上任何一家报纸都难以和它媲美。这些报纸是由一些有资格出席高等法院审判的律师写的,因此常常被本法庭引用。但是这个时候,《每日镜报》却出了格。有一个叫黑格的人被捕了,受审之前,这家报纸登出了一条醒目的大标题:"杀人犯被逮捕归案"。这家报纸说,黑格已被指控为杀人犯,并且已交代了其他人,还供出了据说是被他杀害的死者的姓名。首席法官戈达德勋爵说:"没有比这更可耻的事情了,应该惩罚他们。"他罚了《每日镜报》一万英镑,把当天的编辑送进监狱关了三个月。他还说:"让那些编辑们小心,如果再发生这类事,他们就会发现法律的力量是强大的,法律也可以制裁他们。"

本书的译者在法律专业方面的知识毋庸置疑。但是一旦涉及法律以外的媒体,就可能有些隔膜了。笔者根据英文原书,③ 找出以上译文中的几

---

① 贺卫方:《法官与大众传媒》,《南方周末》1998 年 1 月 9 日。
② [英]丹宁勋爵:《法律的正当程序》,李可强、杨百揆、刘庸安译,群众出版社 1984 年版,第 39—40 页。
③ Lord Denning: The Due Process of Law, London: Butterworth & Co Ltd, 1980, p. 44.

处，在此与译者商榷其译法：

第一段："对公众感兴趣的问题"应为"涉及公共利益的问题"；"公正意见"现通译"公正评论"；"蔑视法"应为"藐视法庭法"；"相当出色"应为"独一无二"；"这些报纸是由一些有资格出席高等法院审判的律师写的，因此常常被本法庭引用"宜译为"它们是由出庭律师撰写的，在法庭庭审中被人引用"；"受审之前"应为"受到指控之前"；"醒目的大标题"应为"通栏标题"。

最后一段："已被指控为杀人犯，并且已交代了其他人"应为"已因一宗命案而受到指控，他还犯有其他命案"；"应该惩罚他们"宜译为"应该施以严厉而适当的惩罚"；"当天的编辑"应为"总编辑"或"主编"；"那些编辑们"宜译为"那些董事们"；"法律的力量是强大的，法律也可以制裁他们"宜译为"法律是强大的，足以制裁他们"。

中译本上述译文，有的可能是误译，有的是隔行所致（如"当天的编辑"应为"总编辑"），有的是不同表达（如"蔑视"与"藐视"）。但是，最为关键的是《每日镜报》的通栏标题，原文为"Vampire Arrested"，很简单和简洁的两个单词，乃是英国小报惯用的"标题艺术"和煽情手法，直译为"吸血鬼被捕"即可，不知为何被译成了"杀人犯被逮捕归案"？

可是很遗憾，大概是贺卫方先生和丹宁勋爵著作中文版的影响足够广大，加之上述引文中缺少一些要素，如黑格的全名、黑格案案发时间等等，有人凭借自己的想象力，给黑格案定了一个模糊的时间段。不知从何时起，在中文互联网世界，出现了以下这段文字：[①]

20世纪70年代，英国有个叫黑格的人被捕，在法庭审理之前，《每日镜报》以"杀人犯被逮捕归案"的醒目标题进行了报道，违反了无罪推定原则。结果，首席法官戈达德勋爵判《每日镜报》一万英镑的罚款，并判当天的编辑监禁三个月。这就是著名的"镜报审判案"。

时至2011年8月5日，清华大学法学院张建伟教授还在专业报纸上撰文提及："丹宁勋爵在《法律的正当程序》一书中提到，一份报纸因在审判之前登出'杀人犯被逮捕归案'的断言，这被认为损害公平审判而

---

① http://whjhq.gov.cn/714/readnews.asp?id=269

依藐视法庭罪受到了法院的惩处。"①

黑格谋财害命奇案真相

笔者最初对此案案情描述的怀疑，恰恰是从"70年代"开始的。到了此时英国还会有报纸因为"媒体审判"而承担刑事责任？有人要坐牢？于是笔者根据"首席法官戈达德勋爵"这一线索，去检索英文文献，从英文维基百科发现了破绽。戈达德勋爵生于1877年，1971年以94岁高龄仙逝。因此他不可能在20世纪70年代作为法官办案。② 而且，英文维基百科戈达德勋爵词条中没有提及黑格案。在研究生周卫的帮助下，黑格案的英文材料纷至沓来。

约翰·乔治·黑格（John George Haigh），1909年出生于英格兰北部的林肯郡，双亲均为普利茅斯弟兄会教徒，成长环境刻板而严苛。但是黑格似乎不守新教教义，他20岁以后主要做推销员，能言善辩，衣着得体。他在1934年6月结婚，同年11月因诈骗入狱而离婚。1936年迁居伦敦，为富有的游乐园老板唐纳德·麦克斯旺当秘书兼司机，并利用其机械技术为老板修理机器。

1937年，黑格因冒充律师从事诈骗入狱4年。1940年初提前获释后继续以诈骗为生，先后几次坐牢。在监狱里，黑格构想出他所认为的完美谋杀：用硫酸将被害人的尸体溶解掉。他用老鼠做试验，结果只用30分钟尸体就消失了。1943年黑格出狱后在一家工程公司当会计。不久在酒吧里偶遇前雇主麦克斯旺。麦克斯旺把黑格引荐给了他的父母威廉和埃米。③

1944年，黑格在海德公园附近的格洛斯特路79号租了一间地下室，作为他的工作室，后来自称在那里从事"发明"。同年9月6日，他将唐纳德·麦克斯旺诱骗至其工作室，把他击打致死并将尸体放入一个40加仑大桶，以硫酸浸泡。他两天后再回去发现，尸体已成了泥浆。黑格告诉麦克斯旺的父母说，他们的儿子为逃避兵役逃往苏格兰了。随后，黑格通过伪造证书将麦克斯旺的房产转至自己名下。

麦克斯旺的父母感到疑惑：为什么"二战"快结束了儿子还不回来？

---

① 张建伟：《大众传媒与司法公正：一个文化的视角》，《人民法院报》2011年8月5日。
② http://en.wikipedia.org/wiki/Rayner_Goddard_Baron_Goddard
③ http://en.wikipedia.org/wiki/John_George_Haigh

1945年7月2日，黑格借机又将麦克斯旺的父母骗至其地下室，以同样的手法将该夫妇杀害。他窃取了威廉·麦克斯旺的养老金支票，攫取了老夫妻8000英镑（2013年相当于25万英镑）的财产。

黑格用诈骗和谋财害命所得，住进位于南肯辛顿的翁斯洛·考特酒店的404房间。该豪华酒店的房客多为衣着考究、有社会地位的专业人士以及退休富人。许多房客把黑格视为意气相投的企业家，但是黑格没有交上几个朋友，因为他的性格不合群，外表也过于俗气，因而难以融入那个社交圈子。

到1947年夏，嗜赌的黑格将钱财挥霍一空。他在西苏塞克斯郡克劳利的利奥波德路2号租了一间小工作室，把硫酸和大桶从格洛斯特路79号转移到了那里。他以有意购房为幌子结识了阿奇博尔德·亨德森博士和他的妻子。1948年2月12日，他开车将亨德森博士带到克劳利，谎称带他去看所谓发明，在那里用他从亨德森家偷来的左轮手枪将他枪杀。黑格再把亨德森夫人诱骗至工作室枪杀，并将尸体投入硫酸桶。他再以伪造文件方式获得了亨德森夫妇价值8000英镑的所有财产，并留下了主人的爱犬据为己有。

到1949年初，黑格再度手头拮据。他在银行透支了，酒店经理也不断催要房租。他的下一个也是最后一个猎杀对象是富有的寡妇杜兰德—迪肯夫人。黑格与这位翁斯洛·考特酒店的常住房客结识于酒店餐厅，他当时自称是工程师。2月18日，黑格谎称对她的制作塑料指甲的主意感兴趣，邀请她到他在克劳利的新地下室商讨，在那里对她的后脑开枪射杀，再如法炮制投入硫酸大桶浸泡。黑格卷走了受害者的波斯羔羊皮和首饰等贵重物品。①

同住翁斯洛·考特酒店的康斯坦斯·雷恩夫人是杜兰德—迪肯夫人的朋友，她不断向黑格询问朋友的下落，因为她听说过黑格欲邀杜兰德—迪肯夫人造访其工作室。2月20日，为避免怀疑，黑格陪同雷恩夫人去警察局报警。一名警官认出了黑格并核查了他的盗窃和诈骗记录。黑格成了怀疑对象并被传讯，但是他否认自己与杜兰德—迪肯夫人的失踪有关。②

警方拘留了黑格并对他的工作室进行搜索，在硫酸桶里发现了杜兰

---

① http：//en.wikipedia.org/wiki/John_George_Haigh
② http：//usersites.horrorfind.com/home/horror/bedlambound/library/haigh.html

德—迪肯夫人未溶解完的遗骨及她的牙齿、唇膏等。警察还在他所住的酒店发现了一本日记，内有谋杀麦克斯旺及亨德森家庭的记录。黑格却在侦查过程中辩护称："杜兰德—迪肯夫人再也不存在了。我已经用硫酸把她毁尸灭迹，你们不能证明这是谋杀。"① 黑格显然曲解了"犯罪事实"（Corpus Delicti）的概念，他用硫酸毁尸灭迹，是因为他误以为只要找不到尸体，就不能给凶嫌定罪。

由此，黑格因被控谋杀杜兰德—迪肯夫人而受审。被捕后，黑格试图以以下行为来证明自己精神不正常以逃脱极刑：他喝尿液，并声称"杀那些人是为了喝他们的血"，还描述了令人毛骨悚然的谋杀细节。他还说他杀了9个人，以佐证自己有精神病，而警方只发现了他谋杀6人的证据。然而他的企图并未得逞：12位医师鉴定了他的精神状况，大部分认为他是在装疯卖傻。法院也认为他的"吸血"之说没有任何证据支撑。陪审团只花了15分钟便确定黑格有罪。1949年8月6日，黑格被执行绞刑。这就是英国轰动一时的"酸浸杀手"（The Acid Bath Murderer），曾引起医学界、法学界及科学界的极大兴趣。②

《每日镜报》因报道涉案

《每日镜报》全程介入了"黑格案"报道。这份知名小报创刊于1903年，1949年前后发行量高达450万份，到2013年初仍然有近106万份的日销量。③ 其典型新闻操作手法是选取煽情和惊悚故事，以显著版面在大标题和大照片之下制造卖点。1949年3月1日，该报头版报道了寡妇杜兰德—迪肯夫人失踪一事。报道第四段还采用加粗字体："尽管那天她未按事前约定与约翰·乔治·黑格先生会晤，但也可能坐车去了另一个地方。"文末还提到："伦敦警察厅已经审讯了一名有犯罪记录的男子，该男子是自上周五起失踪的寡妇的私人朋友。"

3月2日，《每日镜报》在头版以"多少有钱寡妇死了——迪肯夫人葬身酸浴"（"How many rich widows died-acid bath burial of Mrs. Deacon"）为题报道说，在英格兰东南部旧郡苏塞克斯郡一家工厂的硫酸桶里发现了杜兰德—迪肯夫人未完全溶解的尸体，"伦敦警察厅昨晚被告知，杀害杜

---

① http://www.trutv.com/library/crime/serial_killers/weird/haigh/index_1.html
② http://www.trutv.com/library/crime/serial_killers/weird/haigh/index_1.html
③ http://en.wikipedia.org/wiki/Daily_Mirror

兰德—迪肯夫人的男子也有可能杀了其他几名有钱寡妇"。报道还说，警方称杀手为"人格分裂型蓝胡子"（蓝胡子是法国民间传说中的人物，曾连杀6妻，第7妻得以逃脱），"凶手生活奢侈，曾经由于诈骗和行窃坐牢多年"。文末又提到："约翰·乔治·黑格，39岁，公司董事长，周一下午4点15分去了警察局，今晨还在那里。他告诉警方，他在杜兰德—迪肯夫人失踪那天约见她，但是杜兰德—迪肯夫人没有赴约。"

3月3日，《每日镜报》第一次将杀人凶嫌称为"吸血鬼"，在头版以"伦敦的吸血鬼恐怖"（"Vampire Horror in London"）为题报道说："警察正在追踪一个疯子，这个疯子就像东欧民间故事里的吸血鬼一样，吸了被害者的血"。又采用了加粗字体："警察厅认为，吸血鬼杀了5人——两个伦敦富有家庭成员——之后，肢解并销毁了他们的尸体。"《每日镜报》还列出了5名失踪者的姓名和年龄，以及其中一对遇害夫妇的照片，并采访了这些失踪者的友人，还称"警察厅正在收集一名吸血鬼疯子的恐怖档案，他的滥杀行为在英国犯罪史上史无前例"。

3日晚，伦敦警察厅发表声明称："任何在案件审判前的陈述都可能损害被告人的公正审判权，发布这类观点或提及这类事件都是非常错误的，面对站在法庭上的被告人时，法庭无疑会考虑这些内容。"① 首席大法官戈达德勋爵事后称："从伦敦警察厅的声明来看，似乎之前有报纸报道了此事件。"② 而将凶嫌称为"吸血鬼"具有严重的误导性，因为这是黑格在自辩中提出的企图逃避极刑的一个借口。

然而在1949年3月4日，《每日镜报》又连发三篇报道。在其头版以"吸血鬼——一男子被拘留"（"Vampire-A Man Held"）大标题报道说："这个吸血鬼杀手再也不会来袭了。他已经被收押了，无力去诱惑他的受害者暴死了。这是《每日镜报》今天能给出的保证。"文章还写道："但是当警方听了他的骇人的大规模谋杀、毁尸以及吮吸他的受害者的血的故事时，他较早前的自吹自擂还真不是假话。"③

该报道用粗体字描述："他告诉审讯者，他割断了被他杀害的那些人的喉咙，并用柠檬水吸管吸他们的血。"该文还采访了很多就受害者遗产

---

① Writ against the "Daily Mirror", Daily Mirror, March 22nd, 1949.
② Ibid.
③ http：//usersites.horrorfind.com/home/horror/bedlambound/library/haigh.html

与这名"吸血鬼"有过接触的人,称遇害人之间的共同点只有一个,那就是"有一个共同的朋友——那个吸血鬼","5人因与他的友谊而惨遭杀害"。此外,文中还提到"他现在已经从审讯室回到了囚室。他在那里就其他罪行等待审判"。

第二篇报道在第二版,题为"凶手偷偷接近独处者"("Murders talks the lonely"),称"伦敦有5个人失踪了。据信,他们已经惨遭吸血鬼杀手灭口"。文中还用加粗字体称"虽然有一名男子已供认罪行,但是其他人还有一个共同的话题:吸血鬼"。第三篇报道题为"吸血鬼索要租金"("Vampire called for the rent")。该文与前两篇一样,没有提及黑格的名字,而用"吸血鬼"或"他"来指代,讲述了"吸血鬼"如何假借遇害人的名义敛财。

3月5日,《每日镜报》的头版还是被"吸血鬼"占据。大标题为"新诉求紧随吸血鬼调查的发现"("New appeal follows Vampire-probe finds"),称警方发现了谋杀的新证据。头版另一篇文章题为"男子曾作为唱诗班少年遭谋杀指控"("Man on murder Charge as Choir boy"),还附上了一张嫌犯12岁时在唱诗班的照片。报道称,一个名叫黑格的人被指控谋杀了69岁的有钱寡妇杜兰德—迪肯夫人,并且"已经被送往刘易斯(苏塞克斯郡)监狱医院——这对面临最重指控而入狱的任何人而言是常规程序,并不意味着他病了"。

法院严惩《每日镜报》

代表黑格的沃尔特·蒙克顿爵士(Sir Walter Monckton)申请了对《每日镜报》总编辑西尔维斯特·博拉姆(Silvester Bolam)的拘留状。3月21日,王座法院就此举行听证会。蒙克顿爵士说:"公认的原则是,如果某人被控以某项罪名,那么发表有可能损害该人公平审判权的材料就是藐视法庭。"蒙克顿爵士称,3月2日,黑格因被指控谋杀杜兰德—迪肯夫人而被羁押。而3月4日的《每日镜报》就黑格被指控一事发表了三篇文章。"难以想出有比这更加有预谋的事情:以这样一种指控,而不是以在最令人厌恶的种种情况下其他谋杀指陈的内容,发表在一份全国广泛发行的报纸的最显著版面上,来损害某个在押候审者的公平审判权"。

听证会上,蒙克顿爵士还宣读了黑格的辩护律师伊格先生的宣誓书。伊格称,"只有到黑格出现在诸位法官面前的时候,才提供了逮捕的正式证据"。宣誓书还提到,黑格3月5日告诉伊格说,他只被控以谋杀杜兰德—迪肯夫人一项罪名。①

代表被告人博拉姆的瓦伦丁·霍姆斯爵士（Sir Valentine Holmes）称，他不想为《每日镜报》的行为辩护，他是来"代表博拉姆承认一个严重错误，以及对法庭最谦卑的歉意"的。霍姆斯爵士还宣读了博拉姆写的一份宣誓书。它声称，到3月3日，很多人知道了一些失踪的人名以及这些人可能已经被谋杀的消息。博拉姆迅速告诉手下采编人员，失踪者的故事可以报道，但是不得诱导读者对各个失踪者产生联想，并且报道在付印前要提交主管"审核"。他认为，既然警方还没有就失踪人员指控相关人，而且尚无人被认定要对这些人的失踪负责，就不涉及藐视法庭的问题。但是，现在他意识到他错了。之后，博拉姆接到了警方的通知，他向主编们指示说报道必须重写，并且所有涉及供述的部分都要删掉。霍姆斯爵士辩称，现代日报的内容生产需要快速决定，由此也会出现差错。戈达德勋爵反驳说："没有人可以说这是判断失误。这些是一个人可能读到的最骇人听闻的东西。"

44岁的总编辑博拉姆因藐视法庭罪被判入狱3个月。《每日镜报》被判罚款1万英镑并支付诉讼费。反讽的是，博拉姆与黑格在同一所监狱服刑。法官决定还要惩罚报纸的发行人，认为报纸的董事们也负有法律责任。根据3月26日《泰晤士报》的报道，法院认为："在当下这一类别案例的悠久历史上，在本法院看来，从未有过如此严重、如此可耻和如此恶劣的情形。本法院应本着公共利益维护正义的共同原则，务必使那些有此类罪行的人受到相应的惩罚，这一点具有头等的重要性。在本法院看来，该报的行为并非判断失误的结果，而是为了提高报纸发行量诉诸煽情主义的方针所致。"②

戈达德勋爵认为，《每日镜报》的"这些版次含有文章、照片和最大字体的标题，本法院只能称其性质为英国新闻界之耻；英国以正义和公平为傲，即使极恶之罪犯亦不例外，但《每日镜报》却将其践踏殆尽"。③戈达德勋爵还警告《每日镜报》的管理层说："让董事们小心，现在他们知道了他们的雇员能干什么事，以及本法院对此事的看法。如果是为了增

---

① Writ against the "Daily Mirror", Daily Mirror, March 22nd, 1949.
② The Times, March 26th, 1949.
③ Ibid.

加他们报纸的发行量而再次冒险刊印此类材料，董事们本人也许会发现法院是强大的，足以制裁他们，并逐一收拾他们。本法院认为必须实行严厉惩罚"。①

《泰晤士报》3月26日写道："对于此案，用哈德威克勋爵1742年对《圣詹姆斯晚邮报》案的话说，那就是在审判前不公正对待涉案者。"《泰晤士报》进而写道："如同本法院的成员们一样，任何不幸读到这些文章的人都一定想知道：在发表了这些之后，这个男子要获得公正审判如何可能。这些文章不仅称他为吸血鬼，并给出了如此称呼他的原因，而且在说他因一宗谋杀案被指控之后，他们继续说，他不仅因一宗谋杀案被指控，还犯有其他罪行，并给出了他们说被他杀害的人士的名字。有人提供了一张据说被他谋杀的某人的照片，附有一段对犯罪方式的描述。"②

两点讨论和结论

1. 媒体审判中的"拼图识别"

近代刑法学鼻祖切萨雷·贝卡利亚早在1764年就说过："在没有做出有罪判决以前，任何人不能叫罪犯……因为任何人当他的罪行没有得到证明的时候，根据法律他应当被看作是无罪的人。"③英国司法界认为，司法审判的权力已由社会授予了陪审团和法官，当审判正在进行的时候，社会半途把这个权力收回（意指对审判进行评论）就违反了制度，但是审判一告终结，这代理权就立刻收回，自由讨论就成为至高无上的社会公共利益。④

英国法官西蒙·布朗认为，暗示有罪推定的审前公开报道具有极大的危险性，媒体应谨慎提防。布朗曾表示："在逮捕之后、审判之前对被指控名人进行有罪报道，这不是一个能够轻率采取的步骤。不仅如此，被告人越是容易受到攻击，相关案情越是复杂，相关报道越是不准确，媒体所承担的违法风险也就越大……因此，从事犯罪报道的所有人都应该认识到，发表此类文章是具有极大风险的。"⑤

---

① The Times, March 26th, 1949.
② The Times, March 26th, 1949.
③ [意] 切萨雷·贝卡利亚：《论犯罪与刑罚》，中国大百科全书出版社1993年版。
④ 吴飞、林敏：《政府的节制与媒体的自律——英国传媒管制特色初探》，《浙江大学学报》2005年。
⑤ [英] 萨利·斯皮尔伯利：《媒体法》，周文译，武汉大学出版社2004年版，第339页。

英国的传统做法是，当犯罪嫌疑人被捕时，媒体只能简略报道嫌疑人的姓名、年龄、职业以及被指控的罪名等。即使犯罪嫌疑人对警方有所供述，媒体也不得报道。只有当犯罪嫌疑人有重大犯罪嫌疑需要移交检察官处理时，媒体才可进行详细报道，但是犯罪的过程和情节必须按照检察官的起诉书来报道。

如前文所述，在黑格案中，伦敦警察厅已经事先警告过《每日镜报》：在黑格被审判前不要披露案情的细节。但是报社却无视警告，依然做出了出格的行为。黑格称自己杀了9个人，但是法院最终只能证明其杀了6个人，另外三宗谋杀证据无迹可寻，而《每日镜报》的报道却暗示这些人均是被黑格谋杀的。

在英国，煽情小报为牟利无所不用其极地进行夸张、惊悚及煽情的报道。《每日镜报》总编博拉姆曾经这样描述煽情主义："煽情主义并不意味歪曲事实，它只是生动且戏剧化地陈述事实，以此给读者留下深刻的印象。它意味着大字标题、生动描述，将繁杂简化成日常语言，以及对漫画和照片的大篇幅使用。"① 而《每日镜报》对黑格案的耸动式报道的确满足了公众的好奇心。

博拉姆之所以被判以蔑视法庭罪，是因为法院认为该报的连续系列报道造成了"拼图识别"（jigsaw identification）效应。所谓"拼图识别"，是指不同媒体因报道诉讼案件时有所限制而各自合法地报道一些细节，但是却会无意间构成犯罪，因为通过不同媒体披露的不同细节，受众很有可能将这些碎片拼凑起来以确认那个法院尽力保护的对象。② 《每日镜报》虽然没有在同一篇报道里明确说黑格就是杀害那些失踪者的凶手，但是读者很容易把该组系列报道组合起来，从而认定黑格就是所谓的"吸血鬼杀手"。"拼图识别"效应很容易使公众预设刑事被告人是有罪的，这无疑违反了无罪推定原则。

鉴于英美国家的陪审团制度，媒体审判可能会影响到潜在的陪审员，从而影响审判结果。陪审团由12名没有法律背景的普通公民组成，负责对案件的事实部分作出判断。陪审团在案件的审理中有着至关重要的作

---

① Engel Matthew: Tickle the Public, One hundred years of the popular press. London: Victor Gollancz, 1996, p. 179.

② Tim Crook: Comparative Media Law and Ethics. London: Routledge, 2010, p. 348.

用,其职责是:"听取双方当事人和律师提出的证据,然后进行评议,就诉讼中的争议事实做出认定,就被告有罪还是无罪做出裁决"。① 显然,陪审团必须不受外界信息的影响。在"黑格案"中,陪审团只花了15分钟的时间就裁定黑格有罪。没有直接证据显示陪审团的投票受到了《每日镜报》审前报道的影响,显然是对有关证据深信不疑。

2. 中文传播讹误与误判

一宗被丹宁勋爵称之为"1770年以来轰动一时的刑事案件"之一和被认为是20世纪全球最著名的媒体审判案的英国名案,在中文世界里变得多少有点面目不清,甚至讹误频出和以讹传讹,这是令人十分遗憾的,因为它影响了许多学人和论者对媒体审判问题的历史认识和当下判断。

其实,这里面没有多少深文大义,只是需要一些查对和校译,就可以避免那么多的差错和失准。而在丹宁勋爵另一部脍炙人口的著作《法律的未来》的中文本中,他还更为详尽地提到了黑格案,不但给出了黑格的全名,而且交代了1949年这个案发年份,只是没有提及媒体的作用,因此未受有关论者的关注。②

一些法学界和法律界人士常常举出黑格案来强调:法治社会中法院和法官的至高地位不容挑战和冒犯。对于这一点,笔者并无根本性的异议。但是,由于翻译的问题,由于对历史背景的交代不足,又由于中文世界的传播讹误,有地市级法院法官认为,透过黑格案和国内现实,英中"两相比较,差距何其大也!"以此暗示国内目前对"媒体审判"规训和惩罚不力。③ 笔者认为,这是成问题的。

1949年黑格案以后,英国再也没有出现过媒体人因犯下"藐视法庭罪"而入狱的事情。这至少是出于两个原因。第一个原因,站在法院一边,黑格案中对于《每日镜报》的判决不无理由,但是也不乏争议,英国自19世纪起被誉为新闻自由的圣地,判决媒体人因职务行为犯罪总是有点不得人心。

在丹宁勋爵看来,在法治传统悠久的国家,法官不大受到媒体的影

---

① 程汉大、李培峰:《英国司法制度史》,清华大学出版社2007年版,第297页。
② [英]丹宁勋爵:《法律的未来》,刘庸安、张文镇译,法律出版社1999年版,第69—70页。
③ http://www.jhcourt.cn/NewsShow.aspx?id=2555

响。他说："无论是谁，其都应该牢记，一个审理法官不能受到可能在报纸上所看到的内容的影响。坐在陪审团位置上的人并不是普通人。他们是心地善良、具有良好判断力的人。他们依据呈放在他们面前的证据而不是在报纸上可能读到的内容来进行判断。他们受到影响的风险是如此的轻微。"①

第二个原因，英国在"黑格案"案发第二年即1950年就签署了《欧洲人权公约》（1953年9月3日生效）。《欧洲人权公约》特别重视保护言论自由和新闻自由。依据该公约设立的欧洲人权法院经常推翻《欧洲人权公约》各签署国不利于言论自由和新闻自由的国内法判决。

而在当下中国，一方面媒体审判和网络审判的现象的确值得担忧；另一方面影响法院办案和判决的因素较多，媒体和舆情的影响未见得是最主要的一个。② 在这种语境下，简单地比较中外，甚至拿《欧洲人权公约》生效之前的一个经典旧案来就事说理，就显得立论不稳甚至有点可笑了。

（作者系中山大学传播与设计学院教授）

【作者简介】展江，1957年生于南京，毕业于中国人民大学新闻系，法学硕士、博士。在海军、地方报社和中央电视台先后从事新闻工作十余年。1996年7月—2009年9月任教于中国青年政治学院，2001年6月至2009年7月任新闻与传播系主任（处级），2002年晋升教授，中国青年政治学院学术委员会委员、二级岗教师。2010年9月起任中山大学双聘教授。现为中山大学、武汉大学、中国传媒大学博士研究生导师。

媒体和司法审判：应该如何平衡？
——以刘涌案为例

【推荐理由】魏永征先生是非常知名的传播法的研究专家，他是中国"媒介审判"现象研究的集大成者，开创了中国"媒介审判"现象研究的先河，对于中国新闻传播界具有非常大的影响力，尤其他对"媒介审判"下的定义是国内研究"媒介审判"现象最为权威的定义，影响了很多中

---

① ［英］萨利·斯皮尔伯利：《媒体法》，周文译，武汉大学出版社2004年版，第339页。
② 周泽：《舆论评判：正义之秤——兼对"媒体审判"、"舆论审判"之说的反思》，《新闻记者》2004年第9期。

青年学者，特别他的早年论文《媒体和司法审判：应该如何平衡？——以刘涌案为例》堪称经典。

徐迅律师去年在北京的一次研讨会上发表文章，报道她在这一年一连参加了四次有关媒体和司法的学术研讨活动，指出有关媒体和司法两者之间的冲突和平衡，乃是2003年中国新闻界和法律界的一个热点问题。我虽然没有参加这么多的研讨活动，但是仅从这一年新闻媒介上的报道热点，例如孙大午案、刘涌案、宝马车肇事案等等，也无不在不同程度上看到了媒介和司法之间的互动作用。其中刘涌案，历时两年，一波三折，尤为不可多得的典型个案。检阅此案有关报道和评论，颇有感悟，谨撰此文，就教于诸位。

一 媒介影响司法审判主要是设置议题

媒介是不是会影响司法审判？这首先不是理论问题，而是一个事实问题。

且看刘涌案：辽宁省高级法院二审改判刘涌死缓公布一个星期后，上海的《外滩画报》首先发表质疑，《北京青年报》、《南方都市报》、《南方周末》等报刊迅速跟进，互联网上评论如潮，尔后才有最高法院的提审和改判，媒介舆论对司法的影响，是谁也无法否认的。

那么这种影响，是不是可以认为是"民意干预司法独立"、甚至是"舆论杀人"呢？我不这样认为。最高法院的判决书，洋洋一万八千余言，罗列被告人所有犯罪事实和证据以及判决的理由，其中特别是对足以判处死刑的"直接或者指使、授意他人持刀、持枪实施故意伤害犯罪，致1人死亡，5人重伤并造成4人严重残疾"的罪行，作了详细叙述，并且逐条驳回了被告人和辩护人的辩护理由，这是基于事实和法律作出的独立判决，显然不是"民意"的"干预"的结果。

有的人对原二审改判理由"不能从根本上排除公安机关在侦查过程中存在刑讯逼供情况"仍然表示存疑，以为再审判决还不足以排除这个"不能排除"。其实再审判决书排除刑讯逼供的理由，不但有证人证言，还有2000—2001年长达一年的39份体检书证，事实和理由应该是充分的。何况原二审以"不能排除"为由予以改判，本来就是缺乏法律依据的。因为只有在举证责任倒置的情况下，亦即受到指控的一方负有证明它不存在的责任的情况下，才能从"不能排除"推定事实成立；而举证责任倒置必须以法律规定。陈兴良教授建议对刑讯逼供的指控应该实行举证责任倒置，我完全赞同，但这只是学理意见，在中国即便是非常权威的学术意见，也不能具有法律效力。本案从一审到二审，相隔八个月，二审法院如要查实刑讯逼供，应该是有时间的，而"不能排除"也就是不能证实，不能证实的事怎么可以作为判案的依据呢？从这点看，再审予以撤销也是理所当然的。

媒介的议题设置（agenda setting）功能是当代传播学的一大发现。本文在很大程度上是借用这个词语。在刘涌案中媒介对司法审判的影响，正是在于它向司法提出了议题。《外滩画报》是一家创办不久的大众化报纸，既没有公权力背景，也不具有任何法律专业色彩，但是它登出一篇《对刘涌改判死缓的质疑》却不胫而走，迅速为众多报纸和网站转载，响应热烈，成为公众关注的热点，这说明了什么呢？传播学的议题设置理论肯定了媒介的议题设置功能，但对这种功能如何发挥作用还是略而未详。而从哲学的眼光来看，媒介的议题只有反映了广大民众的愿望、需求，才能为社会所关注；媒介和社会乃是一种互动的关系。刘涌案的讨论说明了我国民众对司法公正的关心和当家作主的主人翁意识的增强，同时也说明了这个二审改判确实存在着可以研究的问题，要不然，一审判决为什么没有引起这样的讨论呢？最高法院当然必须接受这个议题，没有理由漠然置之，这是它的职责。

然而，媒介对司法审判的影响也仅限于此。《对刘涌改判死缓的质疑》等最初的几篇文章仅仅是质疑，对二审判决"不能排除"、"具体情况"之类的说法提出疑问，并没有主张非把刘涌置之死地不可。这表明这些作者以及媒介完全明白自己的角色定位，二审判决是对还是不对，刘涌是杀还是不杀，这个问题应该也只能由司法机关依法作出回答。这就是舆论影响司法同司法独立的基本分野。

现在的问题是，有的审判机构对于舆论的这种影响也害怕，他们借口司法独立，企图把司法审判同社会完全隔离开来。一个典型的例子就是某地高级法院在去年出台的《关于规范采访报道法院审判案件活动的若干规定》，其中规定："依法公开审理的、尚未宣判的案件，记者可以旁听，但不得进行公开报道"，"新闻单位的相关报道需经法院批准后方可进行"，还有："不得作出与法院判决内容相反的评论"。这就是要求媒介只能做法院的传声筒，有关案件可不可以报，什么内容可以报什么不可以报，怎样报，都由法院决定，对判决相反的意见则一律封杀。如果这样的规定推广到全国，那还会有刘涌案的讨论吗？不会有了。刘涌在天之灵，应当埋怨自己当年投错了胎，为什么不做某地人，如果此案发生在某地，所有媒介统统"收声"，他有了这样严格的保护，还怕何来？

这样的规定，从根本上违背了国际公认的、也为我国宪法和诸多法律所规定的公开审判的原则。20世纪的国际著名法学家英国丹宁勋爵说得好："公正必须被看见。"公开审判是保障司法公正的根本制度，嫌疑人接受公开审判是当代的一项基本人权。它的目的就是把司法审判置于众目睽睽之下，接受整个社会的监督。这样，社会公众对审判的自由讨论和批评自然是题中必有之义。这种公开，只有通过媒介才能真正面向社会。媒介代表监督的一方，法院只是被监督的一方，监督的一方可以说什么，不可以说什么，要由被监督的一方来决定，监督就名存实亡了。

英国是公认的严格控制审案报道的国家，媒介对审判中的案件说三道四是会构成藐视法庭（contempt of court）的。但是，就是在早期判例法中涉及因案件报道构成藐视法庭的规则中，也只是限于审判进行中的案件，对已判决案件的评论不在其内。司法人士认为，司法审判的权力已由社会授予了陪审团和法官，当审判正在进行的时候，社会半途把这个权力收回（意指对审判进行评论）就违反了制度，但是审判一告终结，这代理权就立刻收回，自由讨论就成为至高无上的社会公共利益。这段话里体现的舆论影响同司法独立的界限也是十分清楚的。

但是不得评论审判中的案件的限制后来也被打破。一起典型判例是20世纪70年代末一家报纸因为发表了对一起已经审判了10多年尚未结案的众多受害人向一家药厂的民事索赔案的评论而受到禁止由此引发的诉讼。当时担任上诉庭主审法官的丹宁勋爵认为，除了公平审判以外，还有一个重要的利益应该考虑，那就是公众关注这个事件和报纸评论这个事件的权利。我们认为报纸有权作公正的评论，只要事实正确，评论公道，那就无可非议。他判决支持报社。但是上议院在终审时还是判决报社败诉。后来报社上诉欧洲人权法庭，后者判决英国政府败诉，其主要理由就是《欧洲人权公约》第10条规定在必要（necessary）时可以对言论进行限制，而本案中对言论的限制是不必要的。此案促成了英国1981年《藐视法庭法》的出台。这部成文法比判例法对媒介予以更多的保护，除明确规定藐视行为只能发生在司法程序正在进行中之外，还赋予媒介对藐视法庭的指控三条抗辩理由：（1）无辜发表；（2）公正而准确的即时报道；（3）讨论公共事务。该法第5条对第三项抗辩的规定是：只要是出于善意（good faith）对公共事务或者同普遍公共利益相关的其他材料的评论，即使发生妨碍或损害某件特定的法律事件的风险，也不作为严格责任原则下的蔑视法庭行为。

某地的做法显然远远落后于时代，而且有违背我国现行法律和宪法之嫌。

二 "媒介审判"同样需要警惕

当然如果真的发生所谓"民意"、"舆论"干预司法独立和公正，也是要坚决反对的。人们把新闻舆论超越司法程序，干预、影响司法独立和公正的现象称为"媒介审判"或"舆论审判"，这个词语（trial by media or trial by public opinion）来自美国。在英美，蔑视法庭是指一种罪行，要依法制裁；媒介审判是指一种违背新闻专业标准的现象，要通过新闻自律予以纠正和防止。

有一种代表性的意见认为，媒介审判只能发生在英美，因为那里实行陪审团制度，陪审团在市民中遴选，他们握有决定有罪还是无罪的权力，但是又没有受过法律专业教育，极易受新闻报道影响，所以要严格控制媒体。而中国不同，中国的审判完全由法官掌握，法官都受过严格的法律专业教育和训练，所以媒体不管说什么，都不会对判决产生什么影响。

在英美法系的国家里制裁新闻报道蔑视法庭行为或者反对媒介审判现象一个重要因素是为了防止新闻报道影响陪审团，这是事实。但是，中国有中国自己的国情。

在历史上，中国存在过确切意义上的实质性的媒介审判。这发生在媒介被定位为"阶级斗争工具"和"无产阶级专政工具"的年代。比如1955年"胡风反革命冤案"，不要说法院，就是公安、检察都还一无所知，媒介上就已经宣布了"反革命集团"的罪名，公安、检察、法院只能按照媒介的定调进行拘捕、起诉、审判。在那个年代，这类做法几乎成了惯例。当然众所周知，这并不是媒介的主动行为，但是这种做法影响深远，以至有些媒介人会以为自己真的拥有某种超级权力。我们在一些话语里似乎可以听到当年的回声，比如有人为"记者比法官更管用"而沾沾自喜，有人习惯性地会说出新闻报道"推动"法院的审判，等等。如今中国的媒介虽然不再有斗争工具的性质，但是它仍然在不同程度上拥有公权力的背景。其中特别是那些国家通讯社、党的机关报以及政府台，他们那些被认为体现某种官方意图的内容，具有无可置疑的权威性，对于法院也不例外。这样，那种媒介凌驾司法的陈旧观念，还是有机会外化为不同形式不同程度的媒介审判。

中国的司法独立也是中国国情的独立。中国司法在共产党的领导之下，法院和检察院都受同级党委的政法委员会领导。中国的法院和检察院由同级人民代表大会产生并受它的监督。它们的编制、财政预算、干部配备等等，都掌握在同级政府手里。我们可以假定法官人人都有高度的专业水平，不会受媒体的影响，但是媒介的报道和意见一旦影响了党委领导、人大委员和代表或者政府的首长，他们会对司法施加实质性的影响，法官就很难抗御。美国学者 Benjamin 在考察了中国媒介和司法关系后认为，中国媒介影响司法的基本模式是媒介影响领导、领导影响法院，这是说得很有道理的。

1995 年发生的四川省技术监督局处罚印制假商标的夹江县彩印厂，后者对技监局提起行政诉讼，明明是技术监督局越权处罚，但是在媒介"打假者反而当了制假者的被告"之类的喧嚣中，以法院胡乱判决驳回夹江厂的起诉了事，就是媒介报道影响人大、人大制约法院的典型个案。1999 年，我在一次研讨会上遇见此案发生时尚在最高法院副院长位上的罗豪才教授，谈起此案，罗教授说，当时中央电视台都批评了，省人大开会人民代表质询法院院长就像开批斗会，省法院请示我们，我们看到再不解决人大会把高院院长都罢免了，这会造成难以挽回的后果，我们就同省里商量，考虑到在实体上总是夹江厂错，只好以驳回处理。

何况，即使媒介对法院审判全无影响，或者它超越司法程序所发表的意见同以后法院的判决完全一致，那么这种新闻报道方式的违法性，仍然会对社会意识产生不良影响，不利于法治精神的确立和发扬，我在另外一些文章里已经说过了。媒介审判需要防止和纠正，但是不能以反对媒介审判为理由而禁止媒介报道和评论司法审判，正如不能因为一个人可能会说错话就禁止他说话一样，防止媒介审判和支持媒介对司法的监督功能，是完全不同性质的两个问题。

三 媒介应该怎么做？

媒介既要发挥对司法的舆论监督功能，又要避免媒介审判，这确实是不容易的，这里有观念问题，也有专业水平问题。从刘涌案得到的启示，笔者提出四点：

1. 合法

新闻报道和评论的合法性，是正当的舆论监督功能还是媒介审判的最基本的分水岭。媒介审判首先特征就是违法性。司法报道要做到合法，看似容易，实际上并不简单。由于我们的媒介多年来强调的是意识形态正确，是否合法往往受到忽视，今天就更有必要提请注意。

比如1997年《刑事诉讼法》明文规定："未经人民法院依法判决，对任何人不得确定有罪。"这被认为是"无罪推定"（presumption of innocence）原则的中国式表述。这条规定对新闻报道的影响，绝不是仅仅是使用"嫌疑人""被告人"等词语，而是会影响到整个报道方式的变革。刘涌案的初期报道，就与这个原则相悖。新华社的两篇电讯稿《沈阳"黑道霸主"覆灭记》、《"黑道霸主"刘涌是如何"当"上人大代表的？》，虽然刻意用"恶行"替代"罪行"，用"血案"替代"罪案"，但是这种以公布罪状方式撰写的报道，无异已经在法院判决以前确定了刘涌有罪，而且"组织黑社会性质的犯罪集团"、"黑道霸主"、"黑帮"、"黑老大"一类词语，远远胜过"罪犯"一词的分量，事实上宣布了刘涌的罪行十分严重。这种以国家通讯社名义发布的公告式报道，其权威性无疑在要到一年多后才来到的一家中级人民法院的判决之上。这符合上面的法律规定吗？

长期以来，对于罪案的报道模式是：宣布罪状—声讨—审判—处罚（处决），贯穿于新闻报道的主题是宣传党和政府怎样领导人民同犯罪作斗争、为民除害，罪犯罪恶累累、应当严惩，以及从有关罪行中引出一些什么经验教训等等，在这个过程中对法院判决的报道并不居于重要的地位甚至只是尾声，比如在刘涌案中，新华社那两篇通讯及其后续报道的这种大张旗鼓的方式与一年后对一审法院判决的简要报道就形成了鲜明的对比，后者对刘涌及其同伙的犯罪事实甚至略而不提。这种报道模式的背后是权力一元化机制，而权力一元化往往难以摆脱有罪推定。

"无罪推定"必须实行现代法治的权力分工和制衡机制，确认有罪的权力集中归法院行使,行政(警方)只能提出涉案人有罪的嫌疑。警方可以公布侦查结果,但是侦查认定的事实并不是法律认定的事实(比如上述新华社报道中有两起"重伤"在后来法院判决中只是"轻伤"),警方可以认为涉案人犯了罪,但是这并不是确认有罪,何况嫌疑人对警方的指控还有辩护权,这样媒介对警方所公布的事实和结论就只能采取中立的立场。

这就需要探求一种符合现代法治原则的罪案报道的新模式,例如报道的重点应当从行政转移到法院,在报道控方(警方和检方)意见以后应当适当报道辩方意见,相关的深度报道、解析性报道应该放在法院作出有罪判决以后等等。

2. 理性

非理性或煽情性是媒介审判的又一特征。以往我们的罪案报道往往要极力鼓动人们对罪行的义愤,而愤怒一旦介入法律,那就可能造成一场灾难。有些国家对一些重大刑事案件,往往会把涉案人转移到离案发较远的地方去审判,目的就是要避免案发地民众的愤怒激情会影响审判。我们的做法则相反,媒介的一项任务就是"鼓动",唯恐群众不愤怒。

近年来"张君案"、"蒋艳萍案"、"小兰案"等大案的新闻报道,之所以会被批评为"媒介审判",主要就是在于一些报道带有严重的煽情性,在某些主流媒介上出现的诸如"千刀万剐"、"不杀不足以平民愤"、"严惩严惩再严惩"这样的一些喧嚣,非但污染了正常审判的舆论氛围,而且完全漠视并可能损害被告人的合法权利。正如陈兴良教授所说:"很长时间以来,我们普遍没有尊重犯罪嫌疑人和被告人人权的观念,打击犯罪和犯罪分子,成了司法的第一要务。"我们同样可以说,配合司法打击犯罪和犯罪分子,成了媒介罪案报道的第一要务,这样才会有那种煽情报道。

理性的报道和评论,就是遵循以事实为依据、以法律为准绳的原则。刘涌案讨论的发难文章署名李曙明的《对刘涌改判死缓的质疑》,是一篇摆事实、讲法理的佳作,文章绕开外人无法搞清的刑讯逼供问题,只是就判决书论判决书,以子之矛攻子之盾,短短千把字就指出了二审判决难以自圆其说的致命伤。这是它不胫而走的自身原因。

理性讨论的成果会超出案件本身的是是非非。陈兴良等专家的缓刑意见虽然没有被法院采纳,但是本文所引的他们有关尊重被告人人权的论述、有关刑讯逼供实行举证责任倒置的意见等,无疑有重要价值。公众就不清不楚的判决书向法院发出知情权的呐喊，反映了国人民主意识的高涨。刘涌案还带出关于"多数的暴政"的讨论，一篇署名城麦、题为《希望舆论监督不要变成多数人暴政》的网上文章写道：

"民主并不是简单的'少数服从多数'，……如果仅仅因为多数人痛恨某些绝对的少数，而不再将这些绝对的少数视为同类，而对这些绝对少数为所欲为，那就不再是民主，而是多数人的暴政了。"

文章引起了若干质疑和反驳，作者又屡次撰文阐明他的观点，而且得到一些支持，这里不便赘述。需要指出，"多数的暴政"（tyranny of the majority）论述正是早期民主思想家的重要遗产，[美]麦迪逊、[法]托克维尔、[英]密尔等都有论述，他们的预言在第二次世界大战期间法西斯专政中成为现实，而我们不幸在"文化大革命"中也经历了这种"多数的暴政"。可惜对于这一以血海的代价证实的重要思想，至今国人所知甚少，以至有位评论家也出来质疑城麦的论点"出自哪位圣人之口"。可见提出这个问题本身就是理性思考的升华，会对某些偏激情绪起到一定的遏制作用，而对提高国人的民主素质更有长远的意义。

当然群众有权利愤怒。特别是互联网上，什么话都会有，我们也看到"刘涌不死，国难未已"，"枪毙一万次都不过分"这样的喧嚣，这不足为怪。但是媒介不同，媒介的舆论代言人的角色要求它必须永远保持清醒的头脑，要通过主流的报道和评论把群众情绪引向理性的轨道。

3. 平衡

审判就是控辩双方的交锋，在交锋过程中，法官是中立的，媒介也应该是中立的。当然媒介不是法庭，可以给交锋的双方平等的发言的机会和时间。但是当一种意见成为几乎唯一的倾向的时候，媒介就要注意"让反方发言"（getting the other side），新闻报道的实践表明，"让反方发言已经变成说真话的要义"。

让反方发言是防止媒介审判的有效手段。正如这次讨论中的一篇网上文章指出："不同声音是公众保持理性的前提"。不同意见都摆出来了，法官当然必须独立思考，对任何一种意见都不能盲从。形成媒介审判的新闻报道往往具有单向性（one dimension），而单向的、缺乏批判性的思维和言论就会走极端，甚至有可能导致"多数的暴政"。

对刘涌改判的质疑如潮水般涌现时，《中国青年报》不失时机地走访陈兴良教授，请他阐述有关意见。《南方周末》发表《沈阳刘涌案改判调查》，以中立立场客观报道各方意见，特别是刘涌辩护律师田文昌和陈兴良这样的专家意见，还有负责侦查刘涌案的沈阳市公安局长杨加林的意见。这些报道，反映了媒介报道司法审判的专业水平的提升。

不过从全过程而言，在这方面刘涌案的报道还是有很大缺陷。主要表现为：

一是，在刘涌案发到判决以前，新闻报道完全一边倒。刘涌作为受到侦查的嫌疑人和受到起诉的被告人，他的地位就是"反方"，他的辩护意见应当有所表现，特别是报道庭审中控辩双方的交锋理应是公开审判的必要内容，然而没有。我们只能从后来的判决书上看到高度概括的被告方面的意见。严格说来，只公开报道控方的指控，不公开报道辩方的辩护，就不是真正的审判公开。可以设想，如果控辩双方自始至终都处于公开的地位，那么后来对二审判决井喷式的声讨就不会发生，甚至不会出现二审改判那样的曲折。

二是，在对二审改判的讨论中，主流传媒对"反方"意见还是反映不够。在互联网上出现某些要求处死刘涌，并且发展为责难辩护律师和专家的情绪化喧嚣之后，要求理性讨论的言论始终没有中断过。舆论并非"一边倒"。事后检索，我们看到除了《希望舆论监督不要变成多数人暴政》以外，还有《激情公审才是法治的最大危险》、《我看刘涌案：民主的胜利抑或法治的耻辱》、《我还是反对煽情——谈对刘涌案的深入思考》等，这些文章反映了中国民众的民主与法治意识所达到的新水平。可惜的是，主流传媒并未予以转载。也可以设想，如果这些意见得到更广泛的传播，那么对再审判决的反弹也会趋于淡化。

4. 善意

英美普通法里的"善意"具有相当不确定的多种含义，我们可以给它赋予中国特色的内容。这就是媒介关于司法审判的报道，应当是为了推动依法治国、建设社会主义法治国家的建国方略，为了提升中国尊重和保护人权的水平，为了促进整个社会的正义和公平，而不是出于某些局部的利益考虑，这点可以不必多说。

媒介对公权力的监督和司法的独立与公正，都是宪法原则和基本人权的原则，实现两者的平衡是全世界都在研讨的重大课题。以上仅仅是从媒介角度而言，应当说，有些问题并不是媒介单方就可以解决的。既要发挥媒介对司法的监督功能又要防止媒介审判，有赖于建立媒介、司法和社会之间的良好互动，有赖于国家整体的民主与法治水平的发展。

(2004年3月30日于港岛宝马山)

【作者简介】魏永征，男，香港树仁大学教授，上海复旦大学客座教授，中国传媒大学特聘博士生导师，汕头大学硕士生导师。主要著作：《被告席上的记者——新闻侵权论》、《中国新闻传播法纲要》、《新闻传播法教程》、《新闻法新论》(2002)、《影视法导论》(主编，2005)、《大众传播法学》(主编，2007)等。

结　　语

马克思主义告诉我们，人的认识受到一定历史条件和科技水平的限制。正由于认识受到实践经验、知识水平、认识能力等因素的限制，所以一个正确认识往往需要经过实践、认识，再实践、再认识的多次反复才能完成，对待如何认识我国"媒介审判"现象也是如此。截至目前，我国新闻传播界和法律界对我国是否存在"媒介审判"的争议之声一直没有消停。不过，理论上的争论并不能消弭事实上的"媒介审判"现象。也就是说，形式上的"媒介审判"现象的确客观存在，这是不可否认的事实。在我国，"媒介审判"现象就其本质而言是媒体舆论监督的"异化"，是对新闻权利的滥用。由于媒体对司法案件报道的"先入为主"和其广泛的影响力，"媒介审判"现象对司法的影响是极其有害的。它一方面有悖司法独立精神和司法公正原则；另一方面还严重损害了司法当事人的人格权。虽然我国"媒介审判"现象从其依存的现实语境来看，有存在的现实意义，但从长远而言，其极大的负面效应仍然是无可回避的事实，因此，如何预防"媒介审判"现象将会是今后新闻传播界和司法界研究的话题。

当下，我国司法体制改革提到了很高的议事日程。中央明确要求进一步推进司法体制改革，对从制度上保证审判机关和检察机关依法独立公正地行使审判权和检察权提出了新的要求。党的十六大报告强调："改革司法机关的工作机制和人财物管理体制，逐步实现司法审判和检察同司法行政事务相分离。"党的十七大报告指出："深化司法体制改革，优化司法职权配置，规范司法行为，建设公正高效权威的社会主义司法制度，保证审判机关、检察机关依法独立公正地行使审判权、检察权。"党的十八大报告要求："进一步深化司法体制改革，坚持和完善中国特色社会主义司法制度，确保审判机关、检察机关依法独立公正行使审判权、检察权。" 2013年十八届三中全会强调健全司法权力运行机制。优化司法职权配置，健全司法权力分工负责、互相配合、互相制约机制，加强和规范对司法活动的法律监督和社会监督。改革审判委员会制度，完善主审法官、合议庭办案责任制，让审理者裁判、由裁判者负责。明确各级法院职能定位，规范上下级法院审级监督关系。推进审判公开、检务公开，录制并保留全程庭审资料。增强法律文书说理性，推动公开法院生效裁判文书。严格规范减刑、假释、保外就医程序，强化监督制度。广泛实行人民陪审员、人民监督员制度，拓宽人民群众有序参与司法渠道。党的十八届四中全会提出，要"完善确保依法独立公正行使审判权和检察权的制度"。改革司法管理体制，确保审判机关、检察机关依法独立公正行使审判权、检察权，是深化司法体制改革的重大举措，是加快推进社会主义法治建设的迫切需要，是让人民群众在每一个司法案件中都感受到公平正义的必然要求，这对遏制"媒介审判"现象是一个好的契机。

就媒体层面而言，中共十八届四中全会审议通过的《中共中央关于全面推进依法治国若干重大问题的决定》指出，完善人民监督员制度，重点监督检察机关查办职务犯罪的立案、羁押、扣押冻结财物、起诉等环节的执法活动。司法机关要及时回应社会关切。规范媒体对案件的报道，防止舆论影响司法公正。这是国家层面就规范媒体对案件的报道所做出的限制，对遏制"媒介审判"现象的发生起到一定的作用。

不过，从媒介的发展趋向来看，新媒体的层出不穷将有可能激化"媒介审判"现象的发生。在我国，伴随着网络技术的飞速发展，新媒体诸如博客、播客、手机报、微博、微信等如雨后春笋般出现。与此同时，我国的上网人数也在剧增，这无疑给新媒体的发展带来了很大的发展空间。根据中国互联网络信息中心（CNNIC）发布的《中国互联网络发展状况统计报告》显示，截至2015年6月，中国网民规模达6.68亿，互联网普及率为48.8%。其中，中国手机网民规模达5.94亿。而通过台式电脑、笔记本电脑和平板电脑接入互联网的比例均有下降。2015年上半年，手机支付、手机网购、手机旅行预订用户规模分别达到2.76亿、2.70亿和1.68亿，半年度增长率分别为26.9%、14.5%和25.0%。由于我国在网络媒体管理和制度建设方面处于刚刚起步阶段，这就容易造成网络舆论引导和监管的缺失。再结合网络舆论的"随意性"等特质，网络舆论一旦涉及重大司法案件时，其舆论监督更容易"变异"和"扭曲"，从而造成"媒介审判"现象。因此，从长远来看，"媒介审判"现象将会依然存在，对此的认知仍然是个漫长而艰难的过程。

参考文献

1. ［美］迈克尔·埃默里、埃德温·埃默里、南希·L. 罗伯茨：《美国新闻史》，中国人民大学出版社2004年版。
2. 庹继光、李缨：《法律传播导论》，西南交通大学出版社2006年版。
3. ［美］唐·R. 彭伯：《大众传媒法》，张金玺、赵刚，中国人民大学出版社2005年版。
4. 李昌林：《民众参与刑事审判比较研究》，人民出版社2007年版。
5. 夏晓鸣、马卉：《传播法概论》，武汉大学出版社2006年版。
6. 王军：《新闻工作者与法律》，中国广播电视出版社2000年版。
7. 魏永征：《新闻传播法教程》，中国人民大学出版社2006年版。
8. 北京大学法学院人权研究中心：《司法公正与权利保障》，中国法制出版社2001年版。
9. 鲁千晓、吴新梅：《诉讼程序公正论》，人民法院出版社2004年版。
10. 于为民：《舆论监督与新闻法制》，河南大学出版社2005年版。
11. 何梓华：《新闻理论教程》，高等教育出版社2004年版。
12. 曾文经：《传媒的魔力》，时事出版社2001年版。
13. 展江、白贵：《中国舆论监督年度报告（2003—2004）》，社会科学文献出版社2003年版。
14. 展江：《新世纪新闻舆论监督的语境与实践》，中国海关出版社2002年版。
15. 展江：《舆论监督紫皮书》，南方日报出版社2004年版。
16. 李希光：《畸变的媒体》，复旦大学出版社2003年版。
17. 赵中颉：《法制新闻与新闻法制》，法律出版社2004年版。
18. 王建国：《新闻法制理论研究》，吉林大学出版社2007年版。
19. 贺卫方：《司法的理念与制度》，中国政法大学出版社1998年版。
20. 李昌林：《从制度上保证审判独立——以刑事裁判权的归属为视角》，

法律出版社 2006 年版。

21. 陈力丹：《舆论学——舆论导向研究》，中国广播电视出版社 2000 年版。
22. 郭庆光：《传播学教程》，中国人民大学出版社 2002 年版。
23. 王石番：《民意理论与实务》，台湾黎明文化事业公司 1995 年版。
24. 苏力：《法治及其本土资源》，中国政法大学出版社 1996 年版。
25. 杨磊、周大刚：《"起诉"媒体——新闻法律热点问题透视》，知识产权出版社 2006 年版。
26. 魏永征：《中国新闻传播法纲要》，上海社会科学院出版社 2003 年版。
27. 谭世贵：《司法腐败防治论（前言）》，法律出版社 2003 年版。
28. ［美］约翰·D.泽莱兹尼：《传播法判例：自由、限制与现代媒介》第四版，北京大学出版社 2007 年版。
29. ［美］斯坦利·J.巴伦：《大众传播概论》，中国人民大学出版社 2005 年版。
30. 魏永征、张咏华、林琳：《西方传媒的法制、管理和自律》，中国人民大学出版社 2003 年版。
31. 辜晓进：《美国传媒体制》，南方日报出版社 2006 年版。
32. 童兵：《理论新闻传播学导论》，中国人民大学出版社 2003 年版。
33. 陈建云：《中国当代新闻传播法制史论》，山东人民出版社 2005 年版。
34. 洪伟：《大众传媒与人格权保护》，上海三联书店 2005 年版。
35. 梁衡：《新闻原理的思考》，人民出版社 1996 年版。
36. 王琳：《正义的账单》，中国监察出版社 2006 年版。
37. 李良荣：《新闻学概论》，复旦大学出版社 2001 年版。
38. ［英］Karen Sanders：《道德与新闻》，复旦大学出版社 2007 年版。
39. 卢跃刚、罗强烈：《本报今日出击》，南方日报出版社 2000 年版。
40. 顾理平：《新闻法学》，中国广播电视出版社 2000 年版。
41. 李矗：《法制新闻报道概说》，中国广播电视出版社 2002 年版。
42. 顾理平：《新闻侵权与法律责任》，中国广播电视出版社 2001 年版。
43. 邵志择：《新闻学概论》，浙江大学出版社 2003 年版。
44. 胡黎明：《"焦点现象"研究》，新华出版社 2004 年版。
45. 樊炳武：《新闻理论》，远方出版社 2000 年版。
46. 李衍玲：《新闻伦理与规制》，社会科学文献出版社 2008 年版。

47. 袁正明、梁建增:《聚焦焦点访谈》,中国大百科全书出版社 1999 年版。
48. 李文明:《新闻评论的电视化传播:〈焦点访谈〉解读》,四川大学出版社 2003 年版。
49. 郭镇之、赵丽芳:《聚焦〈焦点访谈〉》,清华大学出版社 2004 年版。
50. 张浚德:《当代广播电视新闻学》,复旦大学出版社 2001 年版。
51. 郑保卫:《新闻传媒与和谐社会建设》,中国人民大学出版社 2006 年版。
52. 凯尔纳:《媒体奇观:当代美国社会文化透视》,史安斌译,清华大学出版社 2003 年版。
53. 郑世明:《权力的影像:权力视野中的中国电视媒介研究》,北京广播学院出版社 2006 年版。
54. 刘毅:《网络舆情研究概论》,天津人民出版社 2007 年版。

后　　记

时光荏苒，一转眼已步入中年的后半程。回顾自己平庸半辈子人生经历，心里充满了"时光无限好，只是近黄昏"的感慨。本论著起源于笔者在郑州大学读书的研究论文，包括后续的研究论文，终于在迟来的时间节点上画了一个句号。该论著的写作过程，经历了"否定之否定"的怪圈，先后历经了几次大的修正，其中的章节部分也都经历了"修改、否定、再修改"的过程，其间的迂回曲折和酸甜苦辣让我体味到一篇真正的学术论著是如何炼成的。无论怎样，积累多年的心愿终于实现了，也算是人生一大幸事。

当然，笔者由于学识疏浅，对我国的"媒介审判"现象的认知还是比较粗浅的，对一些问题的论述还比较稚嫩，甚至偏颇，诚望各位专家批评指正。本论著出版之前，还有许多要感谢的话。首先感谢我的母校郑州大学新闻与传播学院董广安、汪振军、吕文凯、宋建国、李惊雷、颜景毅等各位教授专家给我学术的指导，感谢浙江越秀外国语学院网络传播学院何海翔院长、李先国副院长及各位同仁的厚爱，感谢浙江省社会科学界联合会所搭建的资助平台，也非常感谢我的妻子和女儿在背后的默默地无私支持。此外，本论著还借鉴和引用了很多最新的新闻传播学和法学资料，由于时间匆忙，无法一一说明，在此特别感谢。

言已尽而意犹存，正如歌手刘欢所唱："昨天所有的荣誉，已变成遥远的回忆。勤勤苦苦已度过半生，今夜重又走入风雨。我不能随波浮沉，为了我致爱的亲人，再苦再难也要坚强，只为那些期待眼神。心若在梦就在，天地之间还有真爱，看成败人生豪迈，只不过是从头再来。"

付松聚

浙江越秀外国语学院

2016 年 3 月 4 日